Businesss
Environment
Index
for
China's
Provinces
2017 Report

国民经济研究所系列丛书

中国分省
企业经营环境指数
2017 年报告

王小鲁　樊纲　马光荣　著

社会科学文献出版社
SOCIAL SCIENCES ACADEMIC PRESS (CHINA)

目 录

前　言 …………………………………………………………………… 001

一　企业经营环境总体进展和分省排序 ………………………………… 001
　　我国企业经营环境的总体进展情况 ……………………………… 001
　　企业经营环境分省排序和评分 …………………………………… 004
　　部分省份企业经营环境排序和评分变动原因分析 ……………… 008

二　企业经营环境八个方面的进展 ……………………………………… 012
　　严重影响企业经营的因素 ………………………………………… 012
　　企业经营环境八个方面的总体进展 ……………………………… 015
　　分方面指数和分项指数的全国进展 ……………………………… 018
　　各省份分方面进展情况 …………………………………………… 029

三　不同类型企业的经营环境比较 ……………………………………… 063
　　国有企业与非国有企业的经营环境比较 ………………………… 063
　　大型、中型、小型、微型企业的经营环境比较 ………………… 072
　　分行业的企业经营环境比较 ……………………………………… 084

四 东、中、西部和东北地区企业经营环境比较 ………………… 093

分地区企业经营环境的总体比较 ……………………………… 093

分地区各方面指数和分项指数的比较 ………………………… 095

五 各省份企业经营环境评分和排序 ……………………………… 107

北京 ………………………………………………………………… 108

天津 ………………………………………………………………… 112

河北 ………………………………………………………………… 116

山西 ………………………………………………………………… 120

内蒙古 ……………………………………………………………… 124

辽宁 ………………………………………………………………… 128

吉林 ………………………………………………………………… 132

黑龙江 ……………………………………………………………… 136

上海 ………………………………………………………………… 140

江苏 ………………………………………………………………… 144

浙江 ………………………………………………………………… 148

安徽 ………………………………………………………………… 152

福建 ………………………………………………………………… 156

江西 ………………………………………………………………… 160

山东 ………………………………………………………………… 164

河南 ………………………………………………………………… 168

湖北 ………………………………………………………………… 172

湖南 ………………………………………………………………… 176

广东 ………………………………………………………………… 180

广西 ………………………………………………………………… 184

海南 ………………………………………………………………… 188

重庆 ………………………………………………………………… 192

四川	……………………………………………………………	196
贵州	……………………………………………………………	200
云南	……………………………………………………………	204
陕西	……………………………………………………………	208
甘肃	……………………………………………………………	212
宁夏	……………………………………………………………	216
新疆	……………………………………………………………	220

六 企业经营环境指数的构造和计算方法……………………………… 224

前　言

本报告是国民经济研究所系列课题的成果之一，该课题由中国经济改革研究基金会资助。本年度报告在与中国企业家思想俱乐部、慧聪书院等机构的合作调查基础上完成。

本系列报告的目的在于以指数的形式对我国各省、自治区、直辖市的企业经营环境总体状况和各方面状况进行量化评价和比较[1]，并对各地企业经营环境的变化情况进行跟踪分析。我们对各地企业经营环境的调查和研究则可以追溯到2006年。这些研究都是在对全国范围内的大规模企业调查基础上完成的。在本报告发表之前，我们已于2011年和2013年出版了两个报告[2]。本次调查于2015年开始进行，由于某些方面的困难，调查推迟到2016年完成，研究报告的完成推迟到2017年。因此本次调查的数据跨越了2015年和2016年。在报告中，我们将本次调查的结果统称为2016年数据。

企业是国民经济的基础。企业的发展受到多方面因素的影响，包括政治

---

[1] 本项研究未包括中国台湾省和香港、澳门特别行政区。
[2] 两个报告分别为：《中国分省企业经营环境指数2011年报告》，王小鲁、樊纲、李飞跃著，中信出版社，2012年1月出版；《中国分省企业经营环境指数2013年报告》，王小鲁、余静文、樊纲著，中信出版社，2013年8月出版。

和社会稳定、宏观经济稳定、政府行政管理状况、法制环境、企业的税费负担、金融服务条件、人力资源供应、基础设施条件、中介组织和技术服务、企业经营的社会环境，等等。我们把这些影响企业发展的外部因素统称为"企业经营环境"。良好的企业经营环境，是企业顺利发展的先决条件。

我们在调查基础上编制中国分省企业经营环境指数的目的，是对各省、自治区和直辖市（以下简称为"各省份"）影响企业经营环境的各方面因素进行评价，用量化指标的横向比较反映各地企业经营环境状况的差异，辨别影响企业经营环境的主要因素，同时也可反映各地企业经营环境随时间变化的进步或退步情况，为各级政府调整政策、改善经营环境提供基础信息和参考，为投资者和企业经营者做出合理的投资和经营决策提供帮助，也为学术研究界对影响企业发展的各种因素进行深入研究提供数据。

在这套指标体系中，我们用企业经营环境总指数的评分衡量各省份企业经营环境的绝对水平，用方面指数和分项指数的评分衡量它们某一方面和某一单项的企业经营环境绝对水平；而根据评分做出的各省份排序，则表示某一省份的企业经营环境与其他省份相比而言的相对位置。

我们的分省企业经营环境指数目前由8个方面指数组成。它们分别是：①政策公开、公平、公正；②行政干预与政府廉洁效率；③企业经营的法治环境；④企业的税费负担；⑤金融服务和融资成本；⑥人力资源供应；⑦基础设施条件；⑧市场环境与中介服务。

与《中国分省企业经营环境指数2013年报告》相比，这次报告的方面指数有所调整，将原来的"政府行政管理"方面指数分为"政策公开、公平、公正"和"行政干预与政府廉洁效率"两个方面指数，并将"中介组织和技术服务"方面指数修改为"市场环境与中介服务"方面指数，但由于数据不足，略去了"企业经营的社会环境"方面指数。

鉴于这一指数体系的主要目的在于反映各地企业经营环境的差别，因此各地间一些同质性很强的因素，没有包括在指数体系内。例如，政治和社会稳定、宏观经济稳定等因素对企业经营而言非常重要，但各地在政治和社会制度，以及所面对的宏观经济政策方面没有重大差异，不便于互相比较。因此我们的分省企业经营环境指数不对这类因素进行衡量。

企业经营环境总指数由各方面指数合成，是各方面指数的算术平均值，用以反映各地企业经营环境的总体评分和排名。每一方面指数由几个分项指数合成，同样以取算术平均值的方法生成。目前组成企业经营环境指数体系的分项指数共有29个。该指数体系的具体构造，在本报告第六部分表6-1中详细列出。

企业经营环境指数的基础数据完全来自对全国各地数千家企业的调查。调查问卷由企业主要负责人（一般为董事长、总经理、首席执行官）填写，以企业主要负责人对当地企业经营环境各因素的主观评价为主，也包括少数涉及比例关系和数值的客观指标，同样由企业主要负责人提供。本报告的指数评价与报告作者的主观印象或评价完全无关。大多数基础指数的主观评价是样本企业负责人在"很好"、"较好"、"一般"、"较差"和"很差"这5个选项中选择的结果，分别按从5分到1分的评分赋值。3分表示中性评价，高于3分是比较正面的评价，而低于3分是偏于负面的评价。涉及比例或数值的客观指标按一定规则转换为从5分到1分的评分。

我们的企业经营环境指数之所以采取上述方法形成，是因为有很多影响企业经营环境的因素难以完全用量化的客观指标来衡量，或者虽然存在可量化的客观指标，但缺乏相关统计数据，或者数据缺乏跨地区、跨行业的可比性。举例说，我们可以用企业获得某项行政审批所花费的时间长短和审批环节多少来衡量政府的办事效率，但不同项目的审批所要花费的时间和审批环节数差别很大，而各地企业审批项目类别的分布可能很不相同，使这样的指标在地区间缺乏可比性或导致很大误差。而企业经营者对当地的经营环境有最直接的感受，因此在缺乏客观度量指标的情况下，由他们根据自己的经验进行主观判断，反而能够提供比较可靠的信息。

但也由于以上原因，这一评价体系不能完全排除主观评价导致的误差。这是该指数体系目前存在的局限性。一些省份跨年度的评分和排序跳跃较大，可能是当地的政策环境或其他因素变化所导致，但不排除与企业负责人主观评价的随机误差有关，也不排除有些社会、政治、心理因素可能影响评价结果。例如，企业经营者在本企业经营顺利时有可能对某些外部影响因素做出较积极的评价，而在本企业面临经营困难时对外部因素做出较消极的评价。他们也有可能出于某些顾虑而做出与事实有出入的评价。发生在调查期间的某些暂时性外部因素也有可能影响企业经营者对当地更长时期（一年或以上）企业经营环境的评价。评价误差还可能与企业样本数量有关，较小的样本数量可能导致较大的误差。而有些省份受其经济发展程度等因素的影响，不容易取得满意数量的有效问卷。

由于上述这些原因，我们依据企业调查结果对各地经营环境做出的评分和排序是近似的，某些省份在某些年份的企业经营环境评分和排序，不一定能够完全准确地反映其实际企业经营环境状况。不过，由于我们的企业经营环境调查覆盖面广，参与企业众多，能够使这些正负误差的影响在相当程度上互相抵消，所以一般情况下这类误差不会很大（但样本企业数量较少的省份，误差可能会大一些）。而且随着观察年份的增加，这些误差导致的短期波动会被过滤，使评分和排序的较长时期变动趋势基本反映各省份的实际情况和变化趋势。以上情况，请读者在对指数进行解读和使用时予以考虑。我们也将继续探索完善资料收集方法和分析方法，尽量提高这一指数体系的准确性。

本次调查的有效样本企业总数为2122户。其中，国有和国有控股企业192户，非国有控股企业1930户，分别占9%和91%。大型、中型、小型和微型企业分别为413户、770户、755户和184户，分别占19%、36%、36%、9%。其中，中小型企业占大多数。上述分布总体上比较均衡，但大型企业数量相对多了一些，微型企业相对偏少[①]。在行业分布方

[①] 在我国经济中，小型、微型企业在数量上占绝对优势，但它们在从业人数的比重和增加值的比重上都远远小于它们在企业数量上的比重，因此在调查样本中适当增加大、中型企业的比重还是有必要的。

面，农林牧渔业企业55户，工业企业1115户，建筑业企业171户，服务业企业781户，各自占样本企业的3%、52%、8%、37%。工业企业以制造业企业为主，含较少部分采矿和电力企业。服务业企业中数量较多的有批发零售、信息服务、房地产、租赁和商务服务、交通运输等行业企业，合计占服务业企业的71%，此外还包括金融、住宿餐饮、文体娱乐、居民服务、科研和技术服务、教育、卫生、水利环境等行业的企业。

样本企业在地区分布方面，全国31个省、自治区、直辖市都有覆盖，其中北京、河北、江苏、浙江、山东、广东等东部省份的有效样本企业都超过了100户。东部省份总体上经济发展程度较高，企业数量众多，样本企业多一些是合理的。其余大多数省份的样本企业在30～100户。只有个别省份（广西、宁夏和西藏）样本企业不足但接近30户。

在本报告的第一部分，我们将报告各省份企业经营环境2016年的总指数评分和排序，并通过对2006年以来各省份历年的总体评分进行比较，反映全国和各地企业经营环境的发展变化。我们还将针对一些经营环境排序和评分变化幅度较大的省份，就其变动原因进行简要的分析。

报告的第二部分将分别报告企业经营环境在2016年8个不同方面的进展，和各方面指数下面的分项指数变化情况。

在报告的第三部分中，我们将对不同类型企业的经营环境差异进行比较分析。这包括国有企业与非国有企业的经营环境差异、大中小微型企业的经营环境差异以及不同行业的企业经营环境差异，并试图对产生这些差异的原因进行解读。

报告的第四部分，按照我国东部、中部、西部、东北4个区域的划分，分析各地在企业经营环境各方面的发展变化，并对这4个地区的经营环境总指数、各方面指数和分项指数2016年与以前年份相比的评分变化进行比较。

在第五部分中，我们按每个省份分别列出其总指数、各方面指数、各分项指数的评分及其在全国31个省份中的排序，以便读者能够更方便地了解各省份的企业经营环境状况，及其与全国其他省份相比的相对位置。我们还将对每个省份企业经营环境的具体情况进行简要的分析。

第六部分是企业经营环境指数体系整体构造的详细说明，包括各方面指数和分项指数的构成，以及指数的数据来源和计算方法。该部分也将对本报告中指数体系的调整进行说明。

报告的第一、第二、第三部分是本报告的关键部分。它们包含了企业经营环境指数的最主要信息。报告的第四、第五部分是按区域和省份分类的具体描述。关心某些特定区域、特定省份企业经营环境状况的读者，可以从这两个部分中直接找到所关心的内容，而不必从全国的总指数、方面指数和分项指数中逐项搜寻所关心的区域和省份的数据。而对于关心指数构成和形成方法的研究者来说，第六部分提供了他们所需要的解释。

本报告的完成与中国经济改革研究基金会的资助，以及中国企业家思想俱乐部和慧聪书院在企业调查方面的协助是分不开的，在此对上述机构以及在项目进行过程中提供了帮助的企业和个人表示由衷的感谢。乔桐封和李爱莉承担了本报告的文字编辑和数据核对等工作。

一
企业经营环境总体进展和分省排序

我国企业经营环境的总体进展情况

调查数据显示,近些年来,我国的企业经营环境总体而言发生了积极的变化。全国各省、自治区、直辖市的企业经营环境总体评分(总指数)的平均值大体呈波动上升趋势。其间在2008年之后出现了下降,而2012年之后有明显上升。2016年,企业经营环境指数总指数平均值为3.56分,比2012年的3.05分上升了0.51分,显示企业经营环境在总体上趋向于改善。不过2016年的3.56分还是一个仅在较小程度上高于中性评价值3.00分的得分,仍不应过度乐观。图1-1显示了2006~2016年的企业经营环境总体变化情况。表1-1给出了各省份历年的总指数评分及其变化情况。

2012~2016年,在全国31个省、自治区和直辖市(以下简称为"省份")中,除去青海和西藏两个省份在2012年无数据,其余省份的企业经营环境总指数都有程度不等的上升,说明近年来全国企业经营环境有所好转。与此相比,2008~2012年,29个有数据的省份中有21个发生了总指数下降,8省份持平或微弱上升,全国平均下降了0.04分,显示这期间的企业经营环境出现恶化(见表1-1)。

2008~2012年的企业经营环境恶化,最主要表现在政府行政管理

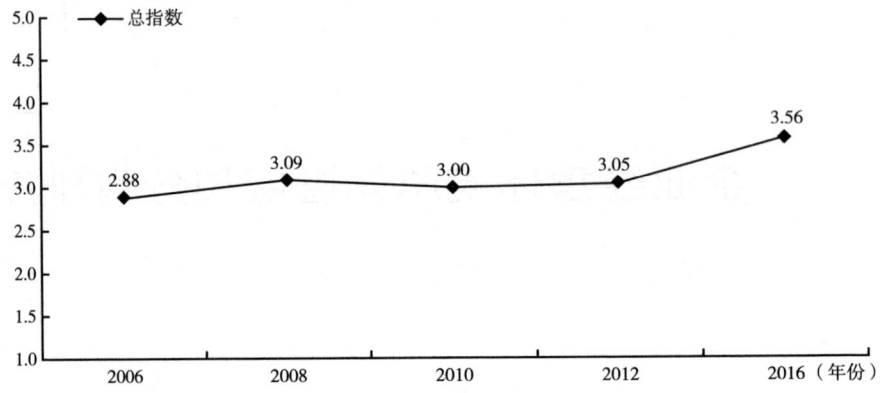

图1-1 2006~2016年企业经营环境总体评分(总指数)平均值的变化

(政策公开、公平、公正)和企业经营的法治环境方面。这与实行大规模货币刺激和政府大规模投资拉动经济时期出现的行政权力膨胀、政府干预增加、对市场公平竞争条件的干扰有直接关系。基础设施条件的评分也出现了下降,这反映基础设施服务的软环境出现恶化。此外,人力资源供应和金融服务条件在2008~2010年的评分也出现了下降,也与上述情况有关。对这些情况,我们在上一个报告(《中国分省企业经营环境指数2013年报告》)中进行了分析。

表1-1 2008~2016年各省份企业经营环境总指数评分及其变化

年份 省份	2008年	2012年	2016年	评分变化 (2008~2012年)	评分变化 (2012~2016年)
北 京	3.25	3.17	3.72	-0.09	0.56
天 津	3.24	3.44	3.71	0.20	0.27
河 北	3.12	2.97	3.54	-0.14	0.56
山 西	2.93	2.94	3.33	0.01	0.39
内蒙古	3.06	3.01	3.38	-0.04	0.37
辽 宁	3.13	3.05	3.55	-0.07	0.50
吉 林	3.11	3.11	3.58	0.00	0.47
黑龙江	3.11	3.11	3.60	0.00	0.49
上 海	3.34	3.25	3.92	-0.09	0.67

续表

年份省份	2008年	2012年	2016年	评分变化（2008~2012年）	评分变化（2012~2016年）
江 苏	3.27	3.14	3.66	-0.13	0.52
浙 江	3.26	3.15	3.84	-0.11	0.69
安 徽	3.13	3.04	3.61	-0.09	0.56
福 建	3.16	3.06	3.71	-0.10	0.64
江 西	3.02	2.94	3.59	-0.08	0.65
山 东	3.13	3.07	3.63	-0.05	0.56
河 南	3.08	3.05	3.49	-0.03	0.44
湖 北	3.06	3.01	3.67	-0.05	0.66
湖 南	2.97	2.98	3.57	0.02	0.59
广 东	3.12	3.07	3.64	-0.05	0.57
广 西	3.07	3.09	3.68	0.02	0.59
海 南	2.95	3.01	3.47	0.06	0.45
重 庆	3.07	3.12	3.74	0.05	0.62
四 川	3.07	3.05	3.44	-0.02	0.39
贵 州	3.02	2.99	3.49	-0.03	0.50
云 南	2.98	2.86	3.38	-0.12	0.52
陕 西	3.02	3.01	3.53	-0.02	0.52
甘 肃	2.97	2.84	3.39	-0.13	0.55
青 海	2.95	—	3.32	—	—
宁 夏	3.06	2.98	3.48	-0.07	0.50
新 疆	2.97	2.80	3.32	-0.17	0.52
西 藏	—	—	3.42	—	—
全 国	3.09	3.05	3.56	-0.04	0.52

注：本表中的数字为各省份企业经营环境指数的总体评分，取值范围在1~5，较高的评分表示较好的企业经营环境。最后两列数字分别表示2012年比2008年的评分变化幅度和2016年比2012年的评分变化幅度，正值表示评分上升（企业经营环境改善），负值表示评分下降。个别省份评分变化与两年评分的差额稍有出入，是尾数四舍五入所致。表中"—"表示无数据。

根据企业调查的结果，上述这些方面的企业经营环境在2012~2016年都发生了程度不等的改善。其中，政策公开公平公正、企业经营的法治环境、基础设施条件、企业税费负担、人力资源供应方面改善比较明显（详见本报告第二部分：企业经营环境8个方面的进展），对总指数的评分上升贡献较大。这些变化，显然与宏观刺激政策的力度下降和逐步退出、大力度的反腐倡廉、简政放权减少政府审批事项等政策变化有直接的关系。这些政策变化，有助于减少资源配置的扭曲、促进市场在资源配置中决定性作用的形成，有助于市场公平竞争，在改善企业经营环境方面起了积极的作用。

企业经营环境分省排序和评分

以下根据企业经营环境总指数的评分结果，对2006～2016年的中国各省份企业经营环境，按从好到差的顺序进行排序，如表1-2所示。

表1-2 各省份企业经营环境相对位次排序（2006～2016年）

排名	2006年	2008年	2010年	2012年	2016年
1	上海	上海	上海	天津	上海
2	浙江	江苏	江苏	上海	浙江
3	江苏	浙江	天津	北京	重庆
4	天津	北京	浙江	浙江	北京
5	山东	天津	北京	江苏	天津
6	广东	福建	安徽	重庆	福建
7	福建	安徽	河南	黑龙江	广西
8	北京	辽宁	广东	吉林	湖北
9	辽宁	山东	福建	广西	江苏
10	安徽	广东	山东	山东	广东
11	河北	河北	重庆	广东	山东
12	四川	吉林	辽宁	福建	安徽
13	吉林	黑龙江	四川	辽宁	黑龙江
14	河南	河南	湖北	河南	江西
15	黑龙江	广西	云南	四川	吉林
16	新疆	四川	江西	安徽	湖南
17	内蒙古	重庆	山西	内蒙古	辽宁

续表

排名	2006年	2008年	2010年	2012年	2016年
18	云南	湖北	河北	海南	河北
19	湖北	内蒙古	吉林	湖北	陕西
20	重庆	宁夏	黑龙江	陕西	河南
21	山西	陕西	湖南	贵州	贵州
22	海南	贵州	内蒙古	湖南	宁夏
23	青海	江西	海南	宁夏	海南
24	广西	云南	甘肃	河北	四川
25	江西	甘肃	广西	江西	西藏
26	陕西	新疆	宁夏	山西	甘肃
27	贵州	湖南	陕西	云南	内蒙古
28	湖南	海南	贵州	甘肃	云南
29	宁夏	青海	新疆	新疆	山西
30	甘肃	山西			青海
31					新疆

注：2006年和2008年西藏数据暂缺，2010年和2012年西藏和青海数据暂缺。

从表1-2可以看到，2016年各省份企业经营环境的排序较2012年发生了比较明显的变化。排在全国企业经营环境前5位的省份依次是上海、浙江、重庆、北京和天津。与2012年相比，上海、浙江、重庆的位次分别上升了1~3位，北京位次下降1位至第4位，天津从第1位下降到第5位。天津和江苏下降幅度较大，江苏从第5位降至第9位。

表1-2显示，排名全国企业经营环境前10位的省份，大部分仍然是经济相对较发达的东部地区省份，同时也包括了重庆、广西、湖北这三个中西部省份，而且三者的名次都有显著的上升。

排在中间位置（第11~20位）的，有安徽、江西、湖南和河南这中部四省和东北三省，也有属于东部省份的山东、河北和属于西部省份的陕西。值得注意的是，这中部四省中有三个名次都有显著上升，只有河南下降了；而东北三省的名次都有显著下降。

排在第20位以后（第21~31位）的，除海南属于东部省份、山西属于中部省份外，其余9省份都属西部地区，它们的总体经济发展水平仍然相对较低。排在最后5位的，按从后到前的顺序依次是新疆、青海、山西、云南、内蒙古。

不过，上述情况并不说明企业经营环境是由经济发展水平决定的。首先，我们对企业经营环境的指数评价并不包括经济发展水平方面的指标；企业经营环境指数只考察对企业经营有直接影响的因素，体制和政策方面的因素占有非常重要的位置。其次，从分省排序的情况可以看出，少数经济发展水平仍然较低的省份也能够在经营环境排序中占有比较靠前的位置，相反，少数经济较发达省份的排名并不理想。不过可以预计，有些虽然当前经济发展水平较低，但企业经营环境持续较好或改善较快的省份，未来很可能会有超越式的经济发展；而企业经营环境不理想的较发达省份，如果不能改变这种状况，则有可能在经过一个时期后在经济上落伍。也就是说，企业经营环境的变化可能在经过一定的滞后期之后，对地方经济发展产生重要影响。

2012~2016年，相当大的一部分省份的排名变动较大，超过半数的省份，排名上升或下降幅度在3位或3位以上。名次上升3位或以上的省份有：重庆、福建、湖北、安徽、江西、湖南、河北。名次下降3位或以上的有：天津、江苏、黑龙江、吉林、辽宁、河南、海南、四川、内蒙古、山西。

表1-3中列出了各省份在2006~2016年企业经营环境全国总体排序的名次，以及2012~2016年各省份名次变化幅度。表中各省份的排列顺序，是据2016年企业经营环境总指数评分，按从好到差的顺序排列的。

不过，相对于名次的大幅度波动，各省份的评分波动相对较小。实际上，除去两个2012年无数据的省份外，其余所有省份在2012~2016年的企业经营环境都有不同程度的改善，但评分提高的程度各有不同。因为有相当部分省份的评分比较接近，所以排序对其评分的变化很敏感。一个省份的评分上升幅度小于其他原来评分相近的省份，有可能导致其排名大幅度下降。而一省评分升幅大于其他省份，也有可能导致其排名大幅度跃升。

表1-3 各省份企业经营环境总体排序变化（2006~2016年）

省份	2006年排名	2008年排名	2010年排名	2012年排名	2016年排名	2012~2016年位次变化
上海	1	1	1	2	1	1
浙江	2	3	4	4	2	2
重庆	20	17	11	6	3	3
北京	8	4	5	3	4	-1
天津	4	5	3	1	5	-4
福建	7	6	9	12	6	6
广西	24	15	25	9	7	2
湖北	19	18	14	19	8	11
江苏	3	2	2	5	9	-4
广东	6	10	8	11	10	1
山东	5	9	10	10	11	-1
安徽	10	7	6	16	12	4
黑龙江	15	13	20	7	13	-6
江西	25	23	16	25	14	11
吉林	13	12	19	8	15	-7
湖南	28	27	21	22	16	6
辽宁	9	8	12	13	17	-4
河北	11	11	18	24	18	6
陕西	26	21	27	20	19	1
河南	14	14	7	14	20	-6
贵州	27	22	28	21	21	0
宁夏	29	20	26	23	22	1
海南	22	28	23	18	23	-5
四川	12	16	13	15	24	-9
西藏					25	
甘肃	30	25	24	28	26	2
内蒙古	17	19	22	17	27	-10
云南	18	24	15	27	28	-1
山西	21	30	17	26	29	-3
青海	23	29			30	
新疆	16	26	29	29	31	-2

注：表中最后一列的"2012~2016年位次变化"是指2016年与2012年相比位次上升或下降的幅度，正值表示位次上升的幅度，负值表示位次下降的幅度。

例如，天津、内蒙古和吉林在 2012～2016 年的评分分别提高了 0.27 分、0.37 分和 0.47 分，但显著小于全国平均提高 0.52 分的幅度，致使这三个省份的排名大幅下降了 4 位、10 位和 7 位。相反的情况如江西、湖北和湖南，它们这期间的评分分别提高了 0.65 分、0.66 分和 0.59 分，高于全国平均 0.52 分的上升幅度，使江西和湖北的排名都大幅上升了 11 位，湖南上升了 6 位。因此某些省份的企业经营环境排名变化很大，并不一定意味着其经营环境的绝对水平发生了很大变化，而常常是因为其经营环境评分改善的幅度大于或小于其他省份。

图 1-2 直观地显示了各省份 2008 年、2012 年和 2016 年的企业经营环境指数总体评分情况，按照各省份 2016 年评分的位次排序，可以看到 2016 年排名最高的上海和最低的新疆之间相差了 0.60 分。不过处在中间和偏下位置的各省份评分差距不大；特别是中间位置，2016 年居第 20 位的河南只比第 10 位的广东低 0.15 分。第 31 位的新疆比第 20 位的河南也只低 0.17 分。因此不难解释，各省评分变化幅度大小，对它们的排名很可能发生很大的影响。

部分省份企业经营环境排序和评分变动原因分析

如图 1-2 所示，全国各省份的企业经营环境总指数在 2012～2016 年均有改善，各省份平均得分从 2012 年的 3.05 分上升到 2016 年的 3.56 分。我们将在本报告第二部分就企业经营环境的 8 个不同方面进行具体分析，并在本报告的第五部分对每个省份的企业经营环境情况进行更具体的分析和评价。在这一节里，我们将着重对 2012～2016 年部分企业经营环境评分和排名变化幅度较大的省份的变动原因进行简要分析。

2012～2016 年，企业经营环境总指数提高 0.60 分以上的省份有：上海、浙江、福建、江西、湖北、重庆。它们的排序位次大部分都有明显的上升，如上海上升 1 位（至第 1 位），浙江、福建、江西、湖北和重庆分

一 企业经营环境总体进展和分省排序

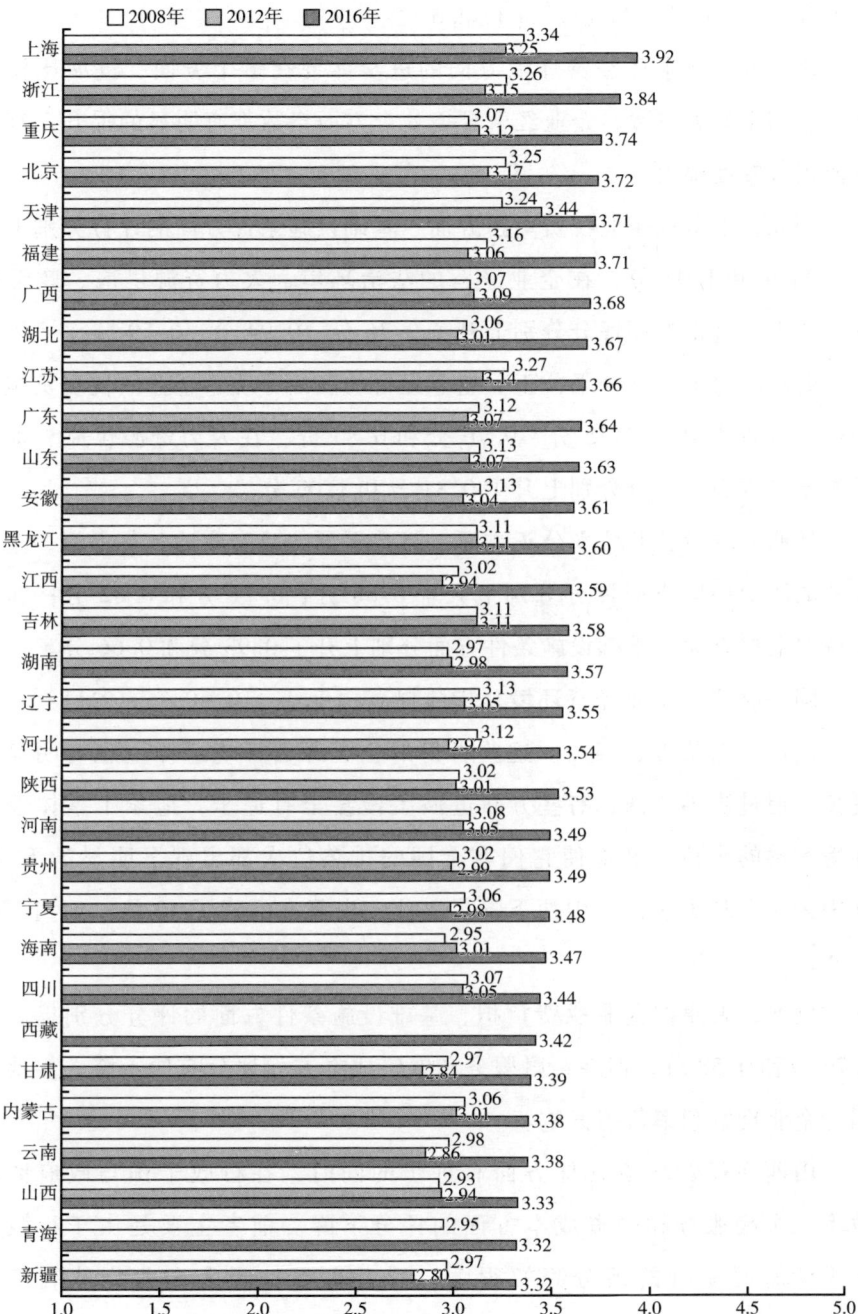

图1-2 各省份企业经营环境指数总体评分和排序（2008年、2012年、2016年）

别上升2位、6位、11位、11位和3位。

这些省份在企业经营环境方面的进步体现在多个方面,进展比较均衡。它们中的大多数,企业经营环境8个方面指数都有明显的提升,有些方面提升幅度很大。

例如,上海在企业税费负担方面、基础设施条件方面的评分分别上升了1.11分和1.05分,在企业经营的法治环境、人力资源供应、政策公开、公平、公正方面评分分别上升了0.76分、0.94分、0.59分。

浙江在政策公开公平公正、企业经营的法治环境、企业的税费负担方面评分分别上升了0.75分、0.76分和0.83分,在人力资源供应、基础设施条件方面的评分分别上升了0.81分和1.09分。

江西在政策公开公平公正方面、行政干预与政府廉洁效率方面、企业经营的法治环境方面评分分别上升了0.88分、0.71分和0.82分;在企业税费负担方面、基础设施条件方面分别上升了0.93分和0.66分。

同一时期,企业经营环境总指数提高幅度小于0.40分的省份有:天津、山西、内蒙古、四川。这些省份的企业经营环境总体上也有明显的进步,但进步不均衡,有些方面进展缓慢甚至有退步,拖累了整体经营环境改善的步伐。这也使它们在全国的排名位次都出现了明显的下降,其中天津下降了4位,山西下降了3位,内蒙古下降了10位,四川下降了9位。

例如,天津在企业税费负担、基础设施条件方面的评分分别提高了0.76分和0.58分,但在金融服务和融资成本方面评分有所下降,主要是因为企业贷款利率负担偏重。

山西在经营环境其他方面有进步的同时,在行政干预与政府廉洁效率、金融服务和融资成本方面的评分下降。前者主要是由于行政审批手续简便易行的评分降幅很大,后者主要是因为企业贷款利率负担重。

内蒙古在经营环境其他方面有进步的同时,在行政干预与政府廉洁效率方面进展缓慢,评分只有小幅度上升,其中行政审批手续简便易行的评分还有下降。在市场环境与中介服务方面,评分也出现了下降。

四川也有类似的情况,在其他方面经营环境有明显进步的同时,在行政干预与政府廉洁效率方面进展比较缓慢,在金融服务和融资成本方面评分下降,拖累了总指数评分。

二
企业经营环境八个方面的进展

严重影响企业经营的因素

在 2015~2016 年的企业调查中,我们不仅分项收集了各地企业负责人对各项企业经营环境 28 个分项指标的评价,也征询了企业负责人关于严重影响企业经营的主要因素的意见。问卷中的这一问题是:"以上 28 项中有哪些项对您的企业经营有严重影响?(最多选 5 项)"。

样本企业中,总共有 442 位企业负责人对以上问题做出了回答。我们计算了全部影响因素的发生率(答题中被列为严重影响企业经营的各因素各自出现频次占总频次的比重),并将这 28 项影响因素按照企业经营环境指数的 8 个方面分类进行归并。其中因为市场环境与中介服务实际包含两个不同方面的问题,我们将其拆分为两个方面。共得到 9 个方面的合计发生率,并按发生率高低进行排序,结果见表 2-1。

从表 2-1 可见,严重影响企业经营的第一位因素是人力资源短缺,发生率为 18.0%。其中以缺乏技术人员的比例最高,其后依次是管理人员和熟练工人。

严重影响企业经营的第二位因素是行政干预与政府廉洁效率问题,发生率为 15.2%。行政审批、行业准入及其他干预过多,审批手续繁杂,官员不廉洁,企业要花大量时间和政府打交道等情况频有发生。但如果把

表2-1 影响企业经营的最主要因素

	发生频次	发生率(%)
一、人力资源供应	240	18.0
1. 在当地找到需要的技术人员是否容易	106	7.9
2. 在当地找到需要的管理人员是否容易	78	5.8
3. 在当地找到需要的熟练工人是否容易	56	4.2
二、行政干预与政府廉洁效率	203	15.2
4. 行政审批、行业准入和其他政府干预是否过多	82	6.1
5. 各种登记注册审批手续是否简便易行	65	4.9
6. 当地党政官员是否廉洁守法	35	2.6
7. 企业经营者与政府及官员打交道时间比例	21	1.6
三、企业的税费负担	196	14.7
8. 企业的法定税负是否合理	130	9.7
9. 税务机关是否依法征税	25	1.9
10. 税外收费及集资摊派	41	3.1
四、金融服务和融资成本	190	14.2
11. 企业能否通过正常渠道得到银行贷款	96	7.2
12. 企业能否从其他正规或民间渠道得到融资	53	4.0
13. 银行贷款一般年利率	28	2.1
14. 其他渠道融资借款一般年利率	13	1.0
五、市场环境	178	13.3
15. 所在行业市场需求是否旺盛	80	6.0
16. 企业是否面临过度竞争的压力	98	7.3
六、企业经营的法治环境	128	9.6
17. 公检法机关执法是否公正和有效率	50	3.7
18. 企业合同通常能否正常履行	37	2.8
19. 企业及经营者财产和人身安全有无保障	16	1.2
20. 企业知识产权、技术、品牌能否得到保护	25	1.9
七、政策公开、公平、公正	124	9.3
21. 政策和规章制度公开透明	38	2.8
22. 政策执行和行政执法公正	33	2.5
23. 对不同企业的公平国民待遇	53	4.0

	发生频次	发生率(%)
八、中介服务条件	53	4.0
24. 当地律师、会计师、技术服务、物流服务等条件	16	1.2
25. 当地行业协会的发展对企业是否有帮助	37	2.8
九、基础设施条件	24	1.8
26. 电水气供应	10	0.7
27. 铁路公路运输	7	0.5
28. 其他基础设施	7	0.5
合计	1336	100.0

注1：表中所列障碍因素中，有些问题是正向的，例如"政策公开、公正、公平"，被列为障碍因素时的含义是没有做到公开、公正、公平。其余类推。

注2：表中"发生率"是指回答该问题的企业将该因素列为严重影响本企业经营的因素之一的出现频次占全部影响因素（五个影响因素合计）出现频次的比重。因为一家企业遇到的严重影响因素可能不止一项，某一方面的合计发生率并不表示遇到该方面问题的企业所占比重。

政策公开、公平、公正方面的问题也归为政府干预问题，则发生率达到24.5%，该方面问题就排在第一位。

排在第三位的问题是企业税费负担问题。包括企业认为目前的法定税负过重、税务机关不依法征税及税外收费和集资摊派对企业造成影响。发生率为14.7%。

排在第四位的问题是金融服务不到位（企业难以通过正常渠道得到银行贷款和其他途径的融资）和融资成本高。合计发生率为14.2%。

市场环境问题（市场需求疲软和存在过度竞争）也是对企业经营有重要影响的问题，发生率为13.3%，居第五位。

企业经营的法治环境不良、政策不够公开公平公正这两类问题分列第六位和第七位，发生率分别为9.6%和9.3%。

中介服务条件和基础设施条件影响企业经营的发生率较低，分列第八和第九位，发生率分别为4.0%和1.8%。

总的来看，虽然我国近年来企业经营环境在各个方面有明显改善，但人力资源供应短缺、不适当的行政干预和税费负担过重，仍然是影响一部分企业经营的前三位问题。在我们的2013年报告中，2012年严重影响企业经营的前三位问题是：政府行政管理（包括行政干预和政策公开公平公正问题）、税费负担、人力资源供应。三者的次序有变化，其中税费负担的相对影响程度下降，而人力资源供应的相对影响程度上升了（这次的调查如果按原来口径将行政干预和政策公开公平公正问题合并，则政府行政管理方面的问题仍然居第一位）。

金融服务不到位及融资成本高、市场环境不利（市场疲软与过度竞争）、法治环境不良、政策不够公开公平公正也仍然是比较重要的影响因素。

上述情况说明，当前仍然需要继续推进行政管理体制改革，简政放权，减少和简化行政审批流程，继续推进反腐倡廉，继续改善政府行政和政策的公开性、公平性、公正性，确保市场对资源配置的决定性作用。

人力资源供应短缺同样是一个持续多年的问题。我国近年来每年有约700万高校学生、超过500万中等职业学校学生毕业，人力资源供应的数量近十几年来有大幅度的提高。然而一方面许多高校毕业生面临就业难的问题；另一方面却仍然有不少企业受到人力资源短缺的严重影响。这说明人力资源的供和求存在错位情况，应当引起教育界和全社会的深刻反思。未来如何进一步改革教育体制、改进教育质量、使教育满足社会需要，仍然是摆在社会面前的重要课题。

如何改革税费征收制度，减轻企业负担，也是当前面临的突出问题。其中值得关注的是，企业的社保基金缴费负担仍然过重，需要采取更大力度的改进措施。

企业经营环境八个方面的总体进展

我们的分省份企业经营环境指数从8个方面来考察我国企业经营环

的进展状况。目前这8个方面包括：

（1）政策公开、公平、公正；

（2）行政干预与政府廉洁效率；

（3）企业经营的法治环境；

（4）企业的税费负担；

（5）金融服务和融资成本；

（6）人力资源供应；

（7）基础设施条件；

（8）市场环境与中介服务。

其中每个方面指数由几个分项指数（或称基础指数）组成。各方面指数和分项指数的全部名称请参见本报告第六部分的表6－1。

图2－1给出了2006年、2008年、2010年、2012年和2016年全国企业经营环境指数8个方面的总体评价情况。这8个方面指数按照其2016年的评分由低到高排列，依次为市场环境与中介服务、金融服务和融资成本、人力资源供应、行政干预与政府廉洁效率、企业的税费负担、政策公

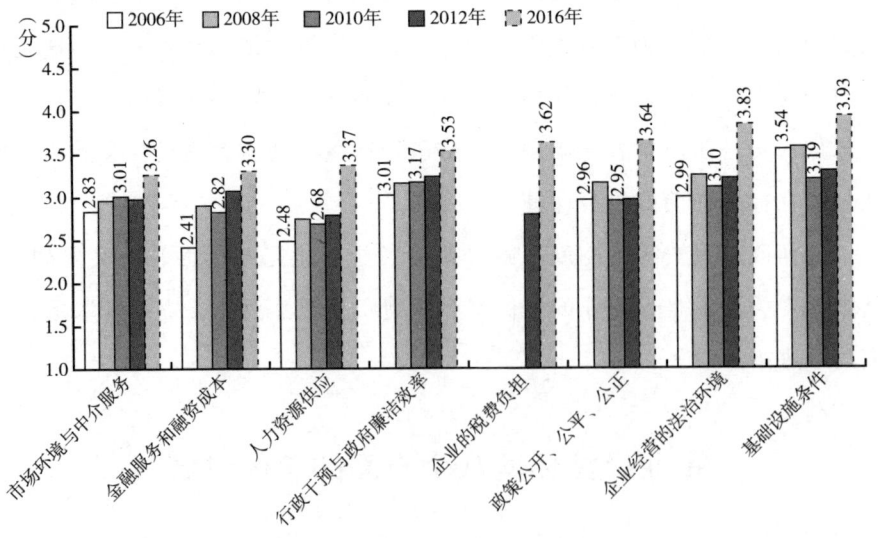

图2－1 全国企业经营环境指数8个方面的总体评价

开、公平、公正和企业经营的法治环境及基础设施条件①。为避免文字过于拥挤,图中的数据标签只标出了 2006 年、2010 年和 2016 年的各方面全国平均得分。其他年份的数据请见表 2-2。

表 2-2 全国企业经营环境指数 8 个方面的总体评价(按 2016 年评分排列)

	2006 年	2008 年	2010 年	2012 年	2016 年	2012~2016 年变化
总指数	2.88	3.09	3.00	3.05	3.56	0.51
市场环境与中介服务	2.83	2.96	3.01	2.98	3.26	0.28
金融服务和融资成本	2.41	2.90	2.82	3.07	3.30	0.23
人力资源供应	2.48	2.74	2.68	2.79	3.37	0.58
行政干预与政府廉洁效率	2.99	3.17	3.23	3.23	3.53	0.30
企业的税费负担	—	—	—	2.79	3.62	0.83
政策公开、公平、公正	2.94	3.09	2.95	2.96	3.64	0.69
企业经营的法治环境	2.99	3.24	3.10	3.21	3.83	0.63
基础设施条件	3.54	3.57	3.19	3.29	3.93	0.64

在 8 个方面指数中,市场环境与中介服务、人力资源供应、企业的税费负担和政策公开、公平、公正这 4 个方面指数在 2012 年及以前的各省份平均得分基本上均低于中性评价值 3.00 分,评价偏负面,这些方面指数的 2016 年平均得分都超过了 3.00 分,都有明显进步。

在 8 个方面指数中,企业的税费负担、政策公开公平公正、企业经营的法治环境的 2016 年评分比 2012 年评分分别提高了 0.83 分、0.69 分和 0.63 分,改善显著。而金融服务和融资成本、市场环境与中介服务、行政干预与政府廉洁效率的提高幅度相对较小,只分别提高了 0.23 分、0.28 分和 0.30 分。

历年来全国各方面指数中评价最高的都是基础设施条件,2016 年平均得分达到 3.93 分。2016 年在 8 个方面指数中评分最低的方面是市场环

---

① 其中"政策公开、公平、公正"和"行政干预与政府廉洁效率"在 2012 年及以前年份都属于"政府行政管理"方面指数,这次分为两个方面指数,以前的数据也做了拆分。

境与中介服务，为3.26分。

值得注意的是，这里8个方面指数按评分从低到高的排序，与上一节所列企业负责人对严重影响企业经营的因素排序结果有明显出入。突出的不同是，2016年市场环境与中介服务以及金融服务和融资成本的平均得分比人力资源供应、行政干预与政府廉洁效率和企业的税费负担更低，在8个方面指数中居最后两位。

之所以出现这样的差异，与两种评价方式的不同有关。简要地说，前面的严重影响因素评价的是某一类因素的发生率，即企业受到此类问题严重影响的概率有多大。以行政干预方面的因素为例说明，尽管该方面每个分项指标所代表的因素（行政干预过多，审批手续复杂，官员不廉洁等）对企业的影响面都未必很大，但对相关企业的影响可能比较严重；而且同类因素合计，影响程度就相当可观。而在评分的情况下，没有直接受到某一特定因素影响的企业往往倾向于对该因素做出中性或者高于中性的评价，平均而言评价可能相对比较积极。而且方面指数的评价是由分项指数的平均值形成，也较可能得到相对积极的评价结果。因此按后一种评价方式，那些每个企业都会面临的问题（尽管对企业的影响不一定很严重），更有可能得到较低的评价。市场环境和金融服务问题恰恰是每个企业或绝大多数企业都会遇到的问题，评价相对更低就不奇怪了。

换言之，"严重影响因素"更多反映的是某些因素的影响深度，而评分更多反映的是某些问题的影响广度。

分方面指数和分项指数的全国进展

下面进一步介绍各个方面指数及其分项指数的具体变动情况。

1. 政策公开、公平、公正

政策公开、公平、公正方面的评价，2006年全国平均得分为2.94分，低于中性评价值。2008年提高到3.09分，但2010年和2012年回落到

二 企业经营环境八个方面的进展

2.95分和2.96分，2016年有显著的上升，达到3.64分。"政策公开、公平、公正"方面指数由4个分项指数构成，分别是"政策规章制度公开透明"、"对不同企业的公平国民待遇"、"行政执法公正"、"地方保护"。这4个分项指数分别度量了政府对企业经济活动的干预程度、政府行政和政策的公开透明程度、对不同企业的公平程度、政策执行和行政执法过程的公正程度以及各地有无针对外地企业销售产品和其他经营活动的歧视性地方保护措施。

图2-2给出"政策公开、公平、公正"方面指数各分项指数的具体进展情况。2016年与2006年相比，"地方保护"方面有了很大的改进，平均得分提高了0.84分。其余依次是"行政执法公正"、"对不同企业的公平国民待遇"、"政策规章制度公开透明"等方面，分别提高了0.74分、0.70分、0.53分。但2016年与2012年相比，"政策规章制度公开透明"、"对不同企业的公平国民待遇"两个分项指数的提升幅度更大，分别提高0.59分和0.79分，原因是它们2012年的评分均低于2006年。其中"地方保护"分项指数在2010年和2012年未获得数据。

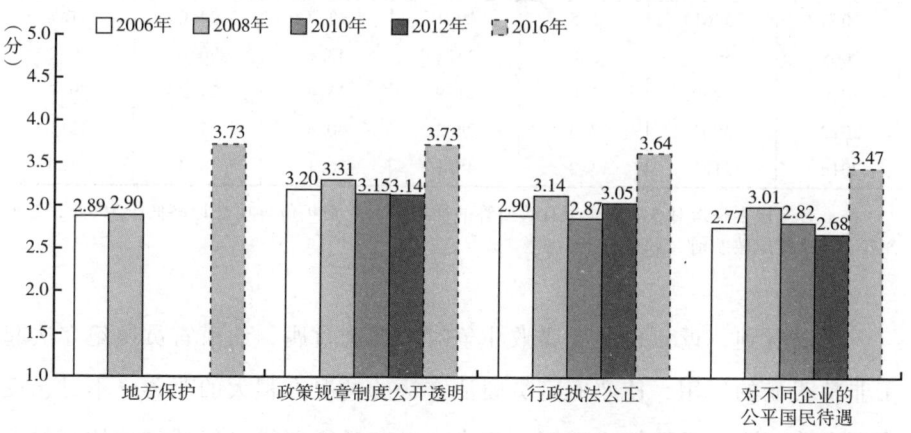

图2-2 政策公开、公平、公正指数分项进展

2. 行政干预与政府廉洁效率

该方面指数2006年评分为2.99分，2016年为3.53分。2016年评分

比 2006 年提高了 0.54 分，比 2012 年提高了 0.3 分。

该方面指数下设 4 个分项指数，包括"政府干预"（评价行政审批、行业准入和其他政府干预是否过多）、"与政府打交道时间比例"（从另一个角度反映政府对企业干预的程度）、"政府效率"（审批手续是否简便易行）、"官员廉洁守法"。其中比较突出的进展是"官员廉洁守法"的改善，该分项指数从 2006 年的 2.87 分上升到 2016 年的 3.62 分，提高了 0.75 分。

按照企业经营者的评价，认为当地政府官员在廉洁守法方面做得"很好"和"较好"的企业从 2012 年的 31.6% 上升到 2016 年的 58.3%（其中"较好"占 45.1%），认为做得"较差"和"很差"的企业从 27.9% 大幅下降到 5.4%。中性评价"一般"的比例也有所下降，从 40.5% 下降到 36.1%（见表 2-3）。

表 2-3 当地政府官员廉洁守法的情况

单位：%

年份	有效样本	很好	较好	一般	较差	很差
2006	3461	1.5	19.1	43.7	24.0	11.7
2008	5911	3.0	23.3	43.6	20.9	9.2
2010	4200	2.0	21.9	45.4	21.2	9.5
2012	3902	7.3	24.3	40.4	17.8	10.1
2016	2122	13.2	45.1	36.1	4.4	1.0

注：有效样本是指对该问题做了有效回答的样本数。个别年份各项合计略低于 100%，是四舍五入导致的尾数差别。下同。

可以看到，近年来的反腐败斗争对于抑制贪腐，约束官员遵纪守法起了非常明显的作用，使政府官员廉洁守法的情况有很大的改善。不过，反腐还在路上，还需要持之以恒的努力，尤其是需要推进行政管理体制的改革，实现依法行政，把权力关进制度的笼子，从而从根源上铲除产生腐败的土壤。

其他分项指数也都有程度不等的改善。其中，"政府干预"和"与政府打交道时间比例"两个分项指数,2016年比2006年都提高了0.43分,说明政府对企业的不适当干预减少了。以行政审批手续简便易行程度的评价为代表的政府效率状况也有明显好转,2016年评分比2006年提高了0.56分,比2012年提高了0.61分。上述评分变化情况见图2-3。

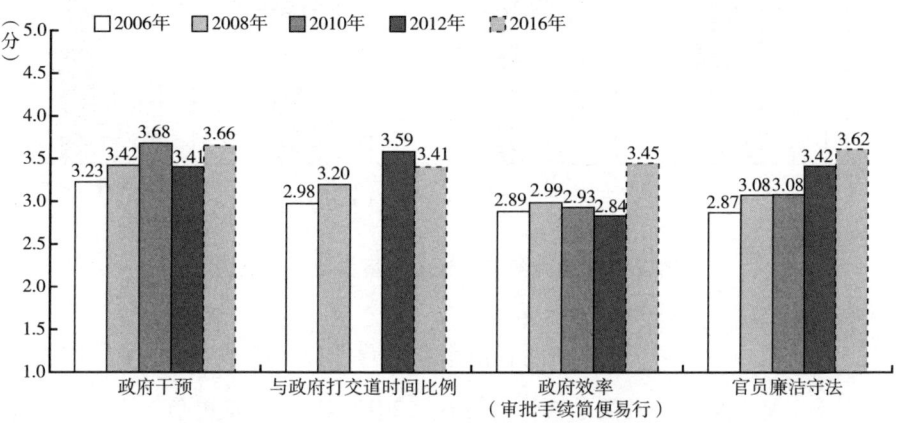

图2-3 行政干预与政府廉洁效率指数分项进展

3. 企业经营的法治环境

2016年,企业经营的法治环境评分为3.83分,比2006年提高了0.84分,比2012年提高0.63分。该方面指数从4个不同角度评价企业所面临的法治环境,它们分别是:"司法公正和效率",用于评价公检法部门司法、执法的公正程度以及效率水平;"合同正常履行",用于评价企业合同能够得到正常履行的情况;"经营者财产和人身安全保障";"知识产权、技术、品牌保护"。2006~2016年,"司法公正和效率"项和"经营者财产和人身安全保障"项改善明显,分别提高0.94分和0.83分。"知识产权、技术、品牌保护"项也有明显改善,提高0.65分。"合同正常履行"项改善幅度相对较小,提高0.29分。各分项指数2016年与2012年相比也有明显改善。图2-4给出了各分项指数的具体情况。

4. 企业的税费负担

企业的税费负担目前由三个分项指数组成,分别是"法定税负"、"依

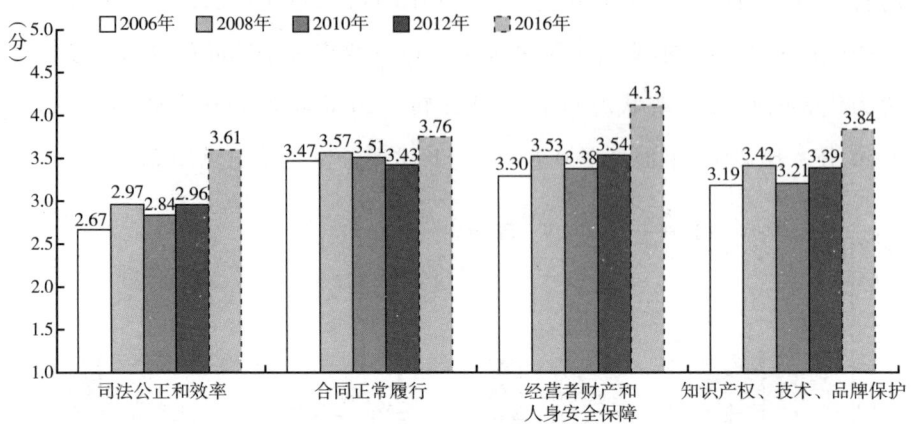

图 2-4 企业经营的法治环境指数分项进展

法征税"和"税外收费"。前两者由企业经营者分别用于评价当前的法定税负是否合理以及税务机关是否依法征税。2012 年,"法定税负"项评价较负面,平均仅为 2.13 分。2016 年上升至 3.30 分,有显著改善,可反映出近年来给企业减税降负的政策起了明显的作用。"依法征税"是一项新增加的分项指数,2016 年获得了 3.81 分的较积极评价。

第三个分项指数"税外收费"来自企业调查中收集的"税外收费和集资摊派占企业销售额的比例"数据。2012 年平均得分 3.45 分,2016 年上升到 3.77 分。在评分计算上,我们定义没有税外收费的情况为 5 分,税外收费占企业销售额 0.1% 以内为 4 分,0.1%~1.0% 为 3 分,1%~5% 为 2 分,5% 以上为 1 分。2016 年与 2012 年相比,税外收费占企业销售额 0.1% 以内的企业从 50.6% 上升到 64.7%,上升了 14.1 个百分点。税外收费占企业销售额 0.1%~1% 的企业则从 2012 年的 31.8% 下降到 24.7%,下降了 7.1 个百分点。税外收费占企业销售额 1%~5% 的企业从 14.1% 下降到 8.4%,占销售额超过 5% 的企业从 3.6% 下降到 2.1%,分别下降了 5.7 个和 1.5 个百分点(见表 2-4)。近似计算加权平均值,样本企业 2016 年向各级政府交纳的额外收费大约占样本企业销售收入的 0.53%。

表2-4 税外收费占企业销售额的比重

年份	有效样本	0%	0%~0.1%	0.1%~1%	1%~5%	>5%
2010	4200	45.8%	37.9%	13.9%	2.4%	
2012	3902	50.6%	31.8%	14.1%	3.6%	
2016	2122	22.1%	42.6%	24.7%	8.4%	2.1%

注：表头部分的百分比是指税外收费占企业销售额的比例区间，下面与各比例区间相对应的分年度百分比是指落在该比重区间的样本企业在相应年份占有效样本总数的比重。

上述变化说明税外收费的情况有显著好转。不过，目前这方面的情况还不能令人满意，因为还有超过10%的样本企业仍然承受着超过企业销售额1%的税外收费，甚至有超过企业销售额的5%的税外收费情况，这是非常沉重的负担。这说明少数地方仍然存在乱收费、乱摊派的情况。清理税外收费、规范各级地方政府行为，推进财税体制改革，仍然是当前改革面临的一项非常重要的任务。

图2-5显示了企业税费负担方面各分项指数的评分情况。

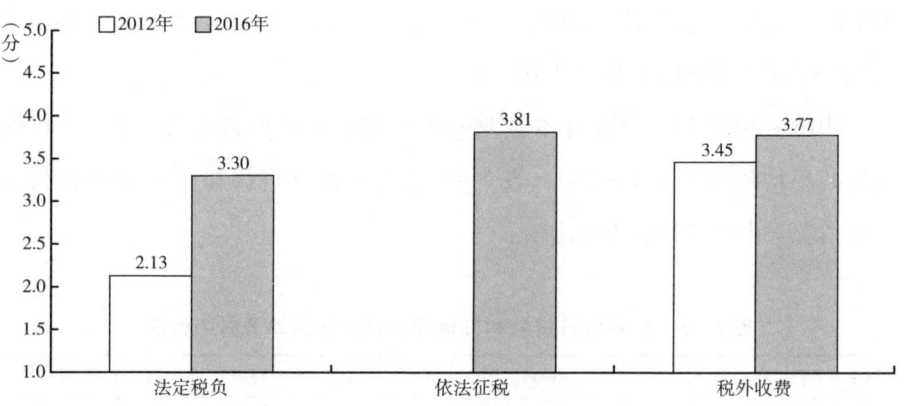

图2-5 税费负担指数的分项评分

5. 金融服务和融资成本

2016年，金融服务和融资成本方面指数评价得分为3.30分，高于2012年的3.07分（但融资成本部分是这次新增加的考察内容，与此前有不可比的因素)。总体来看,在企业融资方面有比较明显的改善。

金融服务和融资成本方面指数目前由4个分项指数组成。

"银行贷款"项和"其他融资"项分别考察企业能否通过正常渠道得到银行贷款、企业能否从其他正规或民间渠道得到融资。这两个分项指数与以前的评价口径一致,2016年这两项评分分别为3.47分和3.25分,与2012年相比分别提高了0.71分和0.13分,与2006年相比分别提高了1.16分和0.74分。

另两个分项指数"贷款利率"和"借款利率"考察企业融资成本的情况;根据从样本企业收集的信息,分别了解企业银行贷款的一般年利率,以及其他融资的一般年利率,然后折算为从1分到5分的评分(较低的融资成本得到较高的评分)。参考央行关于银行贷款基准利率的规定,定义银行贷款年利率低于或等于6%为5分,高于或等于10%为1分,并据此对6%~10%的年利率进行赋值。对于其他渠道的融资,我们定义年利率低于或等于10%为5分,高于或等于20%为1分,并据此对10%~20%的年利率进行赋值。2016年,"贷款利率"项平均得分为3.34分,"借款利率"项平均得分为3.02分。

2015~2016年,全部样本企业的银行贷款平均年利率为7.7%,其他融资的平均年利率为14.5%。表2-5给出了银行贷款和其他融资的利率分布情况并与2012年进行比较。

表2-5 企业银行贷款和其他渠道融资按利率分布的情况

利率区间	有效样本	≤6%	6%~10%	10%~14%	14%~18%	>18%	平均利率
银行贷款							
2012年	3665	7.7%	68.5%	21.1%	2.1%	0.6%	
2016年	1452	24.0%	68.7%	4.9%	1.4%	1.0%	7.7%
其他融资							
2012年	3390	6.3%	16.3%	29.4%	23.0%	25.0%	
2016年	857	5.7%	32.2%	17.4%	19.7%	25.0%	14.5%

注:表中2012年调查数据仅有利率分布区间的信息,未获得平均利率的数据。我们的2013年报告曾对利率水平以加权平均的方法做了推算,但因需借助某些假设,不够准确,不便进行比较。

二 企业经营环境八个方面的进展

从表中可以看到，2015～2016年，企业从银行贷款的年利率在6%～10%的比例接近69%，与2012年没有变化，但贷款利率在6%或以下的企业从近8%上升到24%，有大幅度提高。而贷款利率超过10%的企业从近24%下降到略高于7%。平均而言企业的贷款成本有明显下降，也说明银行在经营管理方面趋向于规范。

关于其他融资的利息成本，年利率不超过10%的企业从近23%上升到近38%，利率在10%～18%的企业从52.4%下降到37.1%，但利率在18%以上的企业仍占到25%，比例不变。平均而言，企业从其他融资渠道获得资金的成本也降低了。看来这与货币和信贷政策的宽松程度有关。另外，政府和货币当局对虚拟经济领域炒作行为的一些控制措施，可能也对降低实体经济部门的融资成本起了一定的作用。

需要说明的是，这里的评分仅仅是从企业融资成本的角度进行评价。如果从宏观经济的角度看，当然利率水平并非越低越好，而是取决于货币、信贷政策松紧程度，涉及防范金融风险、保证资金的良性循环、保障长期增长的可持续性等多方面因素的考量。本项研究仅从微观角度考察企业经营环境，无法涉及宏观经济层面的考察。

图2-6显示了各分项指数的具体变化情况。

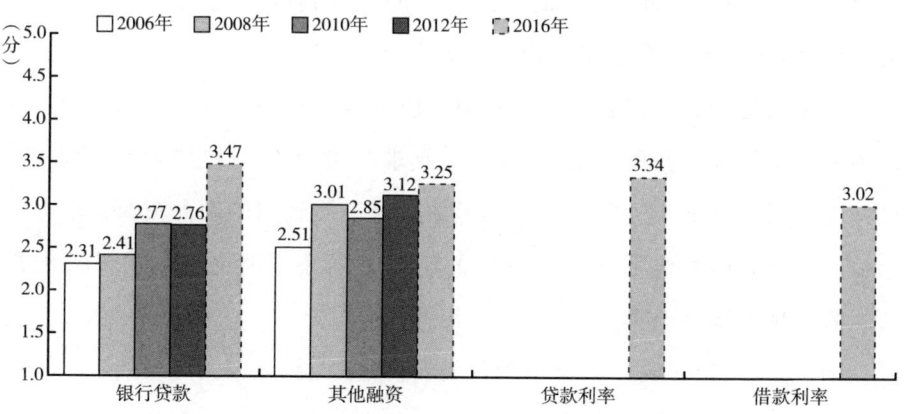

图2-6 金融服务和融资成本指数的分项进展

6. 人力资源供应

如本报告第二部分开始一节的描述，人力资源供应不足在最新调查中仍然被列为严重影响企业经营的问题。不过与以前年份相比，人力资源供应的评价还是发生了积极的变化，2016年平均得分比2012年上升了0.58分，达到3.37分。

该方面指数下设三个分项指数，分别为"技术人员"、"管理人员"和"熟练工人"，用于分别评价这三类人力资源短缺的程度。2016年与2012年相比，三个分项指数提高幅度比较均衡，分别上升了0.59分、0.57分和0.58分。其中技术人员的评分仍然相对较低，说明其短缺程度较高，管理人员次之。

近年来人力资源供应情况的相对好转，可能有两方面的影响因素。其一，可能与人力资源供应改善有关，不过近年来的统计数据未能对此提供有力的支持。我国高校本专科毕业生人数还在继续增长，2010年毕业575万人，2016年毕业704万人，增加129万人，但高校毕业生就业难的问题仍然存在。与此同时，中等职业学校毕业生从665万人回落到535万人，减少130万人。其二，更重要的影响因素可能是经济增长速度放慢带来的人力资源需求增长放慢，在一定程度上缓解了供求间的不均衡。假定就业的增长弹性不变，那么当前6.7%的增长率提供的新增就业机会与过去10%左右的增长率提供的新增就业机会相比，将减少1/3左右。

从更长远的观点来看，人力资源供应情况将是一个继续影响企业经营环境的关键因素。我国一方面存在就业难（特别是高校毕业生就业难）的情况，另一方面人力资源仍持续短缺，这说明我国的人力资源供求存在错位，主要是教育体系在人力资源的培养方面还不能适应经济发展的需要，教育体制亟须改革。

图2-7给出了这三个分项指数的具体进展情况。

7. 基础设施条件

基础设施条件的评分在8个方面指数中自2006年以来基本上一直处

二 企业经营环境八个方面的进展

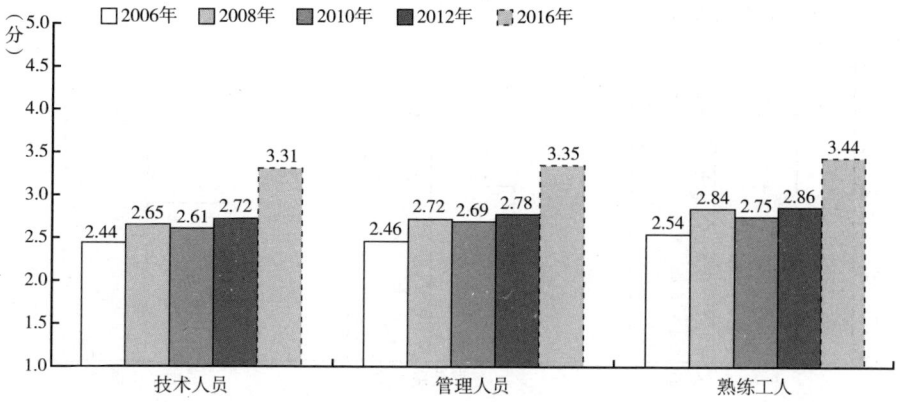

图 2-7 人力资源供应指数分项进展

于领先地位（其中只有 2010 年降至略低于行政干预与政府廉洁效率），说明企业经营者对基础设施条件总体上比较满意。2016 年其评分高达 3.93 分，比 2012 年提高了 0.64 分。

基础设施条件在我们的 2011 年报告中是个单一指数。自 2013 年报告开始，该指数改为由 3 个分项指数合成，它们是"电水气供应"、"铁路公路运输"、"其他基础设施"。2016 年，"电水气供应"项评分为 4.04 分，"铁路公路运输"项 3.92 分，"其他基础设施"项 3.82 分，均比 2012 年有所提高。其中，"其他基础设施"项的提高幅度较大，上升了 0.96 分。

应该注意到的是，企业经营者对基础设施条件的评价，并不仅仅包括对"硬件"设施的评价，同时也包括对基础设施服务条件（"软件"）的评价。因为实际构成企业经营环境一部分的，是硬件设施和服务的综合条件。如果硬件设施良好而服务不到位，同样会影响企业经营。

图 2-8 显示了近年来基础设施条件各分项指数的评分情况。

8. 市场环境与中介服务

该方面指数原称"中介组织和技术服务"，本次进行了修改，由 4 个分项指数组成，新增加了反映市场环境的两个分项指数——"市场需求"和"过度竞争"，分别用于评价企业所在的行业市场需求是否旺盛、企业

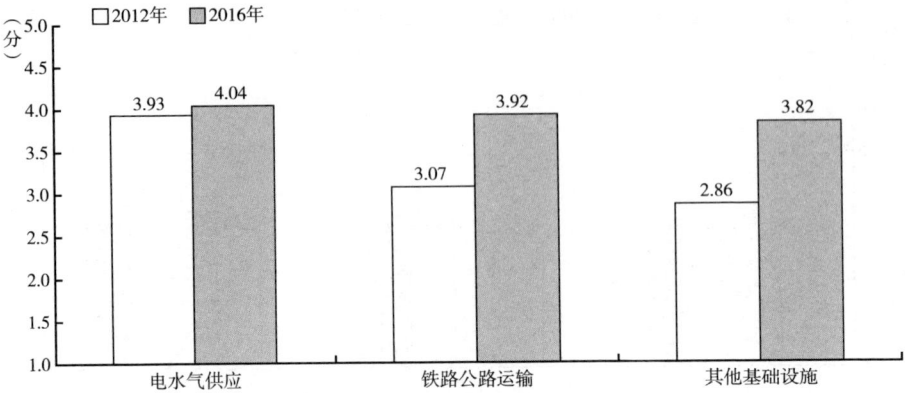

图2-8 基础设施条件指数的分项进展

是否面临过度竞争的压力。另外两个原有的分项指数是"中介服务"和"行业协会",前者用于评价当地律师、会计师、技术服务、物流服务等条件,后者用于评价当地行业协会对企业有无帮助。

2016年,该方面指数评分为3.26分。其分项指数的评分,"市场需求"项为3.29分,"过度竞争"项为3.15分(两者缺以前数据),"中介服务"项为3.49分,"行业协会"项为3.11分。后两者与2012年相比,分别提高了0.57分和0.29分,均由偏负面的评价(低于3.00分)转为偏正面的评价。图2-9给出了构成该方面指数的各分项指数的具体进展情况。

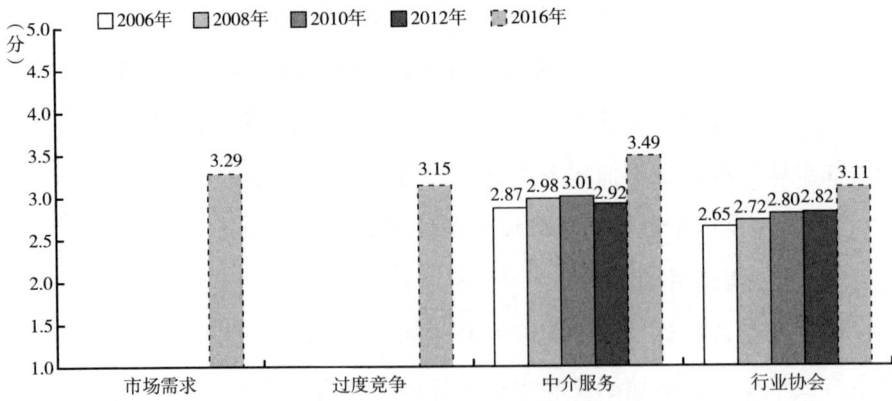

图2-9 市场环境与中介服务指数分项进展

二 企业经营环境八个方面的进展

各省份分方面进展情况

以下用表的形式显示全国各省份在企业经营环境8个方面指数和构成各方面指数的分项指数2006年、2008年、2010年、2012年和2016年的评分，并显示各方面指数和分项指数在2006~2016年的评分变化情况（其中个别方面指数和分项指数没有2012年以前的数据），分别由表2-6至表2-39显示。"变化"一栏中的正数表示评分上升（该方面或分项经营环境改善），负数表示评分下降（该方面或分项经营环境退步）。

各省份在表中的排列顺序，是根据它们2016年的该项评分，按从高到低的顺序排列的。排在最上面的省份，2016年该项评分最高；排在最下面的省份，2016年该项评分最低。

1. 政策公开、公平、公正

表2-6 各省份"政策公开、公平、公正"方面指数的进展

省 份	2006年	2008年	2010年	2012年	2016年	2006~2016年变化
重 庆	2.97	3.09	2.95	3.11	3.93	0.96
浙 江	3.05	3.14	3.13	3.14	3.89	0.84
广 东	3.01	3.06	3.02	3.09	3.87	0.85
广 西	2.96	3.16	2.84	3.01	3.85	0.89
上 海	2.89	3.08	3.19	3.24	3.84	0.94
山 东	2.89	3.02	2.99	2.99	3.82	0.93
江 苏	2.94	3.05	3.13	3.04	3.80	0.86
湖 北	2.76	2.99	2.91	2.91	3.80	1.04
天 津	3.05	3.15	3.15	3.45	3.77	0.72
安 徽	2.94	3.04	3.14	2.95	3.76	0.82
河 南	2.79	2.92	2.96	2.92	3.75	0.96
福 建	3.10	3.19	3.00	3.02	3.74	0.64
江 西	2.86	3.04	2.95	2.83	3.71	0.84
云 南	2.92	3.02	2.99	2.81	3.70	0.78
湖 南	2.67	2.81	2.87	2.78	3.68	1.00
贵 州	2.88	3.10	2.78	2.96	3.67	0.80

续表

省 份	2006年	2008年	2010年	2012年	2016年	2006~2016年变化
黑龙江	2.98	3.09	2.87	2.98	3.65	0.67
陕 西	2.86	2.98	2.84	2.99	3.63	0.77
四 川	2.90	3.01	2.94	2.87	3.62	0.72
辽 宁	2.98	3.12	2.94	2.85	3.59	0.62
北 京	2.82	3.04	3.02	3.09	3.58	0.76
宁 夏	3.05	3.44	2.72	2.78	3.58	0.53
西 藏					3.55	
甘 肃	2.87	3.20	3.02	2.84	3.51	0.64
内蒙古	2.96	3.07	2.86	2.78	3.50	0.54
吉 林	3.09	3.25	2.84	3.06	3.49	0.40
河 北	2.87	2.96	2.88	2.78	3.48	0.61
海 南	3.13	3.27	2.88	2.86	3.47	0.34
青 海	3.15	3.37			3.33	0.18
新 疆	2.97	3.15	2.78	2.74	3.22	0.25
山 西	2.86	2.92	2.92	2.91	3.21	0.34

表2-7 各省份"政策规章制度公开透明"分项指数的进展

省 份	2006年	2008年	2010年	2012年	2016年	2006~2016年变化
天 津	3.38	3.54	3.25	3.65	4.19	0.81
重 庆	3.19	3.25	3.14	3.33	4.18	1.00
北 京	3.37	3.57	3.22	3.23	4.08	0.70
上 海	3.47	3.59	3.42	3.36	4.01	0.55
浙 江	3.46	3.46	3.34	3.29	3.95	0.49
河 北	3.23	3.29	3.15	2.92	3.86	0.63
湖 北	3.18	3.29	3.09	3.13	3.86	0.68
黑龙江	3.23	3.26	3.05	3.15	3.85	0.62
山 东	3.32	3.42	3.22	3.23	3.82	0.50
安 徽	3.33	3.34	3.36	3.18	3.77	0.44
江 苏	3.39	3.43	3.25	3.19	3.76	0.38
河 南	3.15	3.28	3.12	3.11	3.73	0.58
西 藏					3.73	
云 南	3.05	3.24	3.24	2.98	3.70	0.65
广 东	3.42	3.33	3.20	3.24	3.70	0.29
贵 州	3.13	3.23	2.96	3.15	3.70	0.58

续表

省　份	2006年	2008年	2010年	2012年	2016年	2006~2016年变化
江　西	3.11	3.33	3.23	2.98	3.70	0.58
陕　西	3.14	3.24	3.09	3.14	3.69	0.55
辽　宁	3.27	3.29	3.14	3.03	3.67	0.40
青　海	3.00	3.11			3.66	0.66
湖　南	2.96	3.17	3.14	2.97	3.63	0.67
内蒙古	3.13	3.18	3.19	3.00	3.63	0.50
吉　林	3.30	3.38	3.02	3.20	3.63	0.33
广　西	3.00	3.14	3.01	3.11	3.62	0.62
甘　肃	2.92	3.34	3.36	2.94	3.61	0.69
宁　夏	3.14	3.42	3.04	3.00	3.59	0.45
四　川	3.27	3.23	3.13	3.04	3.56	0.29
海　南	3.06	3.26	2.91	3.10	3.55	0.48
福　建	3.23	3.35	3.10	3.19	3.52	0.29
山　西	3.07	3.07	3.12	3.12	3.43	0.36
新　疆	3.13	3.37	2.97	3.10	3.31	0.18

表2-8　各省份"行政执法公正"分项指数的进展

省　份	2006年	2008年	2010年	2012年	2016年	2006~2016年变化
重　庆	2.75	3.23	3.01	3.22	4.02	1.27
上　海	3.33	3.47	3.18	3.43	4.01	0.69
西　藏					4.00	
天　津	2.99	3.29	3.15	3.55	3.87	0.88
北　京	3.09	3.35	2.97	3.21	3.86	0.77
浙　江	3.15	3.27	3.00	3.25	3.83	0.68
广　东	3.16	3.24	2.96	3.18	3.75	0.58
安　徽	2.97	3.21	3.01	3.06	3.74	0.77
福　建	3.09	3.20	2.95	3.12	3.74	0.65
湖　北	2.84	3.14	2.87	3.05	3.73	0.89
山　东	2.96	3.05	2.87	3.01	3.72	0.76
江　苏	3.12	3.29	3.08	3.14	3.70	0.59
陕　西	2.67	2.97	2.77	3.12	3.69	1.02
海　南	2.75	2.83	2.83	2.86	3.67	0.92
黑龙江	2.85	2.99	2.75	3.02	3.64	0.79
甘　肃	2.82	2.96	2.85	3.00	3.63	0.81
广　西	2.78	3.13	2.72	3.06	3.62	0.84

续表

省份	2006年	2008年	2010年	2012年	2016年	2006~2016年变化
湖南	2.76	2.98	2.84	2.87	3.61	0.85
河北	2.88	3.07	2.67	2.78	3.59	0.71
江西	2.80	3.01	2.86	2.98	3.55	0.75
云南	2.97	3.18	2.93	3.03	3.52	0.56
吉林	3.00	3.22	2.77	3.22	3.51	0.51
四川	2.95	3.13	2.94	3.02	3.51	0.56
河南	2.71	3.07	2.86	2.99	3.49	0.79
辽宁	2.91	3.14	2.81	2.83	3.49	0.58
内蒙古	2.63	2.97	2.64	2.79	3.49	0.86
青海	3.10	3.32			3.47	0.37
新疆	2.82	3.18	2.67	2.72	3.44	0.62
宁夏	2.81	3.14	2.63	2.86	3.37	0.56
贵州	2.66	3.11	2.78	3.15	3.33	0.67
山西	2.71	3.02	2.85	2.98	3.27	0.56

表2-9 各省份"对不同企业的公平国民待遇"分项指数的进展

省份	2006年	2008年	2010年	2012年	2016年	2006~2016年变化
天津	2.99	3.20	3.05	3.16	3.90	0.91
上海	2.84	3.25	2.97	2.94	3.78	0.94
西藏					3.77	
重庆	2.77	2.90	2.69	2.79	3.71	0.94
北京	2.87	3.21	2.88	2.84	3.71	0.84
浙江	3.05	3.23	3.05	2.88	3.65	0.59
山东	2.90	3.13	2.88	2.73	3.61	0.71
广东	2.95	3.07	2.91	2.84	3.59	0.65
海南	2.44	3.21	2.91	2.62	3.52	1.08
河南	2.98	3.17	2.90	2.66	3.51	0.52
河北	2.89	3.08	2.81	2.64	3.48	0.59
青海	2.60	2.63			3.47	0.87
安徽	2.82	3.02	3.03	2.62	3.46	0.63
黑龙江	2.85	3.03	2.80	2.78	3.45	0.60
贵州	2.58	2.88	2.62	2.58	3.45	0.87
江苏	2.96	3.21	3.05	2.79	3.44	0.48
福建	2.94	3.19	2.95	2.74	3.43	0.49
湖北	2.65	3.04	2.78	2.56	3.43	0.78

续表

省份	2006年	2008年	2010年	2012年	2016年	2006~2016年变化
甘肃	2.47	2.88	2.86	2.59	3.41	0.95
广西	2.71	2.94	2.80	2.86	3.41	0.71
四川	2.81	2.93	2.76	2.53	3.38	0.56
云南	2.51	2.70	2.79	2.42	3.36	0.86
辽宁	2.99	3.23	2.88	2.71	3.36	0.37
内蒙古	2.85	2.99	2.74	2.55	3.34	0.49
湖南	2.60	2.77	2.63	2.52	3.32	0.71
新疆	2.67	2.82	2.72	2.38	3.31	0.65
宁夏	2.40	2.83	2.50	2.48	3.30	0.90
吉林	2.84	3.17	2.72	2.77	3.29	0.45
山西	2.78	2.80	2.78	2.62	3.25	0.47
陕西	2.64	2.83	2.66	2.72	3.25	0.61
江西	2.72	2.99	2.78	2.54	3.24	0.52

表2-10 各省份"地方保护"分项指数的进展

省份	2006年	2008年	2010年	2012年	2016年	2006~2016年变化
广西	3.36	3.42			4.76	1.40
广东	2.53	2.60			4.42	1.89
江西	2.83	2.81			4.35	1.52
江苏	2.29	2.26			4.28	1.99
福建	3.14	3.03			4.27	1.13
河南	2.30	2.17			4.26	1.97
贵州	3.16	3.16			4.22	1.06
云南	3.16	2.94			4.20	1.04
湖北	2.37	2.49			4.17	1.80
湖南	2.37	2.30			4.15	1.78
浙江	2.56	2.62			4.14	1.59
山东	2.38	2.47			4.11	1.74
安徽	2.62	2.59			4.07	1.45
宁夏	3.86	4.35			4.06	0.20
四川	2.57	2.77			4.05	1.47
陕西	2.98	2.86			3.87	0.88
辽宁	2.74	2.83			3.86	1.12
重庆	3.18	3.00			3.79	0.61
黑龙江	2.97	3.08			3.65	0.68

续表

省份	2006年	2008年	2010年	2012年	2016年	2006~2016年变化
内蒙古	3.24	3.13			3.55	0.31
吉林	3.22	3.24			3.55	0.33
上海	1.93	2.02			3.54	1.60
甘肃	3.28	3.62			3.39	0.11
海南	4.29	3.75			3.16	-1.13
天津	2.84	2.58			3.11	0.27
河北	2.49	2.39			2.99	0.50
山西	2.91	2.80			2.87	-0.04
新疆	3.26	3.24			2.81	-0.45
青海	3.91	4.43			2.75	-1.17
西藏					2.70	
北京	1.96	2.04			2.70	0.74

2. 行政干预与政府廉洁效率

表2-11 各省份"行政干预与政府廉洁效率"方面指数的进展

省份	2006年	2008年	2010年	2012年	2016年	2006~2016年变化
天津	3.10	3.36	3.46	3.72	4.03	0.93
江苏	3.33	3.48	3.50	3.52	3.86	0.53
安徽	3.24	3.27	3.38	3.37	3.86	0.62
浙江	3.37	3.46	3.48	3.50	3.85	0.48
江西	2.91	3.23	3.19	3.11	3.82	0.91
广西	2.91	3.17	3.10	3.33	3.79	0.89
广东	3.35	3.38	3.42	3.42	3.77	0.42
贵州	2.80	3.07	2.95	3.18	3.75	0.95
上海	3.28	3.55	3.63	3.52	3.75	0.47
山东	3.10	3.24	3.29	3.25	3.75	0.65
黑龙江	2.88	3.10	3.14	3.25	3.73	0.86
湖南	2.72	3.01	3.17	3.04	3.68	0.96
云南	2.87	3.05	3.32	3.11	3.65	0.78
河南	2.95	3.14	3.31	3.17	3.60	0.65
西藏					3.56	
北京	3.12	3.41	3.41	3.29	3.55	0.43
重庆	2.88	3.15	3.28	3.22	3.54	0.66

续表

省份	2006年	2008年	2010年	2012年	2016年	2006~2016年变化
湖北	3.03	3.23	3.35	3.24	3.52	0.49
海南	2.94	3.07	3.06	3.17	3.51	0.57
河北	2.99	3.13	3.15	3.00	3.43	0.44
宁夏	2.79	3.05	3.01	3.10	3.41	0.62
吉林	3.07	3.30	3.18	3.34	3.38	0.32
福建	3.19	3.34	3.30	3.36	3.38	0.18
四川	3.14	3.23	3.30	3.22	3.37	0.23
陕西	2.86	2.97	3.05	3.14	3.37	0.51
青海	2.63	2.74			3.33	0.70
甘肃	2.72	3.07	3.17	3.07	3.23	0.51
内蒙古	2.90	3.02	2.95	2.99	3.11	0.21
新疆	2.72	2.87	2.85	2.86	3.05	0.33
辽宁	3.11	3.28	3.26	3.16	2.96	-0.14
山西	2.86	2.86	3.08	3.07	2.93	0.07

表2-12 各省份"政府有无过度干预"分项指数的进展

省份	2006年	2008年	2010年	2012年	2016年	2006~2016年变化
上海	3.40	3.70	4.04	3.65	4.03	0.63
天津	3.23	3.49	3.78	3.76	3.95	0.71
浙江	3.57	3.72	3.89	3.63	3.94	0.38
陕西	3.16	3.31	3.58	3.24	3.83	0.67
广东	3.42	3.53	3.83	3.51	3.81	0.39
江苏	3.53	3.62	3.90	3.61	3.80	0.27
北京	3.29	3.59	3.90	3.52	3.77	0.49
西藏					3.77	
甘肃	3.03	3.37	3.68	3.24	3.76	0.72
安徽	3.46	3.56	3.73	3.42	3.74	0.28
宁夏	3.14	3.19	3.57	3.21	3.74	0.60
重庆	3.16	3.34	3.70	3.49	3.71	0.55
山东	3.34	3.50	3.75	3.41	3.71	0.37
河南	3.19	3.41	3.86	3.43	3.70	0.51
江西	3.18	3.57	3.58	3.31	3.70	0.52
福建	3.33	3.56	3.73	3.44	3.69	0.36
湖南	3.04	3.32	3.62	3.31	3.65	0.61
海南	3.19	3.58	3.50	2.86	3.64	0.45
湖北	3.38	3.66	3.90	3.54	3.63	0.24
青海	2.90	3.00			3.63	0.73

续表

省 份	2006年	2008年	2010年	2012年	2016年	2006~2016年变化
河 北	3.23	3.46	3.79	3.33	3.59	0.36
黑龙江	3.16	3.30	3.54	3.52	3.58	0.41
辽 宁	3.26	3.44	3.73	3.29	3.56	0.31
广 西	3.11	3.40	3.49	3.49	3.55	0.44
贵 州	3.25	3.30	3.44	3.58	3.55	0.30
四 川	3.26	3.46	3.68	3.33	3.51	0.25
吉 林	3.36	3.46	3.66	3.63	3.46	0.10
云 南	3.04	3.31	3.71	3.35	3.39	0.34
新 疆	2.91	3.14	3.21	3.18	3.38	0.46
内蒙古	3.13	3.31	3.44	3.24	3.34	0.22
山 西	3.20	3.15	3.53	3.26	3.34	0.14

表2–13　各省份"与政府打交道时间比例"分项指数的进展

省 份	2006年	2008年	2010年	2012年	2016年	2006~2016年变化
云 南	2.90	3.13	—	3.34	4.76	1.86
江 西	2.73	3.16	—	3.41	4.75	2.02
广 西	3.00	3.20	—	3.77	4.65	1.65
安 徽	3.19	3.17	—	3.59	4.59	1.40
贵 州	2.52	2.98	—	3.31	4.46	1.93
江 苏	3.47	3.68	—	4.04	4.40	0.94
黑龙江	2.68	3.09	—	3.40	4.38	1.70
天 津	3.02	3.28	—	3.96	4.14	1.12
山 东	2.98	3.15	—	3.55	3.97	0.99
浙 江	3.43	3.60	—	3.96	3.93	0.49
湖 南	2.69	3.01	—	3.39	3.90	1.21
广 东	3.69	3.71	—	4.09	3.87	0.18
湖 北	3.08	3.18	—	3.50	3.68	0.60
河 南	2.94	3.11	—	3.61	3.52	0.58
西 藏					3.49	
重 庆	3.10	3.33	—	3.61	3.39	0.29
海 南	2.80	2.76	—	3.67	3.39	0.59
吉 林	3.07	3.45	—	3.58	3.39	0.32
青 海	2.20	2.42	—		3.21	1.01
北 京	3.04	3.41	—	3.76	3.18	0.14
四 川	3.29	3.36	—	3.66	3.01	−0.29
上 海	3.46	3.83	—	4.16	2.98	−0.47
河 北	3.00	3.21	—	3.34	2.93	−0.06

续表

省 份	2006年	2008年	2010年	2012年	2016年	2006~2016年变化
宁 夏	2.85	3.00	—	3.36	2.87	0.02
福 建	3.30	3.46	—	3.68	2.79	-0.51
陕 西	2.80	2.95	—	3.35	2.64	-0.17
内蒙古	3.02	3.11	—	3.29	2.33	-0.68
甘 肃	2.66	3.20	—	3.79	1.98	-0.67
新 疆	2.48	2.71	—	3.03	1.85	-0.62
山 西	2.81	2.90	—	3.18	1.62	-1.20
辽 宁	3.16	3.49	—	3.62	1.59	-1.57

表2-14 各省份"政府效率（审批手续简便易行）"分项指数的进展

省 份	2006年	2008年	2010年	2012年	2016年	2006~2016年变化
天 津	3.06	3.27	3.22	3.51	4.03	0.97
上 海	3.07	3.22	3.30	3.12	3.96	0.89
广 东	3.18	3.07	3.15	3.07	3.75	0.57
浙 江	3.33	3.24	3.25	3.15	3.70	0.37
河 南	2.92	3.02	2.96	2.72	3.67	0.76
江 苏	3.33	3.41	3.32	3.24	3.67	0.35
重 庆	2.61	2.91	2.93	2.85	3.65	1.05
河 北	2.90	2.87	2.79	2.60	3.61	0.71
湖 南	2.65	2.90	2.91	2.52	3.56	0.92
山 东	3.15	3.21	3.10	2.98	3.55	0.40
江 西	2.97	3.07	3.04	2.77	3.55	0.58
北 京	2.98	3.24	3.04	2.86	3.52	0.54
甘 肃	2.53	2.84	2.77	2.58	3.51	0.98
四 川	3.01	2.98	3.05	2.76	3.48	0.47
海 南	2.81	2.84	2.68	2.86	3.45	0.64
广 西	2.60	2.99	2.82	2.87	3.41	0.81
黑龙江	2.89	2.88	2.94	2.89	3.39	0.51
山 西	2.70	2.68	2.73	2.78	3.39	0.69
新 疆	2.52	2.70	2.52	2.34	3.34	0.82
贵 州	2.63	2.73	2.57	2.70	3.33	0.70
西 藏					3.31	
云 南	2.69	2.84	3.12	2.63	3.30	0.60
吉 林	2.98	3.13	2.88	2.89	3.29	0.30
湖 北	2.87	3.01	2.94	2.90	3.27	0.40
安 徽	3.16	3.15	3.12	2.94	3.26	0.10
陕 西	2.73	2.67	2.65	2.69	3.22	0.49
辽 宁	3.01	3.14	2.99	2.75	3.21	0.20
青 海	2.80	2.63			3.16	0.36
宁 夏	2.75	3.17	2.67	2.79	3.15	0.40
福 建	3.08	3.15	2.96	2.96	3.14	0.06
内蒙古	2.69	2.72	2.65	2.53	3.11	0.42

表 2-15 各省份"官员廉洁守法"分项指数的进展

省 份	2006年	2008年	2010年	2012年	2016年	2006~2016年变化
上 海	3.20	3.44	3.56	3.74	4.03	0.83
天 津	3.08	3.40	3.38	3.89	4.01	0.93
宁 夏	2.42	2.85	2.79	3.24	3.89	1.47
福 建	3.06	3.20	3.22	3.61	3.88	0.82
安 徽	3.15	3.18	3.29	3.65	3.86	0.71
浙 江	3.13	3.26	3.30	3.63	3.82	0.69
陕 西	2.73	2.96	2.92	3.44	3.78	1.05
山 东	2.91	3.10	3.03	3.32	3.76	0.85
北 京	3.16	3.41	3.28	3.52	3.72	0.56
甘 肃	2.67	2.86	3.05	3.15	3.68	1.01
贵 州	2.81	3.25	2.83	3.52	3.68	0.87
内蒙古	2.76	2.93	2.74	3.26	3.66	0.89
西 藏					3.65	
广 东	3.10	3.21	3.26	3.53	3.65	0.55
新 疆	2.96	2.92	2.84	3.16	3.63	0.67
湖 南	2.51	2.80	2.99	3.22	3.60	1.09
河 北	2.82	2.97	2.88	3.03	3.59	0.77
黑龙江	2.77	3.13	2.94	3.42	3.58	0.80
江 苏	2.99	3.22	3.27	3.58	3.57	0.58
广 西	2.91	3.08	2.99	3.55	3.55	0.64
海 南	2.95	3.11	3.00	3.45	3.55	0.60
河 南	2.76	3.00	3.11	3.30	3.52	0.76
湖 北	2.81	3.09	3.21	3.35	3.52	0.71
四 川	3.01	3.10	3.16	3.49	3.50	0.49
辽 宁	2.99	3.07	3.06	3.33	3.49	0.49
重 庆	2.66	3.02	3.21	3.39	3.41	0.75
吉 林	2.86	3.13	3.01	3.53	3.40	0.54
山 西	2.75	2.72	2.97	3.19	3.39	0.64
青 海	2.63	2.90			3.34	0.71
江 西	2.75	3.13	2.95	3.22	3.27	0.53
云 南	2.85	2.93	3.12	3.41	3.16	0.31

3. 企业经营的法治环境

表 2-16　各省份"企业经营的法治环境"方面指数的进展

省　份	2006 年	2008 年	2010 年	2012 年	2016 年	2006~2016 年变化
上　海	3.30	3.47	3.36	3.21	4.12	0.82
黑龙江	2.94	3.20	2.96	2.99	4.10	1.16
浙　江	3.21	3.36	3.20	3.13	4.08	0.87
福　建	3.07	3.26	3.15	3.06	4.02	0.94
天　津	3.13	3.32	3.28	3.47	3.96	0.83
吉　林	3.07	3.39	3.11	3.10	3.96	0.88
重　庆	2.94	3.24	3.27	3.16	3.94	1.00
陕　西	2.84	3.19	3.03	2.99	3.90	1.07
湖　北	2.91	3.19	3.09	2.89	3.90	0.99
北　京	3.07	3.34	3.18	3.14	3.88	0.81
广　东	3.07	3.24	3.11	2.96	3.88	0.80
山　东	3.10	3.24	3.12	2.94	3.86	0.76
甘　肃	2.81	3.04	3.06	2.73	3.85	1.04
辽　宁	3.04	3.26	3.09	2.99	3.85	0.81
江　苏	3.20	3.40	3.27	3.13	3.84	0.63
江　西	2.88	3.26	3.13	2.75	3.83	0.95
内蒙古	3.07	3.26	3.08	2.76	3.82	0.76
广　西	2.91	3.19	2.96	3.09	3.81	0.90
安　徽	3.14	3.30	3.25	2.98	3.81	0.67
四　川	3.05	3.28	3.16	3.03	3.81	0.75
西　藏					3.80	
宁　夏	2.74	3.14	2.90	2.66	3.80	1.05
湖　南	2.82	3.17	3.06	2.78	3.79	0.97
贵　州	2.86	3.22	2.90	2.92	3.78	0.92
河　北	3.02	3.24	3.00	2.70	3.77	0.75
山　西	2.85	3.05	3.08	2.89	3.72	0.87
河　南	2.91	3.14	3.08	2.83	3.70	0.79
青　海	3.12	3.24			3.62	0.49
海　南	2.80	3.07	3.00	2.93	3.61	0.80
新　疆	2.95	3.18	2.92	2.74	3.53	0.58
云　南	2.99	3.21	3.20	2.92	3.52	0.53

表2-17 各省份"司法公正和效率"分项指数的进展

省份	2006年	2008年	2010年	2012年	2016年	2006~2016年变化
上海	3.12	3.29	3.22	3.21	3.95	0.83
天津	2.84	3.05	3.04	3.47	3.90	1.06
浙江	2.95	3.14	2.97	3.13	3.86	0.92
甘肃	2.55	2.72	2.73	2.73	3.76	1.20
广东	2.83	3.02	2.88	2.96	3.73	0.90
江西	2.49	2.95	2.84	2.75	3.73	1.24
陕西	2.47	2.93	2.75	2.99	3.72	1.25
北京	2.80	3.16	2.93	3.14	3.72	0.92
福建	2.78	3.00	2.91	3.06	3.71	0.93
山东	2.73	2.94	2.85	2.94	3.68	0.94
四川	2.79	3.02	2.95	3.03	3.65	0.86
山西	2.46	2.74	2.82	2.89	3.64	1.18
重庆	2.67	2.96	3.17	3.16	3.63	0.96
安徽	2.83	3.05	3.01	2.98	3.63	0.80
广西	2.55	2.95	2.73	3.09	3.62	1.07
辽宁	2.74	2.95	2.77	2.99	3.62	0.88
黑龙江	2.46	2.92	2.63	2.99	3.61	1.14
吉林	2.68	3.16	2.74	3.10	3.60	0.92
江苏	2.98	3.16	3.05	3.13	3.58	0.60
河南	2.46	2.80	2.76	2.83	3.58	1.12
河北	2.66	2.91	2.65	2.70	3.55	0.89
宁夏	2.39	2.83	2.52	2.66	3.52	1.13
内蒙古	2.63	2.88	2.67	2.76	3.51	0.89
西藏					3.50	
湖南	2.40	2.88	2.79	2.78	3.49	1.09
湖北	2.58	2.91	2.81	2.89	3.48	0.91
贵州	2.56	3.04	2.67	2.92	3.48	0.92
海南	2.38	2.63	2.78	2.93	3.42	1.05
云南	2.66	2.99	3.04	2.92	3.32	0.66
青海	3.01	3.08		—	3.31	0.30
新疆	2.63	2.89	2.62	2.74	3.28	0.65

二 企业经营环境八个方面的进展

表2-18 各省份"合同正常履行"分项指数的进展

省 份	2006年	2008年	2010年	2012年	2016年	2006~2016年变化
黑龙江	3.47	3.53	3.41	3.60	4.06	0.59
浙 江	3.64	3.67	3.59	3.55	3.98	0.35
重 庆	3.39	3.50	3.43	3.48	3.98	0.59
上 海	3.59	3.69	3.65	3.47	3.97	0.38
湖 北	3.50	3.59	3.55	3.35	3.96	0.47
西 藏					3.96	
天 津	3.62	3.68	3.65	3.80	3.91	0.29
吉 林	3.54	3.56	3.61	3.62	3.89	0.35
甘 肃	3.23	3.40	3.53	3.09	3.88	0.65
广 东	3.53	3.57	3.52	3.53	3.87	0.34
北 京	3.48	3.50	3.50	3.44	3.86	0.39
江 苏	3.62	3.69	3.65	3.46	3.85	0.23
陕 西	3.40	3.56	3.51	3.41	3.83	0.44
青 海	3.30	3.53			3.81	0.51
内蒙古	3.55	3.63	3.70	3.48	3.80	0.25
辽 宁	3.55	3.60	3.55	3.41	3.79	0.25
江 西	3.49	3.63	3.55	3.31	3.79	0.30
河 北	3.56	3.66	3.60	3.37	3.77	0.22
山 东	3.64	3.60	3.55	3.39	3.77	0.13
广 西	3.41	3.47	3.44	3.59	3.76	0.35
湖 南	3.48	3.62	3.43	3.38	3.74	0.26
福 建	3.52	3.55	3.52	3.44	3.67	0.15
四 川	3.41	3.62	3.47	3.44	3.61	0.20
安 徽	3.62	3.62	3.53	3.47	3.60	-0.02
河 南	3.52	3.58	3.57	3.42	3.59	0.07
贵 州	3.39	3.55	3.24	3.39	3.55	0.16
宁 夏	3.25	3.39	3.54	3.24	3.52	0.27
山 西	3.34	3.50	3.44	3.49	3.48	0.14
云 南	3.51	3.52	3.58	3.33	3.48	-0.03
海 南	3.44	3.50	3.26	3.38	3.42	-0.01
新 疆	3.29	3.53	3.31	3.07	3.31	0.02

表 2-19 各省份"经营者财产和人身安全保障"分项指数的进展

省 份	2006年	2008年	2010年	2012年	2016年	2006~2016年变化
上 海	3.65	3.78	3.63	3.74	4.42	0.77
浙 江	3.45	3.59	3.49	3.64	4.38	0.93
黑龙江	3.42	3.54	3.36	3.63	4.36	0.94
福 建	3.42	3.65	3.46	3.53	4.33	0.91
陕 西	3.16	3.38	3.22	3.45	4.33	1.17
安 徽	3.46	3.55	3.61	3.67	4.31	0.85
重 庆	3.16	3.50	3.45	3.53	4.29	1.13
宁 夏	3.17	3.50	3.17	3.55	4.26	1.09
吉 林	3.38	3.72	3.39	3.72	4.26	0.88
山 东	3.46	3.55	3.44	3.62	4.24	0.78
湖 北	3.16	3.47	3.37	3.51	4.21	1.06
辽 宁	3.20	3.62	3.42	3.44	4.18	0.98
内蒙古	3.54	3.61	3.47	3.72	4.17	0.63
北 京	3.39	3.73	3.61	3.70	4.13	0.74
江 苏	3.49	3.71	3.59	3.66	4.12	0.63
广 东	3.22	3.46	3.35	3.51	4.11	0.89
广 西	3.26	3.45	3.17	3.64	4.10	0.84
贵 州	3.07	3.39	3.06	3.39	4.10	1.03
甘 肃	3.03	3.47	3.42	3.35	4.10	1.06
天 津	3.41	3.59	3.61	3.88	4.09	0.68
湖 南	3.14	3.38	3.21	3.35	4.09	0.94
四 川	3.34	3.56	3.41	3.45	4.05	0.71
西 藏					4.04	
河 北	3.34	3.57	3.28	3.39	4.03	0.68
海 南	2.88	3.56	3.32	3.48	4.00	1.13
江 西	3.29	3.64	3.39	3.32	3.97	0.68
山 西	3.28	3.26	3.40	3.60	3.91	0.63
新 疆	3.40	3.49	3.15	3.30	3.91	0.51
青 海	3.20	3.37			3.88	0.68
河 南	3.31	3.42	3.38	3.60	3.82	0.51
云 南	3.25	3.44	3.29	3.29	3.77	0.52

表 2-20 各省份"知识产权、技术、品牌保护"分项指数的进展

省 份	2006 年	2008 年	2010 年	2012 年	2016 年	2006~2016 年变化
黑龙江	3.37	3.37	3.12	3.58	4.36	1.00
福 建	3.16	3.37	3.19	3.41	4.36	1.19
上 海	3.22	3.46	3.22	3.33	4.15	0.93
浙 江	3.33	3.47	3.21	3.33	4.09	0.76
吉 林	3.46	3.60	3.40	3.48	4.09	0.62
贵 州	3.02	3.28	3.08	3.39	3.98	0.96
湖 北	3.08	3.36	3.20	3.34	3.95	0.87
天 津	3.22	3.48	3.32	3.69	3.94	0.71
四 川	3.21	3.43	3.22	3.41	3.91	0.70
宁 夏	2.88	3.47	3.14	3.32	3.89	1.01
重 庆	3.11	3.55	3.23	3.51	3.88	0.77
山 西	3.13	3.30	3.19	3.27	3.86	0.74
湖 南	3.12	3.41	3.34	3.32	3.86	0.74
江 西	3.05	3.46	3.28	3.20	3.85	0.80
北 京	3.14	3.34	3.16	3.41	3.81	0.67
河 南	3.27	3.43	3.26	3.30	3.81	0.54
内蒙古	3.43	3.69	3.33	3.55	3.80	0.37
辽 宁	3.27	3.48	3.24	3.33	3.79	0.53
江 苏	3.18	3.48	3.25	3.38	3.79	0.61
广 东	3.20	3.38	3.16	3.31	3.79	0.58
山 东	3.31	3.45	3.16	3.37	3.77	0.47
广 西	3.14	3.34	2.99	3.42	3.76	0.62
河 北	3.26	3.47	3.19	3.13	3.75	0.48
陕 西	3.04	3.42	3.19	3.35	3.72	0.68
西 藏					3.69	
安 徽	3.25	3.46	3.35	3.56	3.69	0.44
甘 肃	2.93	3.22	3.21	3.50	3.66	0.72
新 疆	3.11	3.38	3.20	3.41	3.63	0.51
海 南	3.38	3.44	3.09	3.62	3.58	0.20
云 南	3.19	3.29	3.18	3.14	3.52	0.33
青 海	3.20	3.32			3.47	0.27

4. 企业的税费负担

表 2-21　各省份"企业的税费负担"方面指数的进展

省　份	2012 年	2016 年	2012~2016 年变化
上　海	2.92	4.03	1.11
天　津	3.21	3.98	0.76
甘　肃	2.86	3.88	1.02
西　藏		3.87	
宁　夏	2.73	3.73	1.00
湖　北	2.74	3.72	0.98
北　京	2.87	3.71	0.84
河　北	2.66	3.70	1.04
山　西	2.66	3.69	1.03
江　苏	2.68	3.66	0.98
广　西	2.86	3.66	0.79
浙　江	2.82	3.65	0.83
四　川	2.81	3.64	0.83
重　庆	2.82	3.63	0.82
山　东	2.69	3.62	0.93
江　西	2.68	3.62	0.93
海　南	3.12	3.62	0.50
辽　宁	2.71	3.60	0.89
贵　州	2.95	3.59	0.65
黑龙江	2.87	3.59	0.72
湖　南	2.77	3.54	0.77
陕　西	2.84	3.53	0.69
吉　林	2.73	3.51	0.79
青　海		3.49	
新　疆	2.61	3.49	0.88
河　南	2.76	3.48	0.72
广　东	2.73	3.48	0.74
福　建	2.81	3.47	0.66
安　徽	2.86	3.47	0.60
内蒙古	2.56	3.37	0.81
云　南	2.58	3.35	0.77

表 2-22 各省份"法定税负"和"依法征税"分项指数的进展

省　份	法定税负			省　份	依法征税
	2012 年	2016 年	2012～2016 年变化		2016 年
天　津	2.51	3.94	1.43	天　津	4.32
上　海	2.04	3.92	1.88	上　海	4.22
甘　肃	2.26	3.90	1.64	北　京	4.03
北　京	2.15	3.62	1.47	甘　肃	3.98
黑龙江	2.26	3.52	1.25	山　西	3.95
西　藏		3.50		内蒙古	3.91
河　北	2.06	3.44	1.38	浙　江	3.89
江　西	2.17	3.39	1.22	宁　夏	3.89
山　西	2.18	3.39	1.21	西　藏	3.88
山　东	2.10	3.36	1.26	江　西	3.88
重　庆	2.08	3.35	1.26	江　苏	3.87
广　西	2.21	3.34	1.14	四　川	3.86
江　苏	2.02	3.30	1.28	贵　州	3.85
湖　北	2.13	3.29	1.15	辽　宁	3.85
浙　江	2.03	3.23	1.20	陕　西	3.83
广　东	2.02	3.23	1.21	河　北	3.82
吉　林	2.11	3.23	1.12	重　庆	3.82
四　川	2.07	3.21	1.15	山　东	3.81
辽　宁	2.02	3.21	1.19	广　东	3.81
云　南	1.97	3.20	1.24	福　建	3.76
安　徽	2.14	3.20	1.06	广　西	3.76
海　南	2.29	3.18	0.90	海　南	3.76
青　海		3.16		黑龙江	3.73
湖　南	2.19	3.14	0.95	湖　南	3.68
河　南	2.09	3.12	1.03	湖　北	3.68
贵　州	2.18	3.10	0.92	吉　林	3.66
宁　夏	2.00	3.00	1.00	安　徽	3.66
福　建	2.09	2.95	0.86	河　南	3.63
新　疆	1.97	2.94	0.97	新　疆	3.53
陕　西	2.22	2.92	0.69	青　海	3.34
内蒙古	2.07	2.89	0.82	云　南	3.32

表 2-23 各省份"税外收费"分项指数的进展

省 份	2012 年	2016 年	2012~2016 年变化
宁 夏	3.46	4.30	0.83
西 藏		4.23	
湖 北	3.35	4.20	0.85
新 疆	3.25	4.00	0.75
青 海		3.97	
上 海	3.80	3.95	0.15
海 南	3.95	3.91	-0.04
广 西	3.52	3.86	0.35
四 川	3.56	3.85	0.29
河 北	3.27	3.84	0.58
浙 江	3.61	3.84	0.22
陕 西	3.46	3.83	0.37
贵 州	3.71	3.83	0.12
江 苏	3.34	3.81	0.47
湖 南	3.35	3.81	0.46
甘 肃	3.45	3.76	0.30
辽 宁	3.39	3.74	0.35
重 庆	3.55	3.73	0.18
山 西	3.14	3.73	0.59
山 东	3.29	3.69	0.41
福 建	3.53	3.69	0.16
河 南	3.43	3.69	0.26
天 津	3.92	3.68	-0.24
吉 林	3.34	3.66	0.31
江 西	3.20	3.58	0.38
安 徽	3.59	3.54	-0.05
云 南	3.18	3.52	0.34
黑龙江	3.47	3.52	0.04
北 京	3.59	3.49	-0.11
广 东	3.45	3.40	-0.05
内蒙古	3.06	3.31	0.26

5. 金融服务和融资成本

表2-24 各省份"金融服务和融资成本"方面指数的进展

省 份	2006年	2008年	2010年	2012年	2016年	2006~2016年变化
广 西	2.37	2.87	2.66	3.20	4.08	1.71
辽 宁	2.52	2.85	2.76	3.10	3.96	1.45
安 徽	2.58	3.02	2.94	3.04	3.84	1.26
浙 江	2.97	3.37	3.33	3.32	3.76	0.79
海 南	2.33	2.76	2.54	3.04	3.72	1.39
北 京	2.41	2.94	2.86	2.96	3.68	1.27
江 苏	2.69	3.17	3.13	3.20	3.63	0.95
内蒙古	2.39	3.04	2.68	2.97	3.54	1.15
上 海	2.53	3.12	3.04	3.21	3.53	0.99
吉 林	2.27	2.76	2.61	3.16	3.52	1.26
西 藏					3.49	
陕 西	2.25	2.87	2.71	3.03	3.47	1.22
江 西	2.40	2.86	2.80	3.07	3.46	1.06
河 北	2.43	2.90	2.87	3.03	3.43	1.00
重 庆	2.33	2.87	2.88	3.12	3.40	1.07
湖 北	2.46	2.86	2.92	3.04	3.37	0.91
宁 夏	2.06	2.89	3.02	3.45	3.33	1.27
山 东	2.42	2.94	2.79	3.02	3.28	0.87
黑龙江	2.31	2.91	2.69	2.99	3.28	0.97
贵 州	2.43	2.87	2.74	3.00	3.26	0.83
福 建	2.75	3.12	3.08	2.99	3.21	0.46
天 津	2.44	2.90	2.84	3.33	3.07	0.63
河 南	2.32	2.79	2.88	3.01	3.04	0.72
新 疆	2.27	2.71	2.48	2.84	3.03	0.76
广 东	2.49	2.86	2.84	3.02	3.02	0.53
湖 南	2.27	2.73	2.73	3.17	2.96	0.69
云 南	2.45	2.78	2.63	2.92	2.89	0.44
甘 肃	2.06	2.82	2.78	2.79	2.72	0.66
青 海	2.22	2.86			2.62	0.40
山 西	2.42	2.62	2.73	2.95	2.37	-0.06
四 川	2.41	2.85	2.83	3.06	2.29	-0.12

表 2-25 各省份"银行贷款"分项指数的进展

省 份	2006 年	2008 年	2010 年	2012 年	2016 年	2006~2016 年变化
浙 江	3.07	3.09	3.42	3.23	3.87	0.79
天 津	2.50	2.55	2.83	3.24	3.83	1.33
辽 宁	2.38	2.44	2.68	2.90	3.81	1.43
上 海	2.64	2.78	3.01	2.95	3.74	1.10
广 西	2.33	2.41	2.72	3.01	3.72	1.40
新 疆	2.11	2.35	2.47	2.62	3.69	1.58
重 庆	2.12	2.42	2.83	2.97	3.67	1.55
北 京	2.44	2.61	2.85	2.78	3.65	1.21
河 北	2.22	2.32	2.73	2.61	3.61	1.39
江 苏	2.73	2.90	3.24	3.00	3.59	0.87
安 徽	2.51	2.60	3.00	2.84	3.59	1.07
湖 南	2.19	2.16	2.56	2.95	3.58	1.39
海 南	1.94	2.05	2.25	2.71	3.58	1.64
湖 北	2.23	2.40	3.00	2.78	3.54	1.31
吉 林	2.13	2.11	2.74	2.93	3.53	1.40
广 东	2.52	2.55	2.86	2.76	3.52	1.00
山 东	2.31	2.47	2.82	2.77	3.51	1.20
黑龙江	1.94	2.32	2.58	2.52	3.50	1.56
青 海	2.20	2.17		—	3.47	1.27
陕 西	2.19	2.28	2.54	2.79	3.46	1.26
甘 肃	1.77	2.27	2.75	2.39	3.37	1.60
江 西	2.19	2.23	2.77	2.52	3.36	1.17
宁 夏	2.14	2.56	3.13	3.03	3.33	1.19
河 南	1.95	2.10	2.72	2.58	3.28	1.33
四 川	2.39	2.46	2.78	2.78	3.23	0.84
山 西	2.15	1.98	2.51	2.51	3.20	1.06
贵 州	2.45	2.44	2.61	2.61	3.18	0.72
内蒙古	2.25	2.23	2.50	2.23	3.17	0.93
福 建	2.80	2.67	3.02	2.79	3.14	0.34
云 南	2.41	2.42	2.49	2.32	3.05	0.64
西 藏					2.92	

表 2-26 各省份"其他融资"分项指数的进展

省 份	2006 年	2008 年	2010 年	2012 年	2016 年	2006~2016 年变化
上 海	2.45	3.03	2.91	3.20	3.64	1.20
北 京	2.40	2.82	2.79	2.91	3.63	1.23
辽 宁	2.63	2.95	2.80	3.13	3.62	1.00
天 津	2.39	2.88	2.79	3.35	3.50	1.11
广 东	2.52	2.80	2.73	3.01	3.50	0.98
河 北	2.64	3.14	2.98	3.13	3.47	0.82
江 西	2.55	3.08	2.89	3.31	3.45	0.90
黑龙江	2.59	2.95	2.71	3.00	3.44	0.85
内蒙古	2.59	3.35	2.78	3.19	3.43	0.84
山 东	2.54	3.13	2.89	3.08	3.42	0.88
陕 西	2.27	3.03	2.73	2.99	3.39	1.12
湖 南	2.44	3.02	2.94	3.23	3.36	0.92
江 苏	2.73	3.23	3.16	3.27	3.35	0.62
新 疆	2.36	2.67	2.42	2.72	3.32	0.97
重 庆	2.55	3.05	2.92	3.17	3.31	0.76
湖 北	2.68	3.01	3.00	3.13	3.30	0.63
河 南	2.61	3.09	3.05	3.13	3.28	0.67
山 西	2.72	2.87	2.92	3.02	3.23	0.51
广 西	2.41	2.95	2.56	3.21	3.22	0.81
贵 州	2.49	2.76	2.77	3.10	3.18	0.69
云 南	2.44	2.69	2.59	3.06	3.16	0.72
浙 江	3.00	3.49	3.39	3.38	3.14	0.14
海 南	2.63	2.89	2.57	2.95	3.12	0.50
四 川	2.46	2.93	2.84	3.10	3.12	0.66
安 徽	2.61	3.16	2.97	3.00	3.10	0.48
青 海	2.10	2.95			3.06	0.96
吉 林	2.37	2.96	2.53	3.22	3.03	0.66
甘 肃	2.26	2.99	2.73	2.78	2.93	0.67
宁 夏	2.00	3.03	3.00	3.67	2.89	0.89
福 建	2.77	3.25	3.17	2.96	2.68	-0.09
西 藏					2.54	

表2-27 各省份"贷款利率"和"借款利率"分项指数

省　份	贷款利率-2015年	省　份	借款利率-2015年
西　藏	5.00	广　西	5.00
广　西	4.39	安　徽	5.00
海　南	4.19	内蒙古	4.57
辽　宁	4.05	辽　宁	4.36
宁　夏	3.82	浙　江	4.29
北　京	3.80	海　南	3.99
吉　林	3.80	江　苏	3.89
浙　江	3.75	陕　西	3.77
江　苏	3.70	吉　林	3.74
安　徽	3.69	江　西	3.67
福　建	3.66	北　京	3.65
湖　北	3.65	福　建	3.35
黑龙江	3.61	贵　州	3.33
上　海	3.55	宁　夏	3.28
河　北	3.52	重　庆	3.26
云　南	3.40	上　海	3.19
贵　州	3.37	河　北	3.12
江　西	3.36	河　南	3.06
重　庆	3.35	湖　北	2.98
新　疆	3.33	山　东	2.93
山　东	3.28	黑龙江	2.56
陕　西	3.25	广　东	2.54
甘　肃	3.05	天　津	2.49
湖　南	3.02	云　南	1.95
内蒙古	2.99	湖　南	1.90
青　海	2.95	新　疆	1.80
广　东	2.54	山　西	1.76
河　南	2.53	四　川	1.67
天　津	2.46	甘　肃	1.54
山　西	1.27	青　海	1.00
四　川	1.15	西　藏	

6. 人力资源供应

表 2-28　各省份"人力资源供应"方面指数的进展

省　份	2006 年	2008 年	2010 年	2012 年	2016 年	2006~2016 年变化
福　建	2.35	2.56	2.44	2.57	4.15	1.80
上　海	2.69	2.88	2.93	2.90	3.84	1.15
重　庆	2.51	2.85	2.66	3.01	3.63	1.12
北　京	2.61	2.83	2.90	2.86	3.58	0.97
湖　北	2.47	2.71	2.63	2.75	3.53	1.05
浙　江	2.33	2.61	2.50	2.69	3.50	1.17
山　西	2.54	2.75	2.78	2.83	3.50	0.96
四　川	2.53	2.78	2.70	2.77	3.50	0.97
吉　林	2.36	2.70	2.75	2.84	3.49	1.13
黑龙江	2.51	2.85	2.87	2.89	3.43	0.92
湖　南	2.63	2.70	2.70	2.87	3.42	0.79
天　津	2.62	2.90	2.99	3.17	3.41	0.80
广　东	2.44	2.69	2.62	2.72	3.40	0.96
新　疆	2.44	2.52	2.29	2.33	3.36	0.93
山　东	2.51	2.75	2.64	2.87	3.35	0.84
辽　宁	2.75	2.82	2.84	2.79	3.35	0.60
云　南	2.54	2.69	2.85	2.71	3.31	0.77
广　西	2.50	2.88	2.66	2.87	3.31	0.81
河　南	2.62	2.90	2.94	2.99	3.29	0.67
河　北	2.53	2.81	2.68	2.90	3.26	0.73
安　徽	2.50	2.76	2.67	2.59	3.25	0.75
江　苏	2.44	2.75	2.69	2.81	3.24	0.80
江　西	2.27	2.63	2.63	2.83	3.22	0.95
海　南	2.60	2.63	2.62	2.87	3.21	0.61
内蒙古	2.26	2.57	2.34	2.79	3.21	0.95
青　海	2.40	2.53			3.19	0.79
陕　西	2.49	2.78	2.65	2.83	3.19	0.70
宁　夏	2.25	2.59	2.63	2.54	3.14	0.88
甘　肃	2.39	2.79	2.48	2.42	3.11	0.72
贵　州	2.31	2.86	2.66	2.76	3.10	0.79
西　藏					2.87	

表 2-29 各省份"技术人员"分项指数的进展情况

省 份	2006 年	2008 年	2010 年	2012 年	2016 年	2006~2016 年变化
福 建	2.31	2.50	2.37	2.55	4.10	1.79
上 海	2.65	2.76	2.94	2.90	3.93	1.28
新 疆	2.41	2.39	2.34	2.27	3.63	1.21
北 京	2.65	2.78	2.86	2.82	3.62	0.96
江 西	2.15	2.52	2.60	2.72	3.52	1.36
重 庆	2.43	2.74	2.56	2.89	3.51	1.08
浙 江	2.24	2.52	2.42	2.65	3.47	1.23
山 西	2.52	2.68	2.63	2.68	3.43	0.91
四 川	2.48	2.65	2.59	2.70	3.40	0.92
吉 林	2.32	2.59	2.63	2.74	3.37	1.05
天 津	2.58	2.87	2.97	3.16	3.36	0.78
湖 北	2.39	2.65	2.52	2.71	3.34	0.95
广 东	2.38	2.60	2.50	2.66	3.34	0.96
黑龙江	2.55	2.76	2.74	2.79	3.33	0.78
山 东	2.47	2.69	2.54	2.78	3.32	0.85
河 南	2.61	2.80	2.88	2.92	3.29	0.67
河 北	2.50	2.77	2.63	2.84	3.28	0.79
辽 宁	2.64	2.70	2.73	2.66	3.26	0.62
江 苏	2.39	2.70	2.62	2.77	3.25	0.86
安 徽	2.40	2.70	2.59	2.50	3.23	0.83
广 西	2.45	2.81	2.60	2.80	3.21	0.75
湖 南	2.65	2.60	2.61	2.81	3.19	0.55
云 南	2.53	2.62	2.78	2.72	3.18	0.65
海 南	2.63	2.47	2.67	2.81	3.15	0.53
内蒙古	2.11	2.53	2.24	2.77	3.14	1.03
甘 肃	2.33	2.65	2.39	2.33	3.12	0.79
宁 夏	2.26	2.56	2.54	2.41	3.07	0.82
陕 西	2.47	2.71	2.52	2.79	3.06	0.59
贵 州	2.27	2.81	2.58	2.79	2.95	0.68
青 海	2.40	2.42			2.84	0.44
西 藏					2.73	

二 企业经营环境八个方面的进展

表2-30 各省份"管理人员"分项指数的进展

省份	2006年	2008年	2010年	2012年	2016年	2006~2016年变化
福建	2.46	2.54	2.50	2.59	4.17	1.70
上海	2.78	2.99	3.07	3.04	3.90	1.12
重庆	2.56	2.88	2.71	3.01	3.73	1.17
北京	2.62	2.81	2.87	2.86	3.63	1.00
浙江	2.40	2.63	2.61	2.72	3.61	1.20
湖北	2.47	2.68	2.63	2.68	3.54	1.06
天津	2.67	2.99	3.05	3.20	3.49	0.82
四川	2.45	2.74	2.70	2.72	3.48	1.03
湖南	2.53	2.69	2.86	2.97	3.47	0.95
吉林	2.23	2.68	2.74	2.85	3.46	1.22
黑龙江	2.42	2.87	2.99	2.87	3.45	1.04
广东	2.54	2.83	2.72	2.83	3.44	0.90
辽宁	2.79	2.83	2.91	2.76	3.41	0.62
新疆	2.31	2.51	2.27	2.47	3.38	1.06
山西	2.49	2.67	2.81	2.78	3.36	0.88
河南	2.54	2.83	2.87	2.94	3.29	0.75
广西	2.54	2.90	2.44	2.78	3.28	0.74
山东	2.49	2.69	2.68	2.93	3.25	0.76
云南	2.51	2.69	2.72	2.59	3.25	0.74
河北	2.45	2.69	2.65	2.83	3.24	0.79
安徽	2.48	2.68	2.65	2.54	3.20	0.72
陕西	2.42	2.71	2.65	2.76	3.19	0.78
青海	2.30	2.28			3.19	0.89
江苏	2.51	2.78	2.82	2.89	3.15	0.65
甘肃	2.43	2.85	2.62	2.26	3.15	0.72
内蒙古	2.28	2.49	2.27	2.77	3.11	0.84
宁夏	2.11	2.53	2.54	2.38	3.11	1.00
江西	2.25	2.64	2.63	2.90	3.06	0.81
贵州	2.25	2.75	2.55	2.73	3.05	0.80
海南	2.44	2.63	2.52	2.86	3.03	0.59
西藏					2.81	

表 2-31　各省份"熟练工人"分项指数的进展

省　份	2006年	2008年	2010年	2012年	2016年	2006~2016年变化
福　建	2.27	2.64	2.44	2.56	4.19	1.92
湖　北	2.56	2.80	2.74	2.87	3.71	1.15
山　西	2.63	2.91	2.91	3.04	3.70	1.08
上　海	2.63	2.89	2.79	2.76	3.67	1.04
重　庆	2.54	2.92	2.70	3.12	3.65	1.11
吉　林	2.52	2.83	2.88	2.94	3.63	1.11
四　川	2.67	2.96	2.83	2.90	3.63	0.95
湖　南	2.73	2.83	2.64	2.84	3.60	0.87
青　海	2.50	2.89			3.53	1.03
黑龙江	2.56	2.92	2.89	3.02	3.52	0.95
北　京	2.56	2.90	2.97	2.89	3.50	0.94
云　南	2.58	2.77	3.04	2.81	3.50	0.92
山　东	2.57	2.85	2.71	2.91	3.49	0.92
海　南	2.75	2.78	2.68	2.95	3.45	0.70
广　西	2.50	2.94	2.94	3.04	3.45	0.95
浙　江	2.35	2.69	2.48	2.71	3.43	1.08
广　东	2.39	2.65	2.64	2.66	3.41	1.01
辽　宁	2.81	2.93	2.87	2.93	3.38	0.57
天　津	2.60	2.84	2.95	3.16	3.38	0.78
内蒙古	2.38	2.69	2.50	2.84	3.37	0.99
江　苏	2.43	2.78	2.64	2.77	3.33	0.89
安　徽	2.61	2.89	2.78	2.72	3.31	0.70
陕　西	2.58	2.92	2.79	2.93	3.31	0.73
河　南	2.70	3.08	3.07	3.11	3.30	0.60
贵　州	2.41	3.03	2.86	2.76	3.30	0.89
河　北	2.65	2.96	2.76	3.03	3.27	0.62
宁　夏	2.38	2.69	2.79	2.83	3.22	0.84
新　疆	2.59	2.67	2.25	2.27	3.09	0.51
江　西	2.42	2.72	2.66	2.88	3.09	0.67
西　藏					3.08	
甘　肃	2.42	2.86	2.43	2.65	3.07	0.66

7. 基础设施条件

表 2-32　各省份"基础设施条件"方面指数的进展

省　份	2006 年	2008 年	2010 年	2012 年	2016 年	2006~2016 年变化
上　海	3.91	3.80	3.73	3.49	4.54	0.64
重　庆	3.43	3.39	3.16	3.35	4.44	1.01
浙　江	3.71	3.68	3.44	3.28	4.37	0.66
湖　北	3.48	3.54	3.22	3.29	4.27	0.79
北　京	3.57	3.82	3.56	3.45	4.22	0.65
福　建	3.57	3.74	3.26	3.38	4.17	0.60
广　东	3.44	3.51	3.39	3.21	4.17	0.73
江　苏	3.87	3.88	3.65	3.44	4.13	0.27
天　津	3.87	3.68	3.44	3.53	4.12	0.25
湖　南	3.39	3.41	2.98	3.25	4.11	0.71
山　西	3.36	3.28	3.03	3.33	4.08	0.71
四　川	3.50	3.47	3.25	3.31	4.04	0.54
山　东	3.80	3.52	3.40	3.44	4.00	0.20
广　西	3.38	3.48	2.97	3.08	3.93	0.55
辽　宁	3.61	3.65	3.20	3.46	3.91	0.31
河　北	3.67	3.70	3.08	3.32	3.90	0.23
河　南	3.51	3.55	3.18	3.24	3.90	0.39
江　西	3.45	3.37	3.17	3.23	3.89	0.44
陕　西	3.39	3.53	3.01	3.29	3.89	0.49
黑龙江	3.65	3.67	2.96	3.24	3.80	0.15
贵　州	3.16	3.22	3.00	3.11	3.77	0.61
青　海	3.40	3.37			3.75	0.35
吉　林	3.59	3.74	3.11	3.49	3.74	0.15
安　徽	3.53	3.56	3.27	3.32	3.74	0.22
甘　肃	3.28	3.46	2.85	3.12	3.69	0.41
内蒙古	3.59	3.78	3.05	3.45	3.67	0.07
云　南	3.34	3.23	3.09	2.86	3.62	0.28
新　疆	3.64	3.56	3.03	3.03	3.61	-0.03
宁　夏	3.64	3.81	3.08	3.35	3.60	-0.03
海　南	3.38	3.63	2.95	2.98	3.56	0.18
西　藏					3.08	

表 2-33 各省份"电水气供应"分项指数的进展

省 份	2012 年	2016 年	2012~2016 年变化
上 海	3.92	4.58	0.67
浙 江	3.70	4.39	0.69
重 庆	3.86	4.35	0.49
北 京	3.96	4.32	0.35
福 建	4.01	4.29	0.27
广 东	3.51	4.26	0.75
山 西	3.98	4.25	0.27
湖 北	3.90	4.21	0.31
江 苏	3.99	4.17	0.19
山 东	4.09	4.15	0.06
湖 南	3.82	4.14	0.32
天 津	3.98	4.10	0.12
黑龙江	4.23	4.09	-0.14
广 西	3.57	4.07	0.50
四 川	3.89	4.06	0.18
陕 西	3.93	4.06	0.12
辽 宁	4.13	4.05	-0.08
江 西	3.81	3.97	0.16
吉 林	4.14	3.94	-0.20
新 疆	3.70	3.94	0.24
河 北	3.98	3.93	-0.05
宁 夏	4.38	3.93	-0.45
贵 州	3.77	3.93	0.15
青 海		3.91	
河 南	3.81	3.87	0.05
安 徽	4.01	3.86	-0.15
云 南	3.70	3.82	0.11
海 南	3.62	3.79	0.17
甘 肃	4.09	3.78	-0.31
内蒙古	4.48	3.66	-0.82
西 藏		3.27	

表 2-34　各省份"铁路公路运输"分项指数的进展

省　份	2012 年	2016 年	2012~2016 年变化
上　海	3.35	4.58	1.23
湖　北	3.24	4.45	1.21
重　庆	3.26	4.41	1.15
浙　江	3.15	4.40	1.25
福　建	3.15	4.24	1.08
江　苏	3.22	4.20	0.98
天　津	3.44	4.19	0.75
北　京	3.29	4.19	0.89
广　东	3.12	4.15	1.04
四　川	3.11	4.14	1.03
湖　南	3.10	4.11	1.01
河　南	3.04	4.06	1.02
山　西	3.11	4.02	0.92
河　北	3.13	3.99	0.86
陕　西	3.12	3.97	0.85
辽　宁	3.30	3.95	0.65
山　东	3.19	3.92	0.73
甘　肃	2.71	3.83	1.11
广　西	2.91	3.83	0.92
江　西	3.01	3.79	0.78
青　海		3.75	
安　徽	3.10	3.74	0.65
黑龙江	2.82	3.73	0.91
贵　州	3.03	3.73	0.69
吉　林	3.26	3.69	0.43
内蒙古	3.07	3.66	0.59
云　南	2.53	3.55	1.01
海　南	2.95	3.52	0.56
宁　夏	2.75	3.33	0.58
新　疆	2.63	3.31	0.68
西　藏		3.04	

表 2-35　各省份"其他基础设施"分项指数的进展

省份	2012 年	2016 年	2012~2016 年变化
重庆	2.93	4.57	1.64
上海	3.20	4.47	1.27
浙江	2.98	4.32	1.34
北京	3.10	4.16	1.06
湖北	2.73	4.14	1.42
广东	3.01	4.08	1.08
湖南	2.83	4.07	1.24
天津	3.18	4.05	0.88
江苏	3.10	4.02	0.93
福建	2.98	3.98	1.00
山西	2.90	3.95	1.06
山东	3.05	3.94	0.89
四川	2.92	3.91	0.99
江西	2.87	3.91	1.04
广西	2.77	3.90	1.13
河北	2.84	3.78	0.94
河南	2.85	3.77	0.92
辽宁	2.94	3.74	0.80
内蒙古	2.80	3.69	0.89
贵州	2.53	3.65	1.12
陕西	2.81	3.64	0.83
安徽	2.86	3.63	0.77
吉林	3.07	3.60	0.53
青海	—	3.59	
新疆	2.76	3.59	0.84
黑龙江	2.67	3.58	0.91
宁夏	2.93	3.56	0.63
云南	2.34	3.50	1.16
甘肃	2.57	3.46	0.89
海南	2.38	3.36	0.98
西藏		2.92	

8. 市场环境与中介服务

表 2-36　各省份"市场环境与中介服务"方面指数的进展

省　份	2006 年	2008 年	2010 年	2012 年	2016 年	2006~2016 年变化
上　海	3.24	3.35	3.33	3.29	3.73	0.49
北　京	3.13	3.26	3.29	3.30	3.58	0.45
浙　江	3.09	3.13	3.20	3.12	3.58	0.49
广　东	3.13	3.12	3.12	3.13	3.55	0.42
福　建	2.97	3.02	3.13	3.05	3.54	0.57
吉　林	2.78	2.90	3.02	2.90	3.54	0.75
湖　南	2.72	2.87	2.97	2.95	3.40	0.68
重　庆	2.76	2.98	2.96	3.02	3.39	0.63
山　东	2.95	3.03	3.07	2.99	3.35	0.41
天　津	3.13	3.18	3.30	3.41	3.33	0.21
河　北	2.80	2.93	2.97	2.90	3.31	0.51
宁　夏	2.50	2.92	2.76	2.79	3.29	0.79
黑龙江	2.81	3.02	2.92	3.15	3.27	0.46
陕　西	2.68	2.88	2.85	2.92	3.26	0.58
湖　北	2.74	2.88	2.96	2.90	3.25	0.51
四　川	2.78	2.92	2.90	2.92	3.23	0.45
青　海	2.80	2.69			3.23	0.43
新　疆	2.77	2.85	2.89	2.78	3.23	0.46
辽　宁	2.95	3.01	3.00	3.00	3.19	0.24
江　西	2.67	2.79	2.94	2.77	3.17	0.51
河　南	2.88	2.98	3.01	3.05	3.14	0.27
甘　肃	2.55	2.81	2.92	2.74	3.13	0.58
山　西	2.73	2.90	2.98	2.72	3.13	0.40
江　苏	2.99	3.11	3.23	3.04	3.12	0.12
西　藏					3.12	
安　徽	2.85	3.00	3.09	2.92	3.11	0.26
海　南	2.70	2.80	2.92	3.00	3.05	0.36
广　西	2.73	2.86	2.86	3.01	3.04	0.32
云　南	2.67	2.86	2.97	2.80	2.98	0.31
贵　州	2.74	2.79	2.72	2.81	2.96	0.23
内蒙古	2.66	2.82	3.03	3.01	2.81	0.16

表 2-37　各省份"市场需求"和"过度竞争"分项指数的进展

省　份	市场需求-2015年	省　份	过度竞争-2015年
宁　夏	3.37	宁　夏	3.52
浙　江	3.34	浙　江	3.49
西　藏	3.42	西　藏	3.46
福　建	3.64	福　建	3.43
青　海	3.44	青　海	3.41
北　京	3.59	北　京	3.35
吉　林	3.71	吉　林	3.34
上　海	3.55	上　海	3.34
重　庆	3.45	重　庆	3.31
广　东	3.67	广　东	3.30
新　疆	3.19	新　疆	3.25
湖　北	3.43	湖　北	3.23
湖　南	3.32	湖　南	3.21
山　东	3.32	山　东	3.20
甘　肃	3.22	甘　肃	3.17
陕　西	3.11	陕　西	3.14
江　西	3.24	江　西	3.12
山　西	2.95	山　西	3.09
安　徽	2.97	安　徽	3.09
海　南	3.15	海　南	3.06
天　津	3.21	天　津	3.03
云　南	2.98	云　南	3.02
四　川	3.20	四　川	3.01
河　北	3.39	河　北	2.97
辽　宁	3.28	辽　宁	2.95
黑龙江	3.21	黑龙江	2.94
广　西	3.00	广　西	2.90
贵　州	3.25	贵　州	2.88
江　苏	3.25	江　苏	2.86
河　南	3.24	河　南	2.80
内蒙古	2.83	内蒙古	2.69

二　企业经营环境八个方面的进展

表 2-38　各省份"中介服务"分项指数的进展

省　份	2006 年	2008 年	2010 年	2012 年	2016 年	2006~2016 年变化
上　海	3.14	3.34	3.18	3.27	4.14	1.00
北　京	3.12	3.25	3.24	3.30	3.96	0.84
浙　江	3.14	3.14	3.15	3.10	3.91	0.77
吉　林	2.88	2.94	3.05	2.98	3.86	0.97
广　东	3.13	3.13	3.06	3.12	3.86	0.73
天　津	3.12	3.11	3.26	3.46	3.81	0.69
福　建	2.96	3.01	3.11	3.10	3.74	0.77
重　庆	2.84	3.02	2.97	3.09	3.65	0.81
山　东	2.91	2.97	3.00	2.95	3.64	0.72
河　北	2.87	3.00	2.97	2.92	3.63	0.76
湖　南	2.75	2.90	3.02	3.03	3.61	0.86
江　苏	2.96	3.08	3.14	3.03	3.58	0.62
陕　西	2.74	2.98	2.89	3.02	3.58	0.85
四　川	2.83	2.95	2.89	2.99	3.55	0.72
黑龙江	2.84	2.97	3.00	3.25	3.52	0.67
河　南	2.88	3.00	3.02	3.12	3.43	0.55
湖　北	2.77	2.92	2.94	2.99	3.43	0.66
广　西	2.74	2.85	2.87	3.03	3.41	0.67
辽　宁	2.92	3.00	2.96	3.05	3.41	0.49
山　西	2.83	2.97	3.01	2.90	3.41	0.58
新　疆	2.89	2.93	2.88	2.93	3.41	0.52
江　西	2.78	2.83	2.99	2.85	3.33	0.55
安　徽	2.95	3.06	3.08	2.98	3.31	0.36
宁　夏	2.55	2.90	2.69	2.86	3.26	0.71
贵　州	2.87	2.89	2.75	2.86	3.23	0.36
甘　肃	2.64	2.93	2.99	2.91	3.22	0.58
内蒙古	2.77	2.88	3.12	3.03	3.20	0.43
云　南	2.74	2.96	2.92	2.84	3.14	0.39
青　海	2.85	2.79			3.03	0.18
海　南	2.81	2.79	3.00	3.04	3.03	0.22
西　藏					2.88	

表 2-39 各省份"行业协会"分项指数的进展

省 份	2006年	2008年	2010年	2012年	2016年	2006~2016年变化
上 海	2.92	3.00	2.87	2.95	3.90	0.99
浙 江	2.96	2.90	2.98	2.93	3.57	0.60
湖 南	2.55	2.70	2.93	2.77	3.47	0.93
北 京	2.94	3.07	2.99	3.09	3.41	0.47
黑龙江	2.57	2.77	2.91	3.04	3.39	0.82
广 东	2.90	2.84	2.79	2.89	3.38	0.48
福 建	2.82	2.80	2.98	2.99	3.33	0.52
天 津	2.78	2.87	3.11	3.24	3.30	0.52
山 东	2.54	2.58	2.69	2.61	3.26	0.72
河 北	2.62	2.74	2.74	2.66	3.25	0.62
吉 林	2.56	2.70	2.77	2.80	3.23	0.66
陕 西	2.51	2.80	2.67	2.79	3.22	0.72
四 川	2.63	2.69	2.71	2.75	3.18	0.55
重 庆	2.69	2.79	2.83	2.80	3.16	0.47
河 南	2.63	2.75	2.78	2.93	3.11	0.48
辽 宁	2.63	2.73	2.68	2.83	3.10	0.47
新 疆	2.73	2.75	2.61	2.86	3.09	0.36
安 徽	2.73	2.79	2.89	2.80	3.09	0.35
青 海	2.90	2.42			3.06	0.16
山 西	2.65	2.75	2.83	2.60	3.05	0.40
江 西	2.55	2.65	2.87	2.70	3.00	0.45
宁 夏	2.31	2.61	2.38	2.59	3.00	0.69
海 南	2.75	2.37	2.91	2.80	2.97	0.22
湖 北	2.50	2.71	2.74	2.79	2.91	0.41
甘 肃	2.19	2.64	2.68	2.68	2.90	0.71
广 西	2.48	2.52	2.67	2.86	2.86	0.39
江 苏	2.64	2.77	2.84	2.69	2.78	0.14
云 南	2.49	2.73	2.79	2.77	2.77	0.28
西 藏					2.69	
内蒙古	2.46	2.58	3.07	2.84	2.54	0.08
贵 州	2.72	2.67	2.57	2.61	2.50	-0.22

三
不同类型企业的经营环境比较

在这部分,我们对不同类型企业的经营环境进行比较分析,并借助图表对 2016 年不同类型企业的经营环境总指数、各方面指数,以及各分项指数的评分,进行直观的展示。其中,我们对国有企业和非国有企业经营环境的差异,大型、中型、小型和微型企业经营环境的差异,以及不同行业企业的经营环境差异进行具体比较。我们还进一步对不同类型企业经营环境差异的原因进行解读,为进一步改善企业经营环境提供参考信息。

国有企业与非国有企业的经营环境比较

本节对国有企业与非国有企业的经营环境状况进行比较,考察这两类企业在经营环境各个方面指数的异同。这里的国有企业包括国有独资企业和国有控股企业,非国有企业指除此以外的所有企业,包括私营企业、非国有控股的股份有限公司和有限责任公司、集体所有制企业、股份合作制企业、其他内资企业以及外商和港澳台商投资企业。在本书中我们将以上两类企业分别简称为"国有企业"和"非国有企业",以下不再解释。

在本次企业调查的全部 2122 家样本企业中,总共有国有企业 193 家,占样本企业总数的 9.1%。在国有企业中,57% 为大型企业,31% 为中型企业,11% 为小型企业,微型企业占 1%。国有企业中大型企业的比重远远高于全部样本企业中的大型企业比重,而小型、微型企业比重远远低于全部样本企业中的小型、微型企业比重。

样本中有非国有企业 1929 家,其中私营企业 629 家,私人控股的股份公司 89 家,私人控股的有限责任公司 452 家,三者合计占样本企业总数的 55.1%。非国有法人控股的股份公司和有限责任公司 566 家,占样本企业总数的 26.7%。其余为外商及港澳台商投资企业、集体企业、股份合作制企业、其他内资企业,合计 193 家,共占样本企业总数的 9.1%。

非国有企业按规模分类,15.7% 为大型企业,36.8% 为中型企业,38.0% 为小型企业,9.4% 为微型企业。很明显,国有企业中,大中型企业占大多数;而非国有企业中,中小型企业占大多数。这与两类企业在规模分布上的实际差异大体吻合,只是在非国有企业样本中,微型企业为数不多。

2016 年与 2012 年相比,国有企业与非国有企业的经营环境都有明显的改善,国有企业的经营环境总指数评分为 3.83 分,比 2012 年提高了 0.70 分,非国有企业经营环境总指数为 3.59 分,比 2012 年提高了 0.51 分。这是显著的进步。不过相比而言,国有企业经营环境改善的幅度更大,国有企业与非国有企业之间经营环境总指数的评分差异反而扩大了,前者比后者高了 0.23 分。而 2012 年,两者总指数分别为 3.13 分和 3.08 分,只差 0.05 分。

表 3-1 显示了国有企业与非国有企业在总指数、各方面指数和各分项指数之间的差异。表中的"差异"指国有企业评分高于非国有企业评分的幅度,负值表示前者低于后者。

表 3-1 国有企业与非国有企业的经营环境差异 (2016 年)

	国有企业	非国有企业	差异
政策公开、公正、公平	4.00	3.64	0.36
政策规章制度公开透明	4.17	3.76	0.40
行政执法公正	3.93	3.67	0.27
公平的国民待遇	3.89	3.49	0.40
地方保护			

三 不同类型企业的经营环境比较

续表

	国有企业	非国有企业	差异
行政干预与政府廉洁效率	3.68	3.61	0.07
政府干预	3.88	3.70	0.17
与政府打交道时间比例	3.22	3.57	-0.35
政府效率（审批手续简便易行）	3.80	3.52	0.28
官员廉洁守法	3.82	3.63	0.19
企业经营的法治环境	4.02	3.85	0.18
司法公正和效率	3.81	3.63	0.18
合同正常履行	3.96	3.78	0.18
经营者财产人身安全保障	4.29	4.13	0.16
知识产权、技术、品牌保护	4.04	3.84	0.20
企业的税费负担	3.79	3.63	0.17
法定税负	3.55	3.32	0.23
依法征税	4.01	3.83	0.17
税外收费	3.82	3.73	0.09
金融服务和融资成本	4.03	3.27	0.76
银行贷款	4.03	3.49	0.54
贷款利率	4.04	3.21	0.81
其他融资	3.47	3.31	0.17
借款利率	4.58	3.09	1.49
人力资源供应	3.64	3.38	0.26
技术人员	3.60	3.34	0.27
管理人员	3.63	3.37	0.26
熟练工人	3.68	3.42	0.26
基础设施条件	4.05	4.04	0.00
电水气供应	4.16	4.12	0.03
铁路公路运输	4.07	4.05	0.01
其他基础设施	3.91	3.96	-0.05
市场环境与中介服务	3.40	3.32	0.08
市场需求	3.38	3.33	0.04
过度竞争	3.16	3.16	0.00
中介服务	3.69	3.61	0.08
行业协会	3.36	3.17	0.19
总指数	3.83	3.59	0.23

注：有些指数两者之差与"差异"的数值不完全相等，是尾数四舍五入所致。

一般而言，国有企业与非国有企业处在相同的竞争性的市场中，它们面临的经营环境应该是相同的；而事实上它们感受到的经营环境有显著的不同，说明国有企业面临的政策待遇或其他条件要优于非国有企业。两类企业之间没有实现公平竞争。

由表3-1可以看出，在企业经营环境的8个方面指数中，有7个方面指数的国有企业评分高于非国有企业，绝大多数分项指数国有企业评分都高于非国有企业。这说明，国有企业和非国有企业之间确实存在着事实上的差别待遇，对非国有企业的经营环境有不良影响，有必要进行政策清理和调整，使各项政策和各级政府行政对国有企业和非国有企业一视同仁。在各方面指数中，唯一的例外是"基础设施条件"，两者评分基本无差异。

以下分不同方面进行说明。

1. 政策公开、公平、公正

"政策公开、公平、公正"方面指数的评分，2016年国有企业与非国有企业差异非常显著，国有企业比非国有企业的评价高0.36分。分项指数中，"政策规章制度公开透明"、"行政执法公正"、"公平的国民待遇"，国有企业分别比非国有企业评价高0.40分、0.27分、0.40分。这反映出地方政府某些政策和规章制度的公开透明，或政策实际执行和行政执法过程，对待国有企业和非国有企业仍然是有差异的，在国民待遇上也还是没有做到一视同仁。与2012年相比，这方面的差异更大了（2012年两者在这方面的评分相差0.09分）。

此处的计分未包括"地方保护"分项，因为该分项计算的是各省份对外地企业在本省的销售和其他经营活动采取地方保护措施的情况，不涉及本省国有企业和非国有企业的差别。分项指数的评分比较见图3-1。

2. 行政干预与政府廉洁效率

该方面指数的2016年评分，国有企业和非国有企业差异较小，国有企业比非国有企业高0.07分。不过下设的4个分项指数情况很不一样。对"政府干预"、"政府效率"（审批手续简便易行）、"官员廉洁守法"

三 不同类型企业的经营环境比较

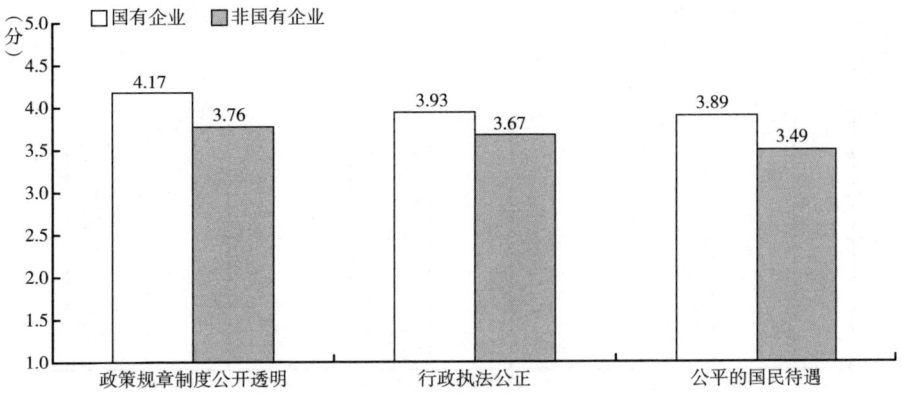

图 3-1 政策公开、公正、公平：国有企业与非国有企业

等各项的评价，国有企业都好于非国有企业，评分分别高 0.17 分、0.28 分、0.19 分。其中审批手续方面的差异较大，反映非国有企业在行政审批手续上可能比国有企业更麻烦或者更难一些。国有企业对"官员廉洁守法"的评价与非国有企业不一致，前者评价好于后者，是什么原因还有待考证。这也许说明官员在与国有企业打交道时相对更加自律，但也许说明国有企业经营者对政府官员的评价更客气、更留有余地。

不过在"与政府打交道时间比例"这个客观指标上，国有企业经营者要花更多一些时间与政府及其官员打交道，国有企业所花费时间平均占工作时间的 16.7%，而非国有企业占 15.4%。因此该分项指数的国有企业评分低于非国有企业。这当然不是指在审批手续方面与政府的打交道时间，而主要是在其他方面。不过国有企业本来就是由政府控股的企业，与政府打交道占时间多一些可以理解。各分项指数的评分比较见图 3-2。

3. 企业经营的法治环境

该方面指数，2016 年国有企业评价高于非国有企业 0.18 分。其下设的 4 个分项指数，也都无例外地有 0.16~0.20 分的差异。其中"知识产权、技术、品牌保护"差异相对较大，说明非国有企业在保护自身知识产权方面面临的问题更多些。各分项指数的评分比较见图 3-3。

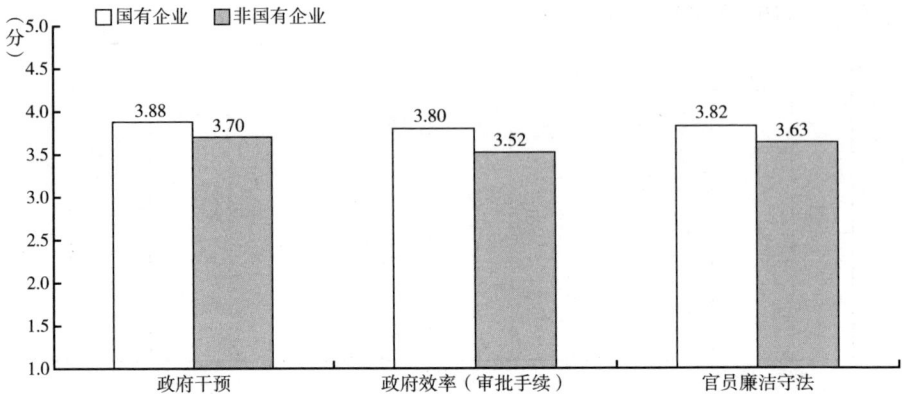

图3-2 行政干预与政府廉洁效率：国有企业与非国有企业

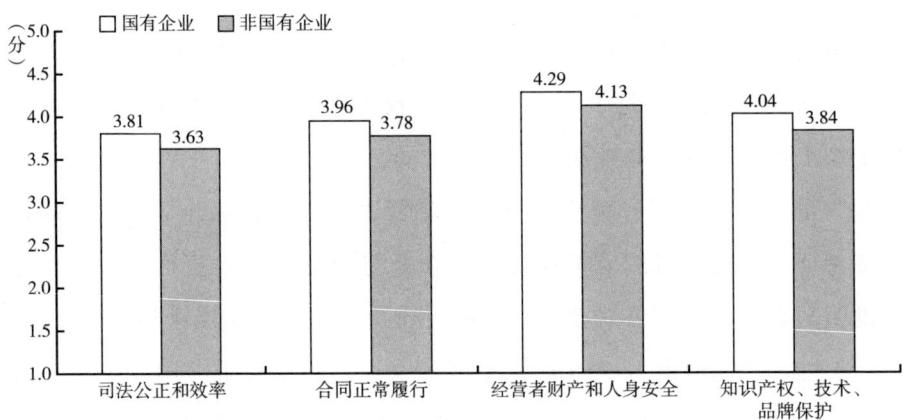

图3-3 企业经营的法治环境：国有企业与非国有企业

4. 企业的税费负担

在企业的税费负担方面，2016年国有企业比非国有企业评价高0.17分。下设3个分项指数，国有企业评价都高于非国有企业。其中"法定税负"项高0.23分，差异相对较大。这是否意味着国有企业享受减免税等优惠待遇多于非国有企业，还有待进一步考察。"依法征税"项国有企业评价比非国有企业高0.17分，可能意味着税务部门对国有企业征税时相对更加规范，可能也和国有企业中的大企业数量较多有关。"税外收费"国有企业评价比非国有企业高0.09分，差异较小。各分项指数的比较见图3-4。

三 不同类型企业的经营环境比较

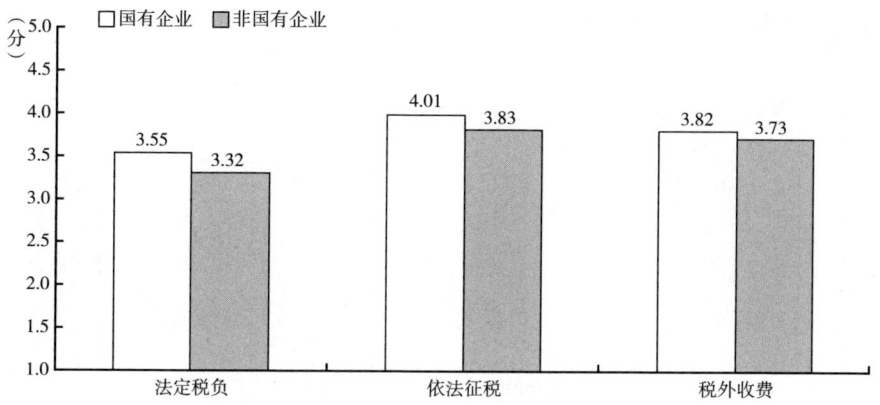

图3-4 企业税费负担：国有企业与非国有企业

5. 金融服务和融资成本

"金融服务和融资成本"方面指数，2016年的国有企业评价与非国有企业评价差异非常显著，国有企业比非国有企业高0.76分，在8个方面指数中差异最大。下设4个分项指数中，企业能否通过正常渠道获得"银行贷款"、能否从其他渠道获得"其他融资"等项，国有企业评分都显著高于非国有企业。"贷款利率"和其他融资渠道的"借款利率"等项，国有企业融资成本都显著低于非国有企业（该两项评分较高表示银行贷款或其他渠道融资利率较低）。按样本企业平均计算，国有企业银行贷款利率平均为7.0%，非国有企业7.8%。"其他融资"的利率，国企平均为11.0%，非国企14.8%。后者相差更为悬殊。这说明国有企业和非国有企业之间在融资条件方面确实存在着不公平竞争现象。国有企业的融资渠道与非国有企业相比也更多，融资成本更低。各分项指数的比较见图3-5。

6. 人力资源供应

"人力资源供应"方面指数，2016年国有企业比非国有企业评分高0.26分。其中"技术人员"、"管理人员"和"熟练工人"项的差异都基本一致。这看来主要反映国有企业在人员招聘方面比非国有企业有更强的吸引力，包括工资水平、福利待遇和工作的稳定性。例如，据国家统计局

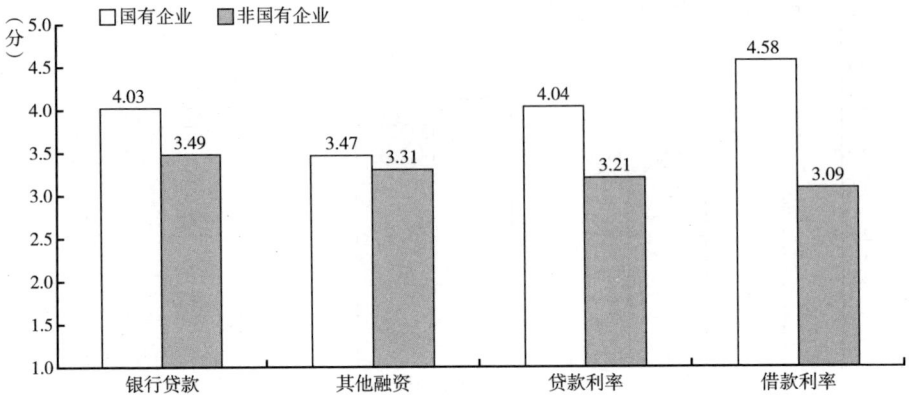

图 3-5　金融服务和融资成本：国有企业与非国有企业

数据，2015 年城镇国有企业人均工资水平为 6.53 万元，高于城镇企业（不包括私营单位）人均的 6.20 万元，更显著高于城镇私营企业人均的 3.96 万元。各分项指数的比较见图 3-6。

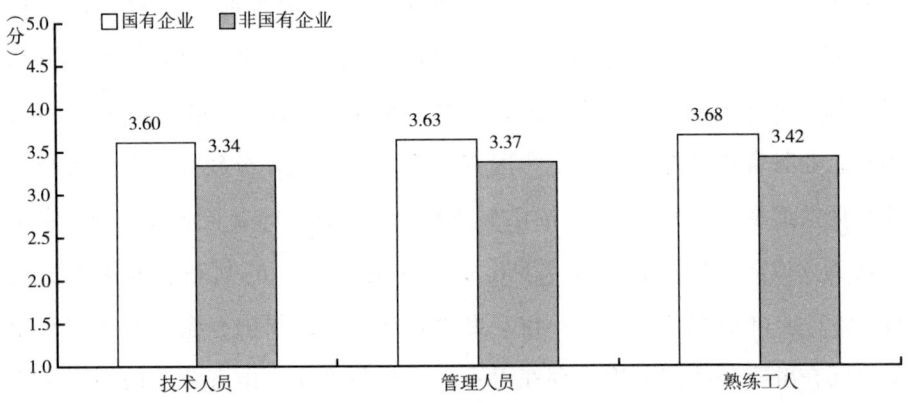

图 3-6　人力资源供应：国有企业与非国有企业

7. 基础设施条件

2016 年"基础设施条件"评分，是 8 个方面指数中唯一国有企业与非国有企业基本无差异的指数。这与 2012 年的情况一致。这容易理解，因为国有企业和非国有企业面临的基础设施条件是相同的。

三 不同类型企业的经营环境比较

下设 3 个分项指数的评价，国有企业和非国有企业都很接近。其中，国企对"电水气供应"的评分比非国企高 0.03 分，对"铁路公路运输"的评分高 0.01 分，对"其他基础设施"的评分低 0.05 分。这些差异不具有统计显著性。

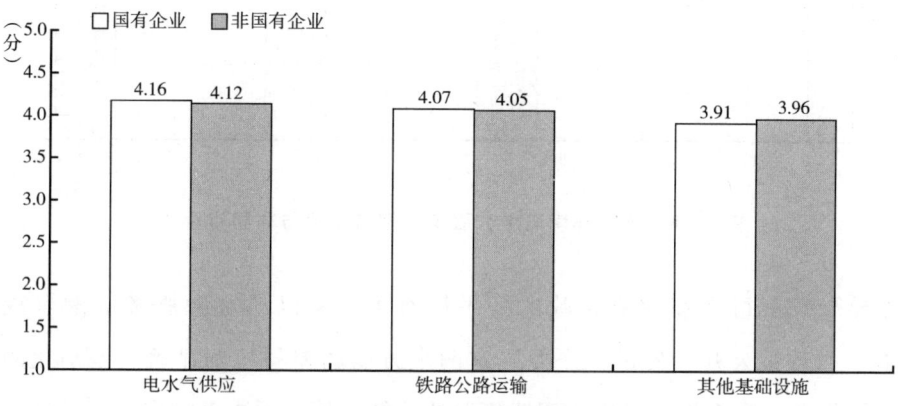

图 3-7　基础设施条件：国有企业与非国有企业

8. 市场环境与中介服务

2016 年，"市场环境与中介服务"方面指数的差异也比较小，国有企业比非国有企业高 0.08 分。其中，国有企业和非国有企业对分项指数"市场需求"和"过度竞争"的评价比较一致，说明它们面临基本相同的市场环境。"行业协会"项的差异比较显著，国有企业评价高 0.19 分。"中介服务"项国有企业评价高 0.08 分。

"行业协会"的评分差异说明由政府组织的行业协会在提供服务方面可能比较照顾国有企业，而为非国有企业提供的服务相对较少；此外还可能与企业规模有关，因为大型企业有可能容易得到行业协会的更多关注。"中介服务"项的差异原因可能与此类似。

综上所述，尽管国有企业和非国有企业的经营环境近年来都有明显改善，但 2016 年国有企业的经营环境在大多数方面都仍然好于非国有企业，而且总体而言两类企业的经营环境差异比 2012 年有所扩大。其中大部分

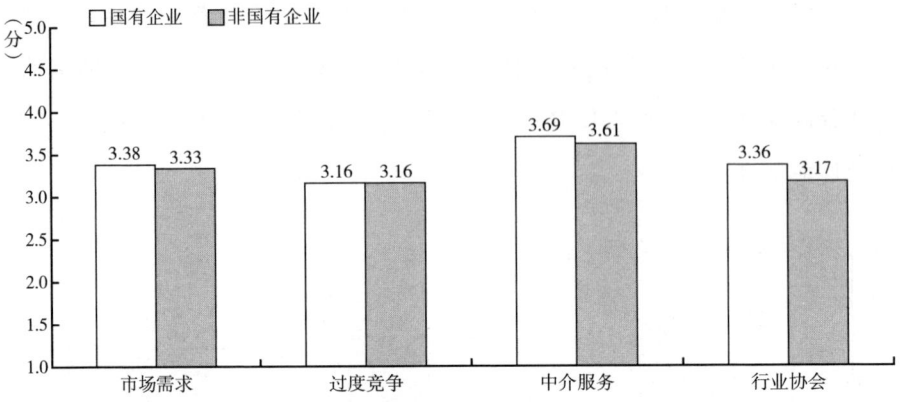

图 3-8　市场环境与中介服务：国有企业与非国有企业

差异与政策待遇和政府行政的公平性有关，又以"金融服务和融资成本"、"政策公开、公正、公平"这两个方面的差异特别显著。差别化的政策待遇，会干扰市场优化配置资源的功能，使资源更多流向效率较低的企业，而不利于效率更高的企业，不利于优胜劣汰，从而会降低经济增长的动能和质量。这说明下一步改革仍然需要着力解决政策和政府行政厚此薄彼的问题，给不同类别的企业以相同的国民待遇，建立公平竞争的市场环境。

大型、中型、小型、微型企业的经营环境比较

本节考察不同规模企业的经营环境现状，对大型、中型、小型和微型企业在经营环境总指数、各方面指数的评价进行比较。2016 年样本企业中有大型企业 413 家，占全部样本企业的 19.5%；中型企业 770 家，占 36.3%；小型企业 755 家，占 35.6%；微型企业 184 家，占 8.7%。

2016 年，大型企业的经营环境指数总体评分为 3.80 分，中型企业评分为 3.64 分，小型企业评分为 3.54 分，微型企业评分为 3.40 分。非常明显的是，企业规模越大，经营环境评价越好，这种情况与 2012 年一致。

三 不同类型企业的经营环境比较

与2012年相比,不同规模的各类企业,经营环境总指数评分都提高了,说明它们的经营环境都有明显的改善。但其中大型企业的经营环境改善幅度最大;中型、小型、微型企业也都有改善,但改善幅度很整齐地依次递减(见表3-2)。这说明,在经营环境改善的同时,一方面大型、中型、小型、微型企业面临的政策待遇差异可能没有减小,反而有所扩大;另一方面,小企业在市场中所处的不利地位,相对而言也有所强化。在下面的分析中,我们将试图揭示政策环境差异和市场环境差异对企业经营环境的影响,分析究竟是哪个占据主导地位。

表3-2 2012~2016年不同规模企业的经营环境变化

企业规模	2012年	2016年	2012~2016年变化
大型企业	3.20	3.80	0.60
中型企业	3.09	3.64	0.55
小型企业	3.07	3.54	0.47
微型企业	2.98	3.40	0.42

表3-3列出了不同规模企业2016年经营环境总指数、方面指数和分项指数的平均得分。表3-4计算了各类不同规模企业之间差异的大小。这两张表显示,企业经营环境的绝大多数方面指数和分项指数都呈现出大型企业好于中型企业,中型企业好于小型企业,小型企业好于微型企业的排列顺序,鲜有例外。

就8个方面指数而言,大型、中型、小型、微型企业经营环境差异特别大的方面是"金融服务和融资成本"和"政策公开、公平、公正"。此外"企业经营的法治环境"、"市场环境与中介服务"差异也很显著。这说明,大型、中型、小型微型企业经营环境的差异,一方面与市场环境有关(小型、微型企业先天处于相对较为不利的地位),但更多地还是与政策以及政府行政的差别待遇有关。当前改善企业经营环境的当务之急,更重要的是改善小微企业的经营环境,做到政策和政府行政公开透明、一视同仁及公正执法。此外还需要一些有针对性的政策措施扶助小微企业发展，包括进一步改善小微企业融资条件，促进行业协会等市场中介组织发展并给小微企业提供更多帮助，以及改善职业教育，组织提供对小型、微型企业技术人员、管理人员和技术工人的培训等。

表 3-3 不同规模企业 2016 年经营环境指数评分

	大型企业	中型企业	小型企业	微型企业
政策公开、公平、公正	3.88	3.75	3.55	3.38
政策规章制度公开透明	4.07	3.91	3.64	3.40
行政执法公正	3.88	3.72	3.61	3.45
公平的国民待遇	3.70	3.60	3.40	3.29
地方保护				
行政干预与政府廉洁效率	3.69	3.63	3.55	3.61
政府干预	3.85	3.77	3.64	3.54
与政府打交道时间比例	3.54	3.48	3.51	3.97
政府效率（审批手续简便易行）	3.63	3.58	3.47	3.50
官员廉洁守法	3.75	3.70	3.60	3.42
企业经营的法治环境	4.02	3.90	3.79	3.66
司法公正和效率	3.78	3.70	3.57	3.47
合同正常履行	3.97	3.84	3.73	3.52
经营者财产人身安全	4.30	4.16	4.08	4.03
知识产权、技术、品牌保护	4.03	3.89	3.78	3.63
企业的税费负担	3.68	3.68	3.61	3.52
法定税负	3.44	3.39	3.27	3.21
依法征税	3.93	3.88	3.79	3.74
税外收费	3.68	3.77	3.77	3.60
金融服务和融资成本	3.96	3.33	3.19	2.65
银行贷款	3.89	3.61	3.35	3.15
贷款利率	3.99	3.31	3.06	2.43
其他融资	3.47	3.38	3.25	3.04
借款利率	4.47	3.00	3.08	2.00
人力资源供应	3.57	3.40	3.34	3.26
技术人员	3.54	3.35	3.31	3.22
管理人员	3.55	3.40	3.33	3.27
熟练工人	3.62	3.46	3.37	3.29

续表

	大型企业	中型企业	小型企业	微型企业
基础设施条件	4.11	4.03	4.03	4.01
电水气供应	4.20	4.11	4.11	4.08
铁路公路运输	4.14	4.02	4.06	4.02
其他基础设施	4.01	3.96	3.92	3.93
市场环境与中介服务	3.44	3.37	3.26	3.09
市场需求	3.50	3.36	3.25	3.20
过度竞争	3.23	3.19	3.14	2.90
中介服务	3.72	3.63	3.56	3.57
行业协会	3.32	3.31	3.11	2.71
总指数	3.80	3.64	3.54	3.40

表3-4 不同规模企业2016年经营环境指数评分的差异

	大-中	中-小	小-微	大-微
政策公开、公平、公正	0.13	0.20	0.17	0.50
政策规章制度公开透明	0.15	0.28	0.24	0.67
行政执法公正	0.15	0.11	0.16	0.43
公平的国民待遇	0.10	0.20	0.11	0.41
地方保护				0.00
行政干预与政府廉洁效率	0.06	0.08	-0.06	0.08
政府干预	0.08	0.13	0.09	0.31
与政府打交道时间比例	0.06	-0.03	-0.47	-0.44
政府效率(审批手续简便易行)	0.05	0.11	-0.03	0.13
官员廉洁守法	0.05	0.10	0.17	0.33
企业经营的法治环境	0.12	0.11	0.13	0.36
司法公正和效率	0.08	0.13	0.10	0.31
合同正常履行	0.13	0.11	0.21	0.44
经营者财产人身安全	0.13	0.08	0.05	0.27
知识产权、技术、品牌保护	0.13	0.12	0.15	0.40
企业的税费负担	0.00	0.07	0.09	0.17
法定税负	0.06	0.12	0.06	0.23
依法征税	0.05	0.09	0.05	0.19
税外收费	-0.09	-0.00	0.18	0.08

续表

	大-中	中-小	小-微	大-微
金融服务和融资成本	0.63	0.14	0.53	1.30
银行贷款	0.28	0.26	0.20	0.75
贷款利率	0.68	0.25	0.62	1.56
其他融资	0.09	0.13	0.22	0.43
借款利率	1.47	-0.08	1.09	2.48
人力资源供应	0.17	0.06	0.08	0.31
技术人员	0.20	0.04	0.09	0.33
管理人员	0.16	0.06	0.07	0.29
熟练工人	0.16	0.08	0.08	0.33
基础设施条件	0.09	-0.00	0.02	0.10
电水气供应	0.08	-0.00	0.03	0.11
铁路公路运输	0.12	-0.04	0.04	0.11
其他基础设施	0.05	0.03	-0.01	0.07
市场环境与中介服务	0.07	0.11	0.17	0.35
市场需求	0.14	0.11	0.06	0.31
过度竞争	0.05	0.05	0.24	0.34
中介服务	0.10	0.07	-0.01	0.16
行业协会	0.01	0.20	0.39	0.61
总指数	0.16	0.09	0.14	0.40

注:"大-中"表示大型企业与中型企业评分的差异,正负值分别表示大型企业评分高于或低于中型企业的幅度。其余类推。

接下来,我们将按各方面指数和分项指数来具体考察 2016 年不同规模企业经营环境的差异。

1. 政策公开、公平、公正

2016 年,大型、中型、小型、微型企业的"政策公开、公平、公正"方面指数评分分别为 3.88 分、3.75 分、3.55 分、3.38 分。评分最低的微型企业与评分最高的大型企业相比,评分相差 0.50 分,差异很显著。三个分项指数"政策规章制度公开透明"、"行政执法公正"、"公平的国民待遇"中,评分差异最大的是"政策规章制度公开透明",大型企业评价为 4.07 分，微型企业为 3.40 分，相差 0.67 分。另两个分项指数分别相差 0.43 分和 0.41 分。这说明企业经营环境在"政策规章制度公开透明"、"行政执法公正"、"公平的国民待遇"等方面都有待改进。图 3-9 直观显示了不同规模企业对三个分项指数的评分情况。

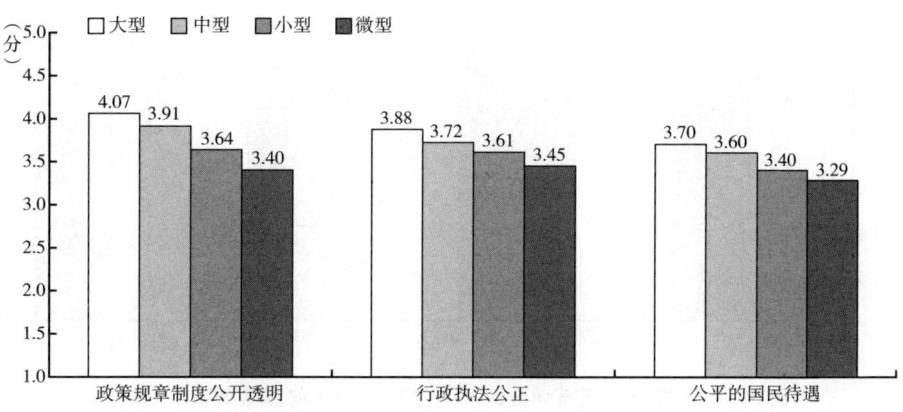

图 3-9 按企业规模划分的"政策公开、公平、公正"指数

2. 行政干预与政府廉洁效率

2016 年，在"行政干预与政府廉洁效率"方面，大型、中型、小型、微型企业的评分依次为 3.69 分、3.63 分、3.55 分、3.61 分，评分比较接近。其中大型和微型企业之间的差异为 0.08 分。

具体看各分项指数，"政府干预"和"官员廉洁守法"的评价，仍然基本符合企业越大评价越好的一般情况，大型企业对这两个分项指数的评价分别比微型企业高 0.31 分和 0.33 分。

"与政府打交道时间比例"项比较反常，大型、中型、小型企业差别不大，而微型企业评价高于前三类企业（微型企业与政府打交道的时间较少）。可以理解为，我国微型企业数量极其庞大，据 2013 年末第三次全国经济普查数据，全国第二、第三产业小、微企业多达 785 万个，其中多数是微型企业。各级政府无法花太多精力与微型企业打交道。

"政府效率"项方面的评价，仍然是大企业评价高于中、小企业，大型企业分别比中型、小型、微型企业高 0.05 分、0.16 分、0.13 分。只是微型企业比小型企业评分略微高了 0.03 分。究其原因，应该也与微型企业数量过多，政府顾不过来有关。上述情况可从图 3-10 直观地看到。

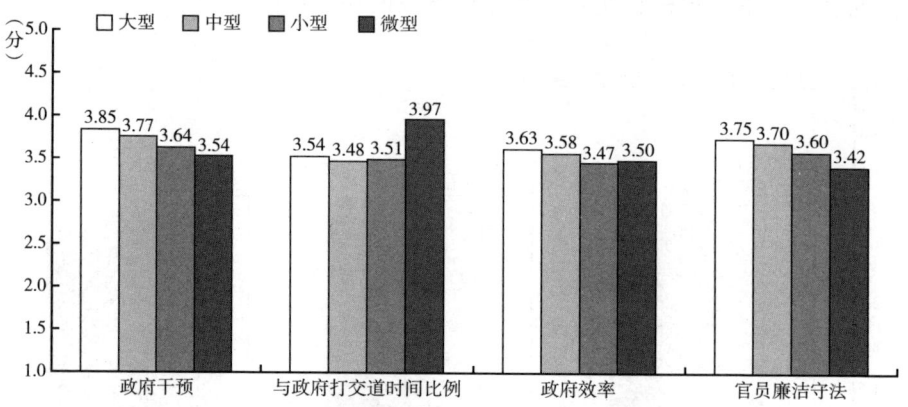

图 3-10　按企业规模划分的"行政干预与政府廉洁效率"指数

3. 企业经营的法治环境

在"企业经营的法治环境"方面，2016 年大型、中型、小型、微型企业的评价也呈现按企业规模依次递减的状态。大型企业对法治环境的评分为 4.02 分，中型企业评分为 3.90 分，小型企业评分为 3.79 分，微型企业评分为 3.66 分。与 2012 年相比，各类企业所面临的法治环境都有明显改善，评分分别提高了 0.68 分、0.63 分、0.58 分和 0.53 分。不过 2016 年大型企业与微型企业相比，评分仍然高了 0.36 分，比 2012 年差异还有所扩大。

该方面指数下设的 4 个分项指数，按大型企业和微型企业的评分差别计，"司法公正和效率"项大型企业比微型企业高 0.31 分，"合同正常履行"项大型企业比微型企业高 0.44 分，"经营者财产人身安全"项大型企业比微型企业高 0.27 分，"知识产权、技术和品牌保护"项大型企业比微型企业高 0.40 分。

上述情况，说明不同规模企业所面临的法治环境仍然有显著差异。在依法治国的总方针之下,在法律面前人人平等、企业与企业之间互相平等,仍然是一个有待实现的任务。更具体的分项指数评分情况见图3-11。

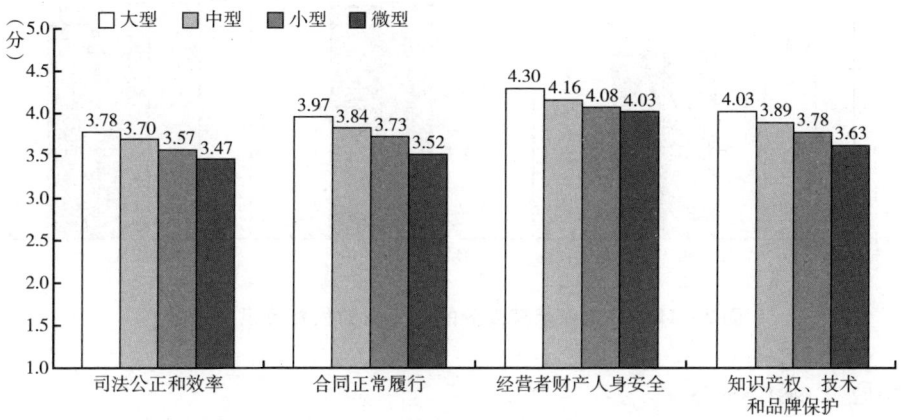

图3-11 按企业规模划分的"企业经营的法治环境"指数

4. 企业的税费负担

2016年,企业的税费负担问题与2012年相比有明显的改善,不同规模的各类企业评价都有显著提高。按大型、中型、小型和微型企业的排列顺序,评分依次为3.68分、3.68分、3.61分和3.52分。大型和中型企业评分相同,小型和微型企业评分略低。

在3个分项指数中,大型企业与微型企业相比,"法定税负"项差异相对显著,前者高0.23分;"依法征税"项前者高0.19分,"税外收费"项高0.08分。各类企业评分详见图3-12。

5. 金融服务和融资成本

在这方面,2016年比2012年评分有明显改善,所有企业的平均评分提高了0.24分。但不同规模企业之间的评价差异也非常显著,按大型、中型、小型、微型企业的顺序依次下降,评分依次为3.96分、3.33分、3.19分、2.65分。其中,大中小企业评分都有改善,以大型企业改善幅度最大,提高了0.67分。但微型企业的评分继续偏于负面,而且低于

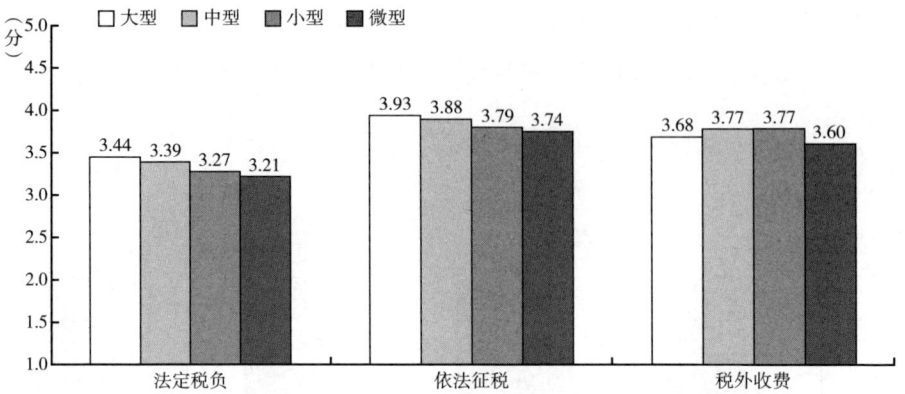

图 3-12　按企业规模划分的"企业的税费负担"指数

2012 年的 2.85 分。

从图 3-13 可以看到，无论在银行贷款方面还是其他渠道融资方面，小微企业融资的难易程度与大型企业相比仍然有明显差异。但更大的差异是在融资成本方面。小微企业，特别是微型企业，融资成本与大型企业相比要高得多。

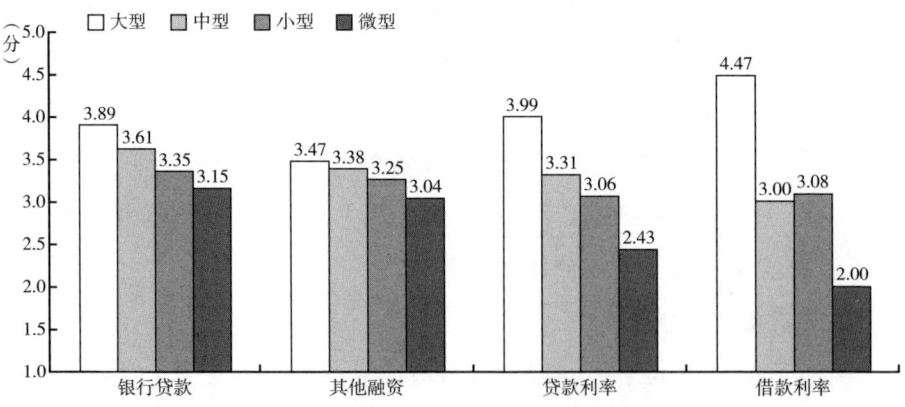

图 3-13　按企业规模划分的"金融服务和融资成本"指数

因此对小微企业特别是微型企业而言，看来当前面临的最突出问题还不是能否融到资金，而是融资成本太高；尤其与大型企业相比，差异非常悬殊。

三　不同类型企业的经营环境比较

表3-5比较了样本企业中大型、中型、小型、微型企业（分国有企业和民营企业）的银行贷款利率和其他融资渠道利率的差异。从表中可见，企业的融资成本基本上是按大、中、小、微企业的规模顺序逐级上升，而且平均而言每一规模级别的民营企业融资成本均高于国有企业。不过对大型企业来说，民营企业和国有企业银行贷款的利率差别不大。大型、中型国有企业的银行贷款平均利率在6.6%~6.9%，而微型民营企业的银行贷款平均利率是8.6%。

银行贷款以外的其他融资渠道利率差异更加悬殊。大型、中型国有企业的其他融资利率为10.2%~10.3%，而微型民营企业的其他渠道融资利率是17.5%。考虑到大企业贷款容易，而微型企业更不容易从银行得到贷款，更需要依赖银行贷款以外的其他正规或非正规渠道融资，因此它们与大型企业相比的实际融资成本差异还要更大。

表3-5　按样本企业规模划分的国有企业与民营企业融资成本

单位：%

	银行贷款利率		其他融资利率	
	国有企业	民营企业	国有企业	民营企业
大型企业	6.9	7.1	10.2	11.6
中型企业	6.6	7.8	12.3	15.1
小型企业	8.6	7.9	12.4	14.9
微型企业	—	8.6	—	17.5

注：样本企业中有大型国有企业110户，大型民营企业303户，中型国有企业59户，中型民营企业711户，小型国有企业21户，小型民营企业734户，微型国有企业2户，微型民营企业182户。因微型国有企业数量过少，缺乏代表性，其融资成本未统计。

6.人力资源供应

2016年，大型、中型、小微型企业对人力资源供应条件的评分依次为3.57分、3.40分、3.34分和3.26分，均比2012年有重要的改善。但大中型企业改善幅度更大些，因此不同规模企业间的差异有所扩大。分类来看，熟练工人的供应条件更好些，管理人员次之，技术人员又次。这种情况与2012年一致。在每一类人力资源的供应上，大型、中型、小型微型企业也都有比较明显的差异。这种情况可能与政策待遇关系不大，而是各类企业的薪酬和福利待遇等差异导致了市场供求关系的差异。各分项指数的评分情况见图3-14。

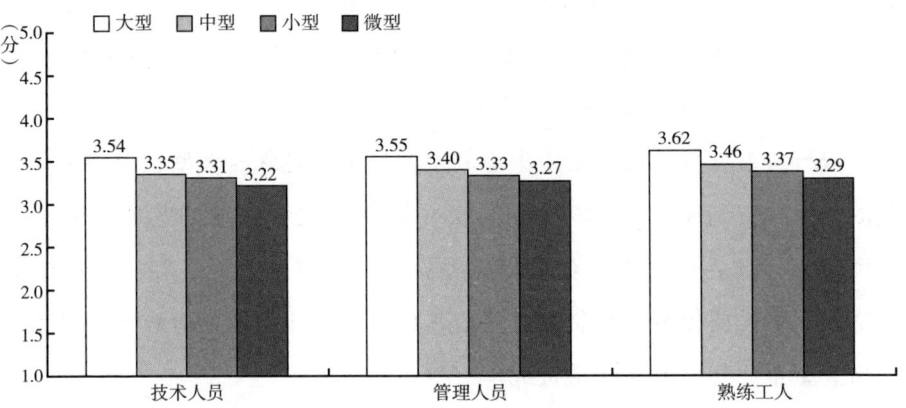

图3-14 按企业规模划分的人力资源供应指数

7. 基础设施条件

不同规模企业对基础设施条件的评价，2016年按高低顺序排列为：大型企业评分为4.11分，中型和小型企业评分均为4.03分，微型企业为4.01分。总体而言，各不同规模企业的评价差别不大，说明不同规模企业面对的基础设施条件相差不多，且都比2012年上升了0.7分以上。从分项指数来看，各类企业对"电水气供应"保持较高的评价，对"铁路公路运输"和"其他基础设施"的评价均比2012年有大幅度上升。这反映交通运输的紧张程度有很大的改善。分项指数评分的情况见图3-15。

8. 市场环境与中介服务

2016年各类企业对市场环境与中介服务的评价有比较明显的差异。大型企业的评分为3.44分，中型企业为3.37分，小型企业和微型企业分别为3.26分和3.09分；微型企业比大型企业评分低0.35分。

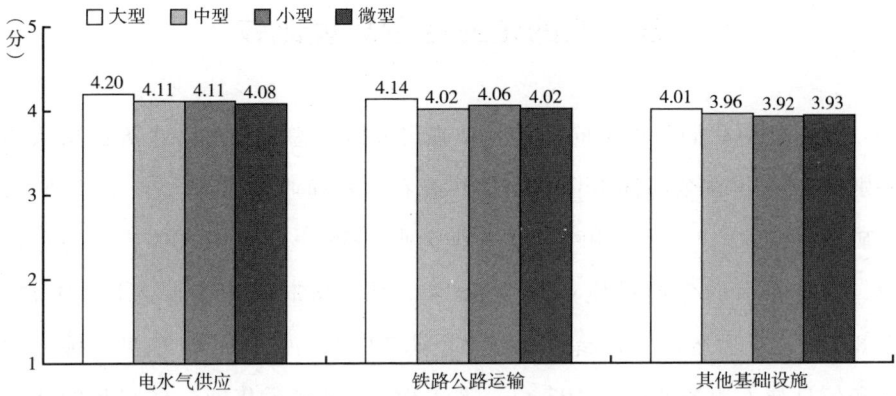

图 3-15　按企业规模划分的基础设施条件指数

从分项指数来看,"市场需求"、"过度竞争"、"中介服务"和"行业协会"对企业帮助程度的评价,都是大型企业相对较高,中型企业居中,小型、微型企业相对较低。其中,微型企业对"过度竞争"和"行业协会"的评分都低于中性评价值,偏于负面。这种情况说明规模越小的企业在市场竞争中相对地位较为不利,同时得到中介组织服务和行业协会的帮助也越少。图 3-16 反映了各分项指数的评分情况。

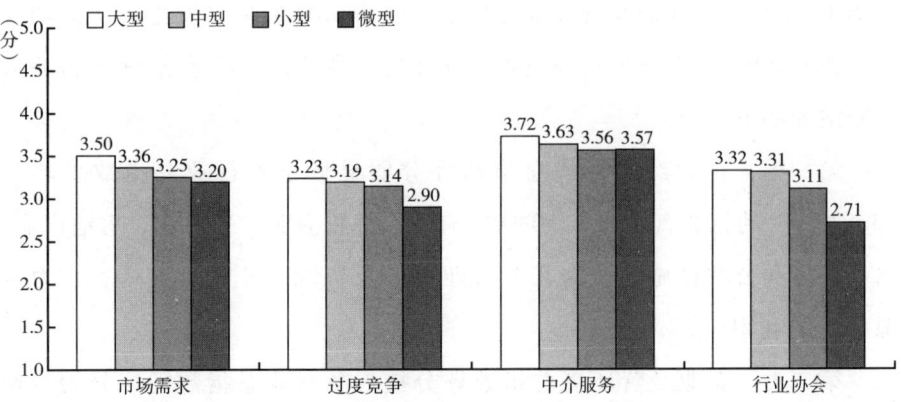

图 3-16　按企业规模划分的市场环境与中介服务指数

分行业的企业经营环境比较

在本节中我们考察不同行业企业在经营环境总指数和各个方面指数的差别。2016年在全部样本企业中，共有农林牧渔业企业55户，占2.6%，采矿业企业42户，占2.0%；制造业企业1035户，占48.8%；电力、热力、燃气和水的生产供应业企业38户，占1.8%；建筑业企业171户，占8.1%；交通运输、仓储和邮政业企业70户，占3.3%，信息传输、软件和信息技术服务业企业103户，占4.9%；批发零售业、住宿和餐饮业企业225户，占10.6%；金融业、房地产业企业共148户，占7.0%；租赁和商务服务业、居民服务修理和其他服务业企业124户，占5.8%；科学研究和技术服务业、水利环境和公共设施管理业、教育业、卫生和社会工作业、文化体育和娱乐业企业、公共管理社会保障和社会组织类企业共111户，占5.2%。与2012年企业调查的行业构成相比，制造业企业比例有所下降，各类服务业企业比例有明显上升。这符合近年来我国的产业结构变化情况。

通过对18个不同行业样本企业经营环境8个方面的评价进行比较，与2012年相比，我们发现行业之间企业经营环境的差异发生了明显的变化。按照2016年企业经营环境各方面评价的高低，可以把这18个行业大致归纳为如下三类。

第一类，企业经营环境总指数评分明显低于各行业总指数平均分（3.57分）的行业（低于3.50分）有：农林牧渔业、采矿业、房地产业、水利环境和公共设施业。这几个行业都涉及资源（土地、矿产、水力资源等）的利用。

第二类，企业经营环境总指数评分接近各行业总指数平均分的行业（3.50~3.64分）有：建筑业、交通运输业、住宿餐饮业、批发零售业、租赁和商务服务业、居民服务业、卫生和社会工作业、科学研究和技术服务业。它们大部分是传统的竞争性行业，分别属于第二、第三产业。后面两个行业基本上属于新兴服务业。

第三类，企业经营环境总指数评分明显高于各行业总指数平均分的有如下行业（高于3.64分）：电力热力业、金融业、教育业、文体娱乐业，制造业、信息传输业在较小程度上高于以上标准。其中电力、金融行业的垄断程度较高，教育、文体娱乐、信息传输业大致属于新兴服务业。制造业的大部分属于传统的竞争性行业，但其中的高新技术产业近年来发展相对较快。这些新兴服务业和制造业多数属于竞争性领域。

与2012年相比上述分行业的经营环境情况发生了明显的变化。其中变化突出的是金融业、教育业的经营环境改善程度较大，从第一类直接升入第三类，建筑业、卫生业、制造业和批发零售业改善幅度也超过平均水平，前两者从第一类进入第二类，后两者从第二类进入第三类。同时水利环境从第三类落入第一类，信息、科研从第三类落入第二类，农林牧渔业从第二类降到第一类。

在2012年报告中，我们发现企业经营环境的行业差异与市场竞争程度有密切的关系。资源性行业、较多依赖政府配置资源或管制较多的行业、垄断程度较高的行业有两极分化的现象，其中多数行业经营环境的评价较差，是因为处在这些行业中但不具有垄断地位的企业经营相对更加艰难（各行业的样本企业基本均以非国有中小企业占多数）。这类企业虽然数量较多，但处在市场集中度较高的行业中，它们所占市场份额通常很小。个别具有这类特征的行业经营环境评价好于一般水平（主要是电力行业），是因为该行业样本中的大企业较多，多数能在不同程度上享受到行业垄断性给它们带来的好处。企业经营环境处在中间水平的行业，基本上都是竞争程度较高的传统产业。还有一些行业经营环境较好，基本上属于快速发展的新兴服务业，也处在竞争性的市场环境中，如信息、环保、科研和技术服务业等。这些情况说明，缺乏竞争性不利于改善企业经营环境。

而 2015~2016 年在企业经营环境的行业差异方面所发生的变化，一方面说明一些过去垄断性较强或管制程度较高的行业，在行业内部可能比过去更开放了，行业的市场集中度或管制程度有所减弱，例如金融、教育。大多数竞争性较强的行业，就平均而言企业经营环境也有比较明显的改善，如制造业、批发零售业和一些新兴服务业。这两种情况都反映了企业经营环境的进步。然而另一方面，电力、金融等行业的企业经营环境评价显著高于平均水平，又说明这些行业在整体上继续享着其他行业所不具有的特殊条件。这可能与行业的进入壁垒较高有关，还可能与宏观环境有关，例如，宽松的货币政策和信贷条件刺激了产业脱实向虚、金融部门短期得益的现象。这对整体经济和长期发展而言，并非利好现象。

企业经营环境的行业差异还与行政干预有明显的关系。可以看到，企业经营环境差于平均水平的行业，包括农林牧渔业、采矿业、房地产业、水利环境和公共设施管理业，都突出表现在"行政干预与政府廉洁效率"的评分显著低于其他方面的评分，也显著低于其他行业该方面的评分。其中，农林牧渔业 3.00 分，采矿业 3.08 分，房地产业 3.03 分，水利环境业 2.87 分；分别比该方面指数各行业的平均分低 0.39 分、0.31 分、0.36 分和 0.52 分。这说明涉及资源利用的行业政府干预较多。这也是导致这些行业总体经营环境评分相对较低的一个主要原因。

影响企业经营环境的行业差异的另一个重要原因是金融服务方面的差异。农林牧渔业、房地产业、水利环境产业在金融服务方面的评分特别低，分别为 2.59 分、2.79 分、2.00 分，大幅度低于各行业平均的 3.19 分，而且显著低于 3.00 分的中性评价值。不过具体原因各有不同，对房地产业来说，主要原因可能是其面临着高杠杆的风险和去库存的压力，因而贷款条件收紧。而对农林牧渔业、水利环境业而言，可能是其行业特点而导致的缺乏有效的资产抵押，进而引致借贷困难。

表 3-6 显示了按上述 18 个行业的 2016 年分方面企业经营环境指数，按总指数评分的高低分为 A、B、C 三类。

三 不同类型企业的经营环境比较

表3-6 不同行业的企业经营环境差异

行业	总指数	公开公平	行政干预	法治环境	税费负担	金融服务	人力资源	基础设施	市场环境
A1 农林牧渔	3.33	3.44	3.00	3.71	3.60	2.59	3.23	3.82	3.24
A2 采矿业	3.26	3.40	3.08	3.76	3.36	3.16	3.02	3.50	2.81
A3 水利环境	3.38	3.80	2.87	4.03	3.73	2.00	3.40	3.80	3.43
A4 房地产	3.44	3.66	3.03	3.77	3.52	2.79	3.48	4.01	3.26
B1 交通运输	3.51	3.63	3.39	3.88	3.59	3.41	3.23	3.89	3.09
B2 卫生社会	3.51	3.57	3.34	3.78	3.61	2.99	3.22	4.10	3.47
B3 居民服务	3.53	3.68	3.59	3.73	3.66	2.73	3.34	4.20	3.28
B4 租赁商服	3.55	3.47	3.28	3.77	3.56	3.44	3.41	4.20	3.24
B5 建筑业	3.58	3.65	3.40	3.79	3.66	3.20	3.59	4.06	3.27
B6 科研技服	3.59	3.84	3.32	3.82	3.45	3.17	3.64	4.13	3.32
B7 住宿餐饮	3.61	3.56	3.48	3.82	3.56	3.62	3.43	4.03	3.36
B8 批发零售	3.64	3.62	3.77	3.84	3.64	3.34	3.38	4.17	3.36
C1 制造业	3.67	3.73	3.82	3.91	3.64	3.52	3.40	4.00	3.36
C2 信息传输	3.67	3.72	3.70	3.85	3.62	3.21	3.50	4.17	3.58
C3 金融业	3.69	3.91	3.46	3.95	3.67	2.94	3.55	4.34	3.66
C4 文体娱乐	3.70	3.65	3.76	3.80	3.77	3.48	3.48	4.18	3.49
C5 教育	3.77	4.00	3.17	4.13	3.72	3.80	3.47	4.19	3.71
C6 电力热力	3.84	3.77	3.50	3.95	3.78	4.03	3.89	4.14	3.63
A类平均	3.35	3.57	2.99	3.82	3.55	2.63	3.28	3.78	3.18
B类平均	3.56	3.63	3.45	3.80	3.59	3.24	3.41	4.10	3.30
C类平均	3.72	3.80	3.57	3.93	3.70	3.50	3.55	4.17	3.57
总平均	3.57	3.67	3.39	3.85	3.62	3.19	3.43	4.05	3.36

注：表中行业名称为简称，全称按表中排列顺序依次如下：A1 农林牧渔业，A2 采矿业，A3 水利、环境和公共设施管理业，A4 房地产业，B1 交通运输、仓储和邮政业，B2 卫生和社会工作，B3 居民服务、修理和其他服务业，B4 租赁和商务服务业，B5 建筑业，B6 科学研究和技术服务业，B7 住宿和餐饮业，B8 批发和零售业，C1 制造业，C2 信息传输、软件和信息技术服务业，C3 金融业，C4 文化、体育和娱乐业，C5 教育，C6 电力、热力、燃气及水的生产和供应业。

在表3-7中，我们计算了按以上分类的三类行业的国有企业占样本企业比重，大型、中型、小型、微型企业各自占样本企业的比重。数据显示，这三类企业在国有企业与非国有企业的比重方面、在大中小微企业比重方面，差异都并不显著。这说明不同行业的企业经营环境差异主要不是国有企业和非国有企业的差异导致的,也不是大型、中型、小型、微型企业分布的差异导致的,而是如上文所说,与不同行业的资源性、垄断性、行政干预程度有直接关系,也与不同行业的融资条件有关。

表3-7 分行业类别的样本企业规模构成和所有制构成

单位:%

	国有企业	非国有企业	合计	大型企业	中型企业	小型企业	微型企业	合计
第一类	11.1	88.9	100	19.7	45.7	30.8	3.8	100
第二类	10.2	89.8	100	15.1	32.9	38.8	13.2	100
第三类	8.2	91.8	100	21.6	36.5	34.7	7.2	100
全部	9.1	90.9	100	19.5	36.3	35.5	8.7	100

以下将就行业之间经营环境差异相对明显的几个方面指数,分别用图表示2016年样本企业分三类行业的经营环境差别。这涉及8个方面指数中的6个,分别是:1)"政策公开、公平、公正"、2)"行政干预与政府廉洁效率"、4)"企业的税费负担"、5)"金融服务和融资成本"、6)"人力资源供应"、8)"市场环境与中介服务"。

其余两个方面指数(企业经营的法治环境、基础设施条件)的行业差异不大,不再单独制图和评述。其中,7)"基础设施条件"项的第一类行业与第二、第三类行业有一定的差异,应与第一类行业中农林牧渔业和采矿业企业的地理位置分布有关(这些企业都不在城市,可能位置相对偏远,基础设施条件与其他行业有差异是基本正常的)。特此说明。

政策公开、公平、公正

在该方面,不同行业之间有一定的差异。如图3-17所示,按"政策和规章制度公开透明"、"行政执法公正"、"公平的国民待遇"这三个分项指数分别来看,第一、第二类行业评分都比较接近,但两者与第三类行业相比都有大约0.2分左右的差距。这说明垄断程度较高的行业和新兴服务业在政策待遇方面相对于传统竞争性行业享有一定的优势。

三 不同类型企业的经营环境比较

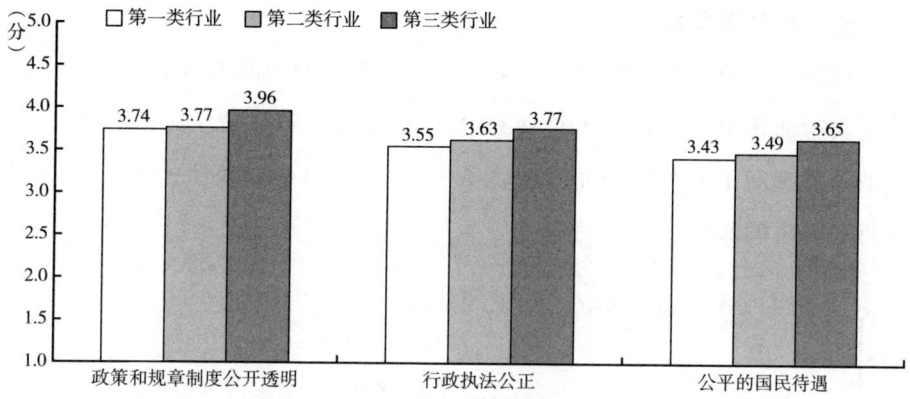

图 3-17 政策公开、公平、公正方面指数的分行业差异

行政干预与政府廉洁效率

该方面的企业经营环境在不同行业间差异明显,其中"政府干预"分项的差异更加显著。该分项指数第一、第二类行业之间和第二、第三类行业之间都有 0.2 分左右的差距。在企业"与政府打交道的时间"分项,第一类行业评分显著低于第二、第三类行业,差异更大。这两个分项指数的差异都说明第一类行业(主要是与资源有关的行业)面临较多的行政干预。一般竞争性行业面临的行政干预也多于垄断程度较高的行业和新兴服务业。

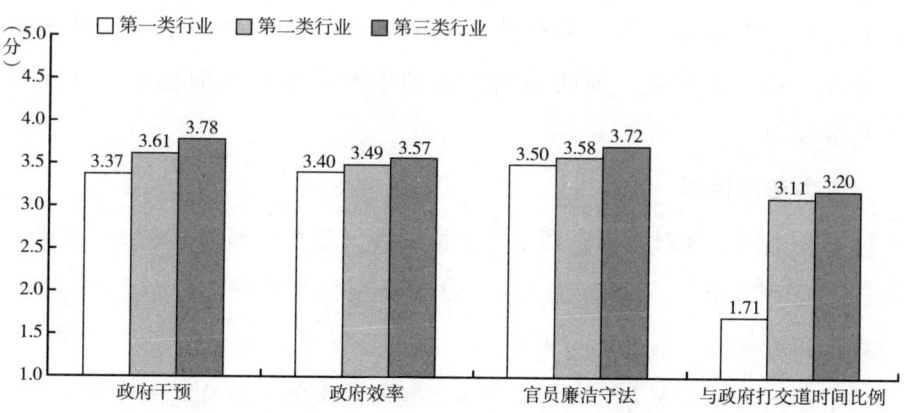

图 3-18 行政干预与政府廉洁效率方面指数的分行业差异

企业的税费负担

该方面指数的各分项评分，第一、第二类行业之间没有显著差异，但第三类行业比第一、第二类行业在"法定税负"和"依法征税"两个分项的评分都高于前两类企业（见图3－19）。这可能反映了产业政策对不同行业税负的影响。

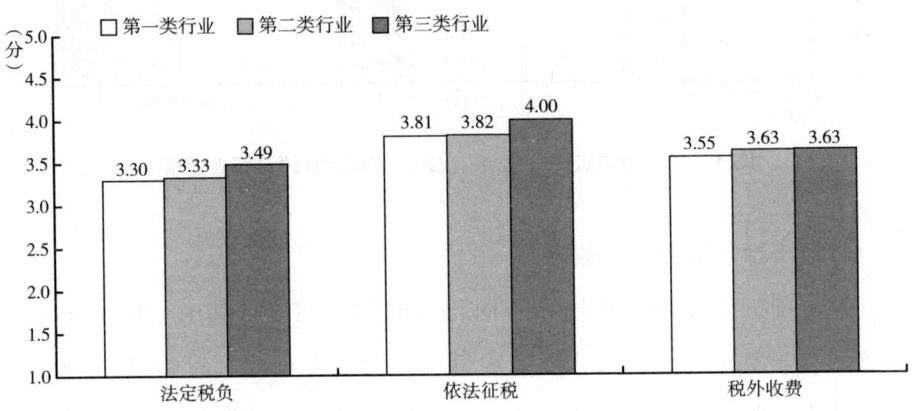

图3－19 企业税费负担方面指数的分行业差异

金融服务和融资成本

在"金融服务"方面，第一、第二类行业关于"银行贷款"和"其他融资"分项指数的评价都显著低于第三类行业（见图3－20）。而在融资成本方面，第一类行业贷款和其他融资的利率水平都明显高于第二、第三类行业。说明不同行业的企业在融资方面仍然存在苦乐不均的情况。

人力资源供应

三类不同行业对人力资源供应方面的评价是有明显差异的。"技术人员"、"管理人员"、"熟练工人"这3个分项指数的评价，都是第一类行业评价相对较低，第二类行业略高，第三类行业最高（见图3－21）。这反映了不同行业对人力资源的竞争能力是有差别的。涉及资源性的几个行业对人力资源的吸引力差于一般竞争性行业，而一般竞争性行业又差于垄

三 不同类型企业的经营环境比较

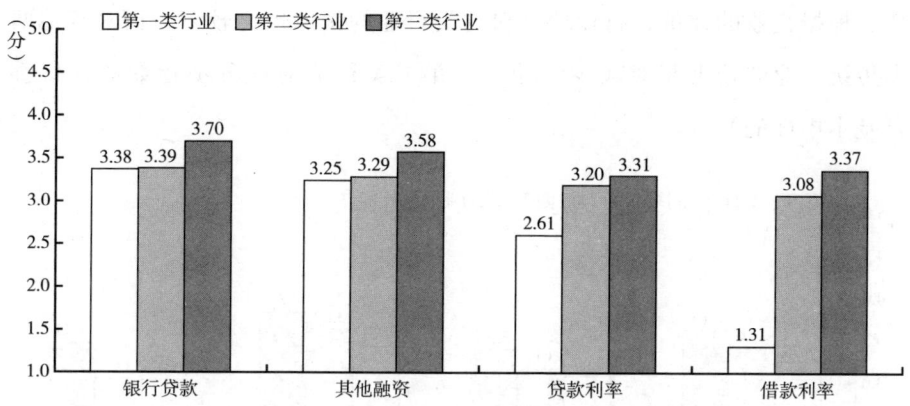

图 3-20 金融服务方面指数的分行业差异

断程度较高的行业和新兴服务业、新兴制造业，间接反映了三者在报酬和福利待遇方面的差异。

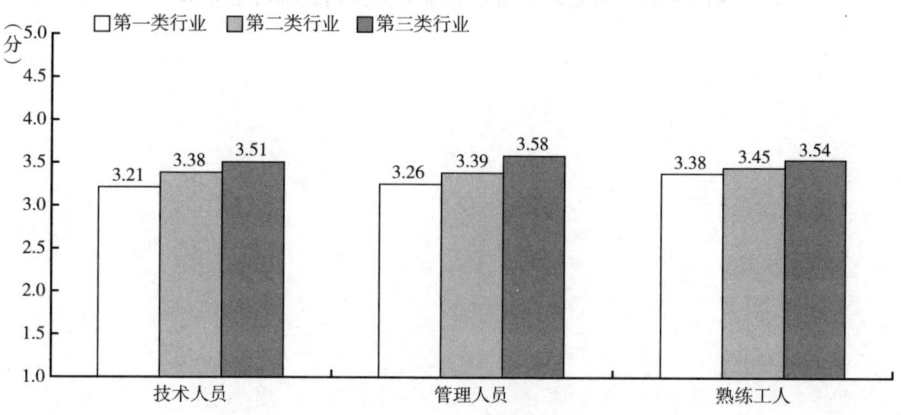

图 3-21 人力资源供应方面指数的行业差异

市场环境与中介服务

该方面指数的评价在不同行业间差异显著，传统的资源性行业面临较差的市场需求和过度竞争的影响，一般竞争性行业也在一定程度上如此，而垄断程度较高的行业和新兴服务业、新兴制造业则具有较大的优势。在中介服务方面，情况相差不多，第三类行业也享受到较好的市场中介服务。根据企业的评价，行业协会对这类行业的帮助也比较多，而对其他两类传统产业的帮助相对较少（第一、第二类行业对该分项指数的评价都是基本中性的）。

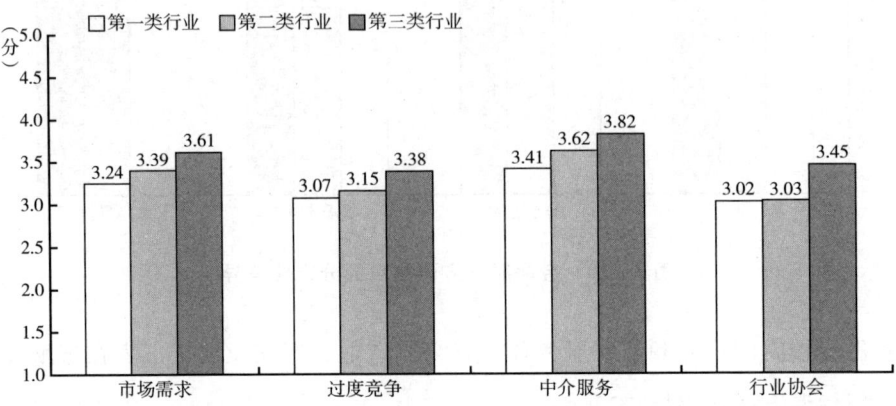

图3-22 市场环境与中介服务方面指数的行业差异

四
东、中、西部和东北地区
企业经营环境比较

在本部分，我们将各省份按东、中、西部地区和东北地区进行分组[①]，分别计算这4个地区的各方面指数和分项指数的平均评分，以反映各地区企业经营环境的差异和变化情况。

分地区企业经营环境的总体比较

表4-1列出了各地区2012~2016年的企业经营环境总指数和方面指数的进展情况。从总指数评分来看，四个地区都有明显改善，其中，东部地区继续保持在四个区域中企业经营环境领先的位置，其余地区的相对位置与2012年相比也没有发生改变，按评分高低排序依次是东北地区、中部地区、西部地区。其中西部地区2012年的评分只有2.97分，低于3.00分的中性值，略偏于负面，而2016年已经明显高于中性值。按2016年比2012年评分改善的幅度看，东部地区和中部地区改善幅度较大，分别提高了0.56分和0.55分，东北地区

---

① 东部地区包括北京、天津、河北、上海、江苏、浙江、福建、山东、广东、海南10个省和直辖市；中部地区包括山西、安徽、江西、河南、湖北、湖南6省；西部地区包括内蒙古、广西、重庆、四川、贵州、云南、西藏、陕西、甘肃、宁夏、青海、新疆12个省、自治区、直辖市；东北地区包括辽宁、吉林、黑龙江3省。

和西部地区分别提高了 0.50 分和 0.49 分。总指数的改善可以从图 4-1 直观地看到。

表 4-1 分地区企业经营环境总指数和方面指数的进展

年份和地区	总指数	政策公开、公平、公正	行政干预与政府廉洁效率	企业经营的法治环境	企业的税费负担	金融服务和融资成本	人力资源供应	基础设施条件	市场环境与中介服务
2012 年									
东部	3.13	3.07	3.37	3.28	2.85	3.11	2.84	3.35	3.12
东北	3.07	2.97	3.25	3.28	2.77	3.08	2.84	3.39	3.02
中部	2.99	2.88	3.17	3.13	2.75	3.05	2.81	3.28	2.88
西部	2.97	2.89	3.12	3.15	2.76	3.04	2.70	3.20	2.88
全国	3.04	2.96	3.23	3.21	2.79	3.07	2.79	3.29	2.98
2016 年									
东部	3.68	3.72	3.69	3.90	3.69	3.43	3.50	4.12	3.41
东北	3.58	3.58	3.36	3.97	3.57	3.59	3.42	3.82	3.33
中部	3.54	3.65	3.57	3.79	3.59	3.17	3.37	4.00	3.20
西部	3.46	3.59	3.43	3.76	3.60	3.18	3.24	3.76	3.14
全国	3.56	3.64	3.53	3.83	3.62	3.30	3.37	3.93	3.26
2016 年比 2012 年提高幅度									
东部	0.56	0.65	0.31	0.62	0.84	0.32	0.66	0.77	0.29
东北	0.50	0.61	0.11	0.69	0.80	0.50	0.58	0.42	0.31
中部	0.55	0.77	0.40	0.66	0.84	0.13	0.56	0.72	0.32
西部	0.49	0.70	0.31	0.61	0.84	0.14	0.54	0.56	0.26
全国	0.52	0.69	0.30	0.63	0.83	0.23	0.58	0.64	0.28

从表 4-1 所列的评分提高幅度看,各地区企业经营环境 8 个方面指数的绝大部分都有明显的进步,其中 2016 年与 2012 年相比,"企业的税费负担"方面的改善幅度比其他方面的改善要大,四个地区都提高了 0.80 分及以上。此外改善幅度较大的方面指数还有"政策公开、公平、公正"和"企业经营的法治环境",各地区提高幅度都在 0.60 分以上。"基础设施条件"的改善幅度较大的是东部和中部地区,提高 0.70 分以上。

各地区的进展也存在一些短板。"行政干预与政府廉洁效率"方面各

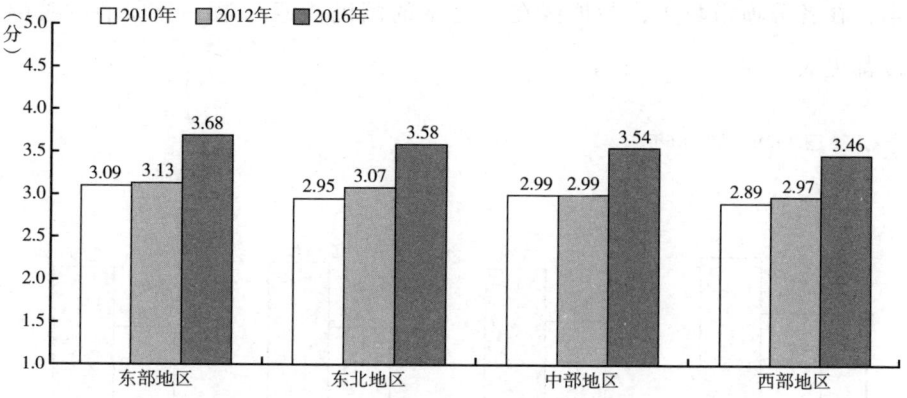

图 4-1 分地区企业经营环境总指数的进展

地区改善幅度较小,其中东北地区只提高了 0.11 分;中部地区提高幅度大于其他地区,提高 0.40 分。"金融服务和融资成本"方面,中部和西部地区仍然受到制约,分别只提高了 0.13 分和 0.14 分。"市场环境与中介服务"方面,各地区改善也都相对较小,提高幅度大致在 0.20~0.35 分。

以下具体阐述各地区的各方面指数和分项指数的进展情况。

分地区各方面指数和分项指数的比较

下面我们按构成企业经营环境的不同方面指数和分项指数,分别列出了 2012 年和 2016 年全国、东、中、西部地区和东北地区的平均得分,数据见表 4-2 至表 4-9。各方面指数的地区数据由图 4-2 至图 4-9 直观地显示出来,以便于比较。

1. 政策公开、公平、公正

"政策公开、公平、公正"方面指数的各地区进展由图 4-2 直观显示出来。该方面各分项指数的地区比较情况见表 4-2。从图 4-2 和表 4-2 可以看到,各地区在该方面的企业经营环境都有较大的改善。表 4-2 显示,在各分项指数中,各地区在"公平的国民待遇"这一分项的改善幅度都更大一些。

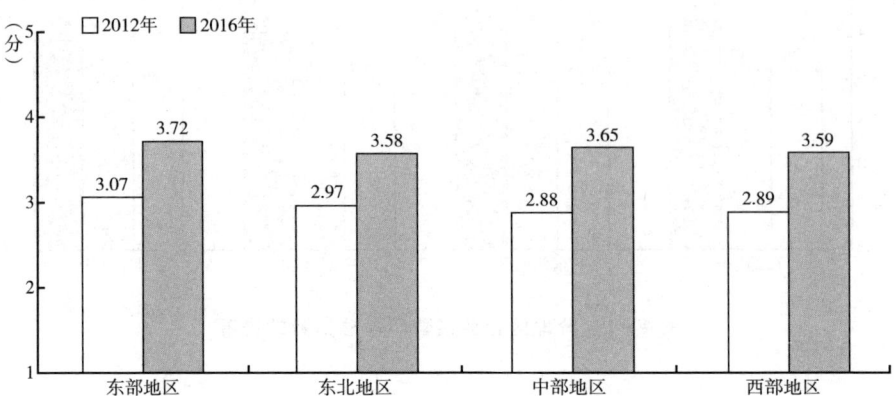

图4-2 分地区企业经营环境进展:政策公开、公平、公正

表4-2 分地区"政策公开、公平、公正"的分项指数变化

年份和地区	政策规章制度公开透明	行政执法公正	公平的国民待遇	地方保护
2012 年				
东部地区	3.24	3.15	2.82	—
东北地区	3.13	3.02	2.75	—
中部地区	3.08	2.99	2.59	—
西部地区	3.08	3.00	2.59	—
全国	3.14	3.05	2.68	—
2016 年				
东部地区	3.85	3.77	3.61	3.67
东北地区	3.71	3.55	3.37	3.68
中部地区	3.69	3.57	3.37	3.98
西部地区	3.66	3.55	3.40	3.77
全国	3.73	3.64	3.47	3.73
2016 年比 2012 年提高				
东部地区	0.61	0.62	0.79	—
东北地区	0.59	0.53	0.62	—
中部地区	0.61	0.58	0.78	—
西部地区	0.58	0.56	0.81	—
全国	0.59	0.59	0.79	—

2. 行政干预与政府廉洁效率

该方面指数及其各分项指数的分地区变化情况分别见图4-3和表4-3。从图4-3中可见,在这方面,中部地区的改善幅度较大,而东北地区只有较小幅度的改善。从表4-3可以看到,在不同的分项指数中,虽然"政府干预"分项各地区的评分都有一定的改善(东北地区只有小幅度改善),但多数地区企业经营者与政府部门及官员打交道的时间占其工作时间的比例反而上升了,导致该分项的评分下降,只有中部地区的时间比例下降、评分上升。这反映了在行政干预方面还有不容乐观的一面。"政府效率"和"官员廉洁守法"的评价,各地区的进步程度比较均衡,但东北地区"政府效率"评分的提高幅度小于其他地区。

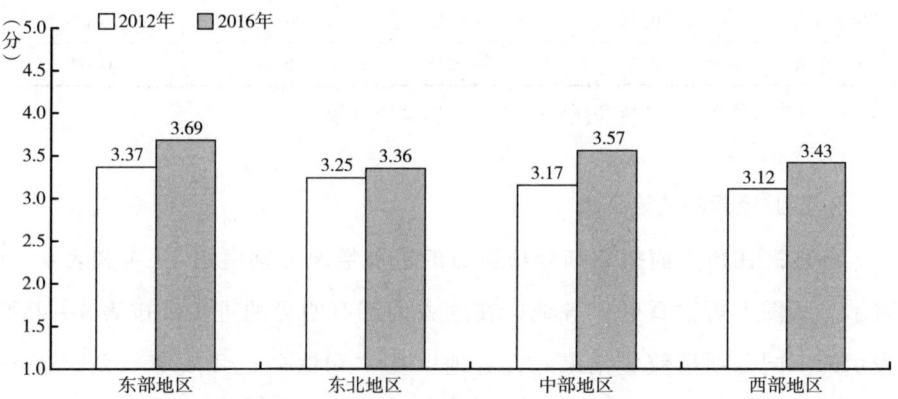

图4-3 分地区企业经营环境进展:行政干预与政府廉洁效率

表4-3 分地区"行政干预与政府廉洁效率"的分项指数变化

年份和地区	政府干预	与政府打交道时间比例	政府效率	官员廉洁守法
2012年				
东部地区	3.47	3.82	3.03	3.05
东北地区	3.48	3.53	2.84	2.98
中部地区	3.38	3.45	2.77	2.87
西部地区	3.33	3.45	2.67	2.88
全国	3.41	3.59	2.84	2.95

续表

年份和地区	政府干预	与政府打交道时间比例	政府效率	官员廉洁守法
2016 年				
东部地区	3.79	3.56	3.64	3.76
东北地区	3.53	3.12	3.29	3.49
中部地区	3.63	3.68	3.45	3.52
西部地区	3.58	3.20	3.33	3.57
全国	3.66	3.41	3.45	3.62
2016 年比 2012 年提高				
东部地区	0.32	-0.26	0.61	0.71
东北地区	0.05	-0.41	0.45	0.50
中部地区	0.25	0.23	0.68	0.65
西部地区	0.25	-0.26	0.66	0.69
全国	0.25	-0.18	0.61	0.67

注：表中的负值表示 2016 年评分与 2012 年相比出现下降。

3. 企业经营的法治环境

各地区在该方面指数和分项指数的进展情况分别由图 4-4 和表 4-4 表示。从图上可以看到，各地区在这方面都有明显的进步。按表 4-4 所表示的不同分项指数变化来看，各地区在"司法公正和效率"及"经营

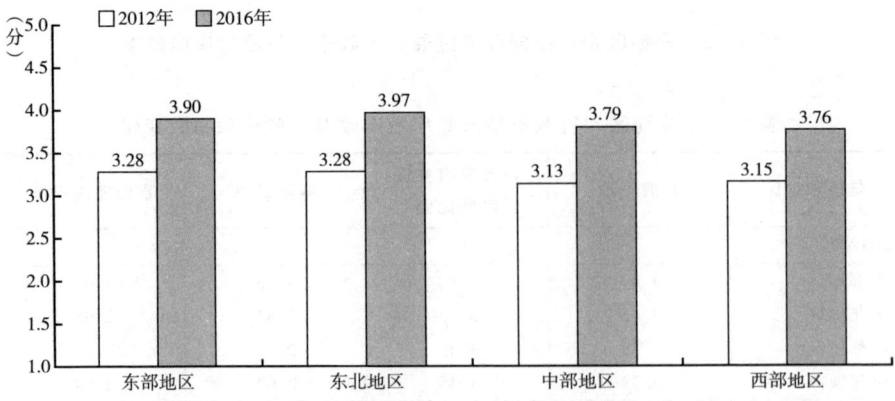

图 4-4 分地区企业经营环境进展：企业经营的法治环境

者财产人身安全保障"两个分项指数上进步都比较大,而"合同正常履行"改善幅度相对较小。

表4-4 分地区"企业经营的法治环境"的分项指数变化

年份和地区	司法公正和效率	合同正常履行	经营者财产人身安全	知识产权、技术、品牌保护
2012年				
东部地区	3.07	3.48	3.62	3.40
东北地区	3.03	3.54	3.60	3.46
中部地区	2.85	3.41	3.51	3.33
西部地区	2.90	3.35	3.47	3.40
全国	2.96	3.43	3.54	3.39
2016年				
东部地区	3.71	3.81	4.19	3.90
东北地区	3.61	3.91	4.27	4.08
中部地区	3.59	3.69	4.05	3.84
西部地区	3.53	3.68	4.09	3.75
全国	3.61	3.76	4.13	3.84
2016年比2012年提高				
东部地区	0.64	0.32	0.57	0.50
东北地区	0.58	0.37	0.67	0.62
中部地区	0.74	0.29	0.54	0.50
西部地区	0.63	0.33	0.62	0.35
全国	0.64	0.33	0.59	0.45

4. 企业的税费负担

从图4-5可以看出,2016年各地区在税费负担方面的评分,进步幅度都较大;但其中有不可比的因素,因为分项指数"依法征税"是新增加的一个分项指数。如果扣除这一项,进步幅度会小一些(见表4-5)。在该方面的进步中,较大的比重归功于"法定税负"评分的提高,而"税外收费"的改善幅度小些,而且东部地区和东北地区改善幅度小于中部和西部地区。

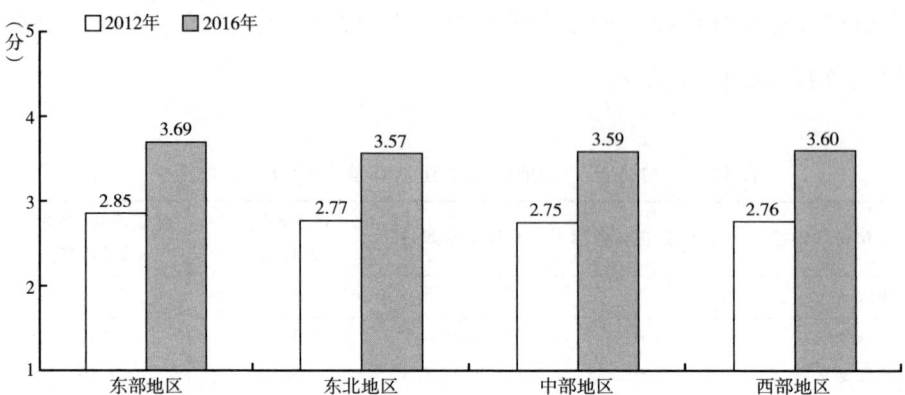

图 4-5 分地区企业经营环境进展：企业的税费负担

表 4-5 分地区"企业的税费负担"的分项指数变化

年份和地区	法定税负	依法征税	税外收费
2012 年			
东部地区	2.85	—	3.57
东北地区	2.77	—	3.40
中部地区	2.75	—	3.34
西部地区	2.76	—	3.42
全国	2.79	—	3.45
2016 年			
东部地区	3.42	3.93	3.73
东北地区	3.32	3.74	3.64
中部地区	3.25	3.75	3.76
西部地区	3.18	3.74	3.81
全国	3.30	3.81	3.77
2016 年比 2012 年提高			
东部地区	0.56	—	0.16
东北地区	0.55	—	0.24
中部地区	0.51	—	0.41
西部地区	0.42	—	0.40
全国	0.51	—	0.32

5. 金融服务和融资成本

在"金融服务和融资成本"方面，东北地区评分提高幅度较大，

四 东、中、西部和东北地区企业经营环境比较

而中部地区改善较小（见图4-6）。在该方面指数中，"贷款利率"和"借款利率"是两个新增加的分项指数。如果以两个原有的分项指数来衡量，各地区在这方面的进步大部分归因于获得银行贷款更加容易了。企业的其他渠道融资条件也有一定的改善，但西部地区改善非常有限（见表4-6）。表中的数据还显示，按评分的高低衡量，东北地区在这方面享有一定的优势，不仅表现在银行贷款的获得较容易，也表现在银行贷款的利率相对较低，因而得到了较高的评分。而中部地区的贷款利率相对较高，评分仍然低于3.0分的中性评价值。西部地区则是其他渠道的融资成本较高，对其他渠道融资利率的评价偏负面。

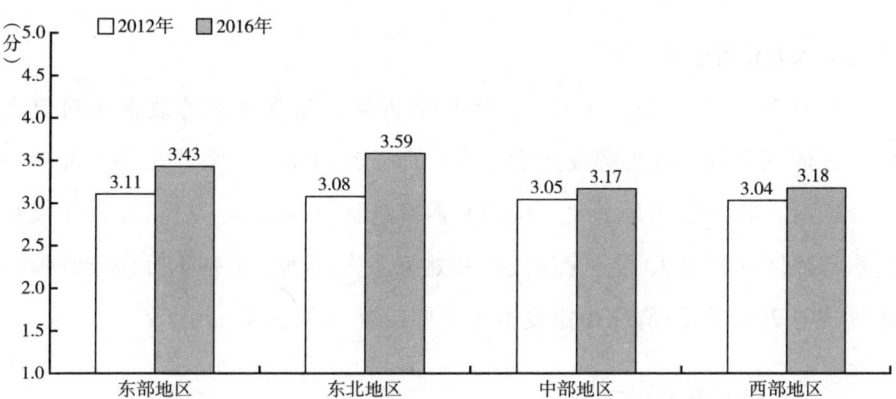

图4-6　分地区企业经营环境进展：金融服务和融资成本

表4-6　分地区"金融服务和融资成本"的分项指数变化

年份和地区	银行贷款	其他融资	贷款利率	借款利率
2012年				
东部地区	2.88	3.12	—	—
东北地区	2.79	3.12	—	—
中部地区	2.70	3.14	—	—
西部地区	2.68	3.10	—	—
全国	2.76	3.12	—	—

续表

年份和地区	银行贷款	其他融资	贷款利率	借款利率
2016 年				
东部地区	3.60	3.34	3.44	3.34
东北地区	3.61	3.36	3.82	3.55
中部地区	3.43	3.29	2.92	3.06
西部地区	3.35	3.13	3.34	2.60
全国	3.47	3.25	3.34	3.02
2016 年比 2012 年提高				
东部地区	0.72	0.22	—	—
东北地区	0.83	0.25	—	—
中部地区	0.73	0.15	—	—
西部地区	0.67	0.03	—	—
全国	0.71	0.13	—	—

6. 人力资源供应

按照 2016 年评分，在人力资源供应方面，东部地区的改善相对更大些，其他三个地区改善幅度差别不大；而按绝对水平来看，也是东部地区评分较高，其余依次是东北、中部和西部地区（见图 4-7）。按分项指数看东部地区在技术人员、管理人员和熟练工人的供应上基本都优于其他地区。这与 2012 年的情况相比发生了一些改变（见表 4-7）。

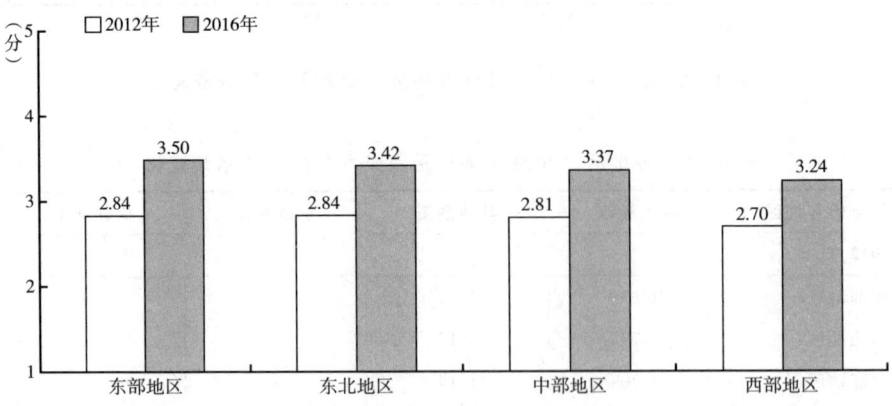

图 4-7 分地区企业经营环境进展：人力资源供应

表4-7 分地区"人力资源供应"的分项指数变化

年份和地区	技术人员	管理人员	熟练工人
2012年			
东部地区	2.79	2.87	2.84
东北地区	2.73	2.83	2.96
中部地区	2.72	2.80	2.91
西部地区	2.65	2.65	2.81
全国	2.72	2.78	2.86
2016年			
东部地区	3.48	3.49	3.51
东北地区	3.32	3.44	3.51
中部地区	3.33	3.32	3.45
西部地区	3.19	3.26	3.37
全国	3.31	3.35	3.44
2016年比2012年提高			
东部地区	0.69	0.62	0.67
东北地区	0.59	0.61	0.55
中部地区	0.61	0.52	0.54
西部地区	0.55	0.62	0.56
全国	0.59	0.58	0.58

7.基础设施条件

按照2016年评分，基础设施条件以东部地区最好，中部次之，其后是东北和西部地区。以相对于2012年的改善幅度衡量，也是东部地区改善幅度最大，中部次之，其后是西部和东北地区（见图4-8）。从分项指数的情况来看，东部地区在"电水气供应"、"铁路公路运输"和"其他基础设施"上均领先于另外三个地区。各地区对"电水气供应"和"其他基础设施"的评价与2012年相比改善幅度很大。这其中除了基础设施硬件的改善外，还有一个值得说明的因素是2012年"电水气供应"较低的评分，部分源于此前宽松货币政策对投资的刺激和大规模政府投资带来的电力供应紧张状况。这种情况随着近年来经济增长和电力消耗增长放慢而缓解。在"铁路公路运输"分项，2016年东北和西部地区的评分比2012年有所下降，原因尚待考查。

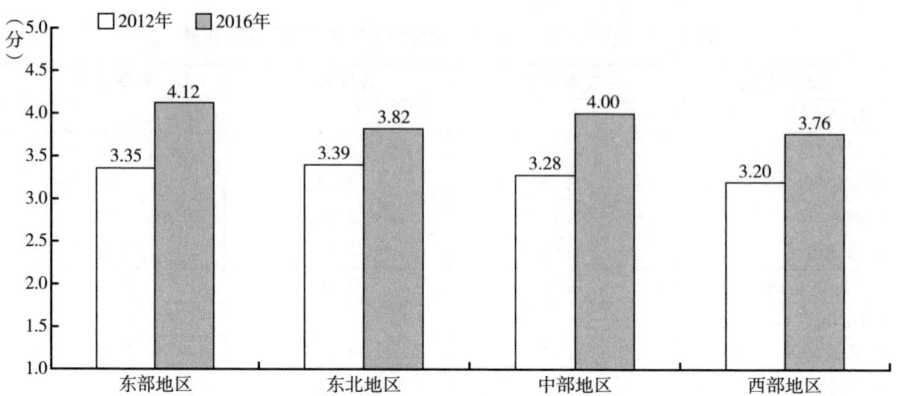

图 4-8 分地区企业经营环境进展：基础设施条件

表 4-8 分地区"基础设施条件"的分项指数变化

年份和地区	电水气供应	铁路公路运输	其他基础设施
2012 年			
东部地区	2.84	3.88	3.20
东北地区	2.96	4.17	3.12
中部地区	2.91	3.89	3.10
西部地区	2.81	3.94	2.91
全国	2.86	3.93	3.07
2016 年			
东部地区	4.20	4.14	4.02
东北地区	4.03	3.79	3.64
中部地区	4.05	4.03	3.91
西部地区	3.95	3.77	3.73
全国	4.04	3.92	3.82
2016 年比 2012 年提高			
东部地区	1.36	0.26	0.82
东北地区	1.07	-0.38	0.52
中部地区	1.14	0.14	0.81
西部地区	1.14	-0.16	0.82
全国	1.18	-0.01	0.75

8. 市场环境与中介服务

该方面指数各地区在 2016 年都比 2012 年有一定的改善。按地区的评

四 东、中、西部和东北地区企业经营环境比较

分高低排列,依次是东部、东北、中部和西部地区(见图4-9)。在各分项指数中,"市场竞争"和"过度竞争"是新增加的分项指数。原有的"中介服务"和"行业协会"两个分项中,各地区的"中介服务"条件都有明显的进步,以东部地区提高幅度较大。而"行业协会"一项,各地区评分都出现了下降,说明行业协会总体上没有对改善企业经营发挥应有的作用。

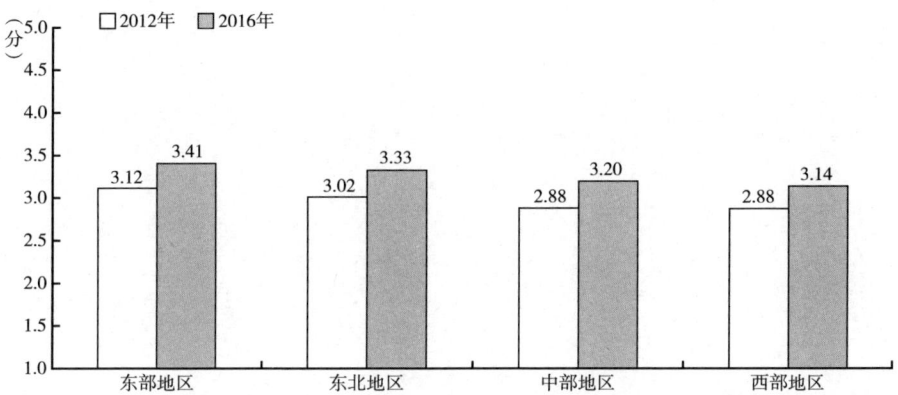

图4-9 分地区企业经营环境进展:市场环境与中介服务

表4-9 分地区"市场环境与中介服务"的分项指数变化

年份和地区	市场需求	过度竞争	中介服务	行业协会
2012年				
东部地区	—	—	2.98	3.37
东北地区	—	—	2.89	3.30
中部地区	—	—	2.84	3.19
西部地区	—	—	2.74	3.16
全国	—	—	2.86	3.25
2016年				
东部地区	3.41	3.20	3.73	3.31
东北地区	3.40	3.08	3.59	3.24
中部地区	3.19	3.09	3.42	3.10
西部地区	3.18	3.12	3.33	2.94
全国	3.29	3.15	3.49	3.11

续表

年份和地区	市场需求	过度竞争	中介服务	行业协会
2016 年比 2012 年提高				
东部地区	—	—	0.75	-0.06
东北地区	—	—	0.70	-0.06
中部地区	—	—	0.58	-0.09
西部地区	—	—	0.60	-0.23
全国	—	—	0.63	-0.14

五
各省份企业经营环境评分和排序

为了便于分别研究各省、自治区、直辖市企业经营环境的进展情况,我们在这一部分用表格的形式把每个省份2010~2016年各方面指数和每个方面指数下各分项指数的评分变化分别整理出来,并简要分析各省份企业经营环境的各方面发展变化,揭示各省份企业经营环境的进展和短板。我们这次对企业经营环境指数的8个方面指数进行了一些调整,其中"政府公开、公平、公正"和"企业的税费负担"各新增了一个分项指数,"金融服务和融资成本"和"市场环境与中介服务"各新增两个分项指数,新增分项指数在2016年之前无测算数据,此外"企业的税费负担"和"基础设施条件"在2012年之前无数据,因而只对这些方面指数的变化进行有限的解读。目前每个方面指数都由三个或四个分项指数构成。我们将对这些方面指数及其分项指数的变动进行解读。考虑到各省份企业经营环境的改善趋势或某些停滞具有共同性,同时每个省份的具体情况和进展快慢又不相同,我们重点通过横向比较来分析省份之间相对位置的变化。

北 京

表 5-1 北京企业经营环境各方面指数、各分项指数的排名及分值

	2010 年		2012 年		2016 年	
	分值	排名	分值	排名	分值	排名
政策公开、公平、公正	3.02	8	3.09	5	3.58	21
政策规章制度公开透明	3.22	9	3.23	7	4.08	3
对不同企业一视同仁	2.88	11	2.84	6	3.86	5
行政执法公正	2.97	7	3.21	6	3.71	5
地方保护					2.70	31
行政干预与政府廉洁效率	3.31	6	3.29	10	3.55	16
政府干预	3.90	2	3.52	9	3.77	7
政府效率(审批手续简便易行)	3.04	10	2.86	13	3.18	20
官员廉洁守法	2.85	11	3.06	8	3.52	12
与政府打交道时间比例			3.76	8	3.72	9
企业经营的法治环境	3.18	8	3.33	5	3.88	10
司法公正和效率	2.93	9	3.14	4	3.72	8
合同正常履行	3.50	20	3.44	13	3.86	11
经营者财产和人身安全	3.61	3	3.70	5	4.13	14
知识产权、技术、品牌保护	3.16	23	3.41	10	3.81	15
企业的税费负担			2.87	5	3.71	7
法定税负			2.15	11	3.62	4
依法征税					4.03	3
税外收费			3.59	6	3.49	29
金融服务和融资成本	2.86	11	2.96	25	3.68	6
银行贷款	2.85	9	2.78	16	3.65	8
贷款利率					3.80	6
其他融资	2.79	18	2.91	27	3.63	2
借款利率					3.65	11
人力资源供应	2.90	4	2.86	11	3.58	4
技术人员	2.86	4	2.82	6	3.62	4
管理人员	2.87	5	2.86	11	3.63	4
熟练工人	2.97	3	2.89	14	3.50	11
基础设施条件	3.56	3	3.45	5	4.22	5
电水气供应			3.96	14	4.32	4
铁路公路运输			3.29	4	4.19	8
其他基础设施			3.10	3	4.16	4

续表

	2010 年		2012 年		2016 年	
	分值	排名	分值	排名	分值	排名
市场环境与中介服务	3.29	3	3.30	2	3.58	2
市场需求					3.59	4
过度竞争					3.35	6
中介服务	3.49	2	3.52	3	3.96	2
行业协会	2.99	3	3.09	2	3.41	4
总评	3.18	5	3.17	3	3.72	4

北京的企业经营环境，在2010年、2012年和2016年的全国排名依次为第5位、第3位和第4位，2012年与2010年评分相近，分别为3.18分和3.17分，2016年评分为3.72分，相比2012年有较大涨幅，但排名下降。在企业经营环境的8个方面指数中，"金融服务和融资成本"以及"人力资源供应"的指数评分在2010~2012年低于中性评价值3.00分，2012年首次测度"企业的税费负担"的指数评分也未达3.00分，而各方面指数评分在2012~2016年均有所提高，2016年已全部高于3.50分。2016年，北京较其他地区优势明显的方面有"市场环境与中介服务"，排名全国第2位；"人力资源供应"、"基础设施条件"、"金融服务和融资成本"等方面指数分列于第4位、第5位、第6位。北京相对薄弱的方面是"政策公开、公平、公正"，2016年排在全国第21位，其分项指数中新增的"地方保护"排在第31位，而其余三个分项均列于前五名。此外，"行政干预与政府廉洁效率"、"企业经营的法治环境"分别排在第16位和第10位。

2012~2016年，各方面指数评分虽呈现不同程度的涨幅，但除了"金融服务和融资成本"、"人力资源供应"两项排名有较大幅度提升，"基础设施条件"、"市场环境与中介服务"两项较稳定于前列，其他方面指数排名均明显下降，尤其是"政策公开、公平、公正"项，下滑幅度很明显。

政策公开、公平、公正

2010~2012年，北京的"政策公开、公平、公正"方面指数评分一直呈上涨趋势,排名从2010年的第8位小幅上升至2012年的第5位,而2016年下降至第21位。其中"政策规章制度公开透明"、"对不同企业一视同仁"、"行政执法公正"三个分项指数的排名一直在上升,分别从2010年的第9位、第11位和第7位上升至2016年的第3位、第5位和第5位,尤其"对不同企业一视同仁"分项指数评分上升幅度很大。但2016年新增的"地方保护"分项指数,北京评分2.70分,低于中性评价值,排名全国第31位,影响了该方面指数的排名。

行政干预与政府廉洁效率

2012~2016年,北京的"行政干预与政府廉洁效率"方面指数评分从3.29上升至3.55,而排名从第10位下降到第16位。分项指数中"政府效率(审批手续简便易行)"和"官员廉洁守法"也呈相似变化。"政府干预"项排名从第9位上升到第7位,"与政府打交道时间比例"项无论是评分还是排名都有小幅下降。四个分项指数中明显落后的是"政府效率(审批手续简便易行)",2012年评分为2.86分,未达中性评价值,而2016年虽上升到3.18分,排名却由第13位下降至第20位,说明改善的速度慢于其他很多省份。

企业经营的法治环境

2012~2016年,北京的"企业经营法治环境"方面指数评分从3.33分上升到3.88分,排名从第5位下降到第10位。该方面指数中,"司法公正和效率"、"经营者财产和人身安全"和"知识产权、技术、品牌保护"等分项指数均评分上升而排名下降,其中下降最为明显的是"经营者财产和人身安全"项,从第5位降至第14位。只有"合同正常履行"的排名从第13位上升到第11位。

企业的税费负担

2012~2016年,北京企业的税费负担评分从2.87分升至3.71分,但排名从第5位降至第7位,其分项指数中"法定税负"评分由2.15分明显上升到3.62分,排名也由第11位上升至第4位,相反,"税外收费"

评分与排名均下降，排名由第6位至第29位，下降明显。2016年新增分项指数"依法征税"评分为4.03分，排名第3位。

金融服务和融资成本

2012~2016年，北京的"金融服务和融资成本"方面指数评分从2.96分升至3.68分，排名从第25位飞升至第6位，说明评分上升幅度远超其他地区。该方面指数中，"银行贷款"和"其他融资"等分项指数评分小幅上升，排名上升明显，分别从第16位和第27位升至第8位和第2位，由全国中下游水平跻身到全国前列，表明与其他省份相比，这两种渠道畅通度得到很大改善。2016年新增"贷款利率"和"借款利率"分项指数，分别排名第6位和第11位。

人力资源供应

2012~2016年，北京"人力资源供应"方面指数的评分从2.86分升至3.58分，排名也从第11位升至第4位。该方面指数中，"技术人员"、"管理人员"和"熟练工人"等分项指数均呈相似变化。"熟练工人"项的排名从全国第14位升至第11位，在三项中仍稍显落后。总体来看，北京人力资源供应状况略好于全国平均水平。

基础设施条件

2012~2016年，北京"基础设施条件"方面指数的评分从3.45分升至4.22分，排名仍居第5位。该方面指数中，"电水气供应条件"项排名由第14位至第4位，上升明显，而"铁路公路运输"项和"其他基础设施"项虽然评分也上升了，但排名由第4位和第3位分别下降到第8位和第4位，说明北京市该方面的提升程度略低于其他一些省市。

市场环境与中介服务

2012~2016年，北京"市场环境与中介服务"方面指数的评分从3.30分升至3.58分，排名仍居第2位。该方面指数中，"中介服务"项排名稳定于全国第2位而"行业协会"项排名由第2降至第4位。新增分项"市场需求"与"过度竞争"排名也较前，总体来看，北京该方面的实力较强且稳定。

天　津

表5-2　天津企营环境各方面指数、各分项指数的排名及分值

	2010年		2012年		2016年	
	分值	排名	分值	排名	分值	排名
政策公开、公平、公正	3.15	2	3.45	1	3.77	9
政策规章制度公开透明	3.25	6	3.65	1	4.19	1
对不同企业一视同仁	3.05	3	3.16	1	3.87	4
行政执法公正	3.15	2	3.55	1	3.90	1
地方保护					3.11	25
行政干预与政府廉洁效率	3.38	2	3.72	1	4.03	1
政府干预	3.78	9	3.76	1	3.95	2
政府效率（审批手续简便易行）	3.22	4	3.51	1	4.14	8
官员廉洁守法	3.14	1	3.53	1	4.03	1
与政府打交道时间比例			3.96	5	4.01	2
企业经营的法治环境	3.28	2	3.63	1	3.96	5
司法公正和效率	3.04	5	3.47	1	3.90	2
合同正常履行	3.65	3	3.80	1	3.91	7
经营者财产和人身安全	3.61	4	3.88	1	4.09	20
知识产权、技术、品牌保护	3.32	5	3.69	1	3.94	8
企业的税费负担			3.21	1	3.98	2
法定税负			2.51	1	3.94	1
依法征税					4.32	1
税外收费			3.92	2	3.68	23
金融服务和融资成本	2.84	12	3.33	2	3.07	22
银行贷款	2.83	11	3.24	1	3.83	2
贷款利率					2.46	29
其他融资	2.79	17	3.35	3	3.50	4
借款利率					2.49	23
人力资源供应	2.99	1	3.17	1	3.41	12
技术人员	2.97	1	3.16	1	3.36	11
管理人员	3.05	2	3.20	1	3.49	7
熟练工人	2.95	4	3.16	1	3.38	19
基础设施条件	3.44	5	3.53	1	4.12	9
电水气供应			3.98	12	4.10	12
铁路公路运输			3.44	1	4.19	7
其他基础设施			3.18	2	4.05	8

续表

	2010 年		2012 年		2016 年	
	分值	排名	分值	排名	分值	排名
市场环境与中介服务	3.30	2	3.41	1	3.33	10
市场需求					3.21	22
过度竞争					3.03	21
中介服务	3.42	4	3.69	1	3.81	6
行业协会	3.11	1	3.24	1	3.30	8
总评	3.21	3	3.44	1	3.71	5

天津的企业经营环境，在2010年、2012年和2016年的排名依次为第3位、第1位和第5位，得分依次为3.21分、3.44分和3.71分。2016年的评分虽超越2012年排名第一的评分，但排名由第1位落至第6位。数据显示，近年来天津的企业经营环境各方面虽有所改善，但程度不及其他省市，排名下降明显。

在企业经营环境的8个方面指数中，2016年所有方面指数评分都高于中性评价值3.00分。从排名来看，天津的"行政干预与政府廉洁效率"、"企业的税费负担"及"企业经营的法治环境"三项方面指数领先全国，分列于第1位、第2位和第5位；"政策公开、公平、公正"，"基础设施条件"，"市场环境与中介服务"及"人力资源供应"四项方面指数位居全国中游水平，分列于第9位、第9位、第10位和第12位；而"金融服务和融资成本"项评分为3.07分，排名第22位，是天津近年来名次跌落最多、最弱势的方面。

2012~2016年，除了"金融服务和融资成本"、"市场环境与中介服务"两方面指数评分小幅下降外，其他评分都有所上升，但仅"行政干预与政府廉洁效率"方面指数排名保持全国第一位，"企业的税费负担"方面指数排名由第1位降至第2位，其他方面指数排名均下降明显，由全国第一名、第二名落到中下游水平，表明近年来天津企业经营环境的改善进度落后于大多数省市。

政策公开、公平、公正

2012~2016年，天津的"政策公开、公平、公正"方面指数评分从3.45升至3.77，排名从第1位降至第9位。该方面4个分项指数的评分都高于中性评价值3.00分，其中，"政策规章制度公开透明"和"行政执法公正"两分项指数的排名稳居第1位，"对不同企业一视同仁"由第1位小幅落至第4位。2016年新增"地方保护"项，天津得分为3.11分，排名全国第25位。

行政干预与政府廉洁效率

2012~2016年，天津的"行政干预与政府廉洁效率"方面指数评分从3.72分上升至4.03分，排名稳居全国第1位。分项指数中除了"政府效率（审批手续简便易行）"排名由第1位落至第8位外，"政府干预"、"官员廉洁守法"、"与政府打交道时间比例"等分项指数均领先全国，位列前两位。各分项指数评分除"政府干预"项评分为3.95分，其他三项都超过了4.00分。总体来看，该方面是天津企业经营环境的一大优势。

企业经营的法治环境

2012~2016年，天津"企业经营的法治环境"方面指数评分从3.63分上升到3.96分，排名从第1位下降到第5位。该方面指数中，"司法公正和效率"、"合同正常履行"和"知识产权、技术、品牌保护"等分项指数均评分上升，而排名从全国第1位分别降至第2位、第7位和第8位，下降最为明显的是"经营者财产和人身安全"项，排名从第1位降至第20位。

企业的税费负担

2012~2016年，天津的"企业的税费负担"方面指数评分从3.21分升至3.98分，但排名从第1位微落至第2位，其分项指数中"法定税负"评分由2.51分上升到3.94分，排名仍居第1位，处于领先的优势地位。"税外收费"评分与排名均下降，排名由第2位大幅下降到第23位，表明近年来天津企业法定税负减轻效果明显而税外收费方面还有待改善。

2016年新增分项指数"依法征税"评分为4.32分,排名第1位。

金融服务和融资成本

2012~2016年,天津的"金融服务和融资成本"方面指数评分从3.33分降至3.07分,排名从第2位跌至第22位。由分项指数发现,"银行贷款"和"其他融资"评分小幅上升,排名虽由第1位和第3位降到第2和第4位,仍居于全国前列,而2016年新增"贷款利率"和"借款利率"分项指数分别评分为2.46分和2.49分,低于中性评价值,排名分别为第29位和第23位。说明近年来天津企业的借款渠道还算畅通,但对借贷款利率存有较多不满。

人力资源供应

2012~2016年,天津"人力资源供应"方面指数的评分从3.17分升至3.41分,但排名从第1位跌至第12位。该方面指数中,"技术人员"、"管理人员"和"熟练工人"评分均小幅上升而排名由全国第1位分别大幅下降至第11位、第7位和第19位。总体来看,近年来天津企业对熟练工人的需求较大,各类人力资源普遍缺乏供应。

基础设施条件

2012~2016年,天津的"基础设施条件"方面指数的评分从3.53分升至4.12分,排名从第1位落至第9位。该方面指数中,"电水气供应"项评价较其他两项偏低,排名仍居第12位,而"铁路公路运输"和"其他基础设施"项2012年分别排名第1位和第2位,至2016年下降到第7位和第8位,说明天津还需努力加强基础设施建设,尤其是电水气供应。

市场环境与中介服务

2012~2016年,天津的"市场环境与中介服务"方面指数的评分从3.41分降至3.33分,排名也由第1位落到第10位。该方面指数中,"中介服务"和"行业协会"的评分虽小幅上涨,但排名由第1位分别降至第6位和第8位。新增分项"市场需求"与"过度竞争"项评分较为落后,排名分别为第22位和第21位。

河 北

表 5-3 河北企业经营环境各方面指数、各分项指数的排名及分值

	2010 年		2012 年		2016 年	
	分值	排名	分值	排名	分值	排名
政策公开、公平、公正	2.88	20	2.78	28	3.48	27
政策规章制度公开透明	3.15	13	2.92	29	3.86	6
对不同企业一视同仁	2.81	14	2.64	16	3.59	19
行政执法公正	2.67	26	2.78	28	3.48	11
地方保护					2.99	26
行政干预与政府廉洁效率	3.07	22	3.00	27	3.43	20
政府干预	3.79	8	3.33	19	3.59	21
政府效率(审批手续简便易行)	2.79	21	2.60	25	2.93	23
官员廉洁守法	2.58	25	2.61	29	3.61	8
与政府打交道时间比例			3.34	25	3.59	17
企业经营的法治环境	3.00	24	3.00	29	3.77	25
司法公正和效率	2.65	26	2.70	28	3.55	21
合同正常履行	3.60	6	3.37	23	3.77	18
经营者财产和人身安全	3.28	23	3.39	24	4.03	24
知识产权、技术、品牌保护	3.19	18	3.13	29	3.75	23
企业的税费负担			2.66	25	3.70	8
法定税负			2.06	21	3.44	7
依法征税					3.82	16
税外收费			3.27	24	3.84	10
金融服务和融资成本	2.87	10	3.03	17	3.43	14
银行贷款	2.73	17	2.61	22	3.61	9
贷款利率					3.52	15
其他融资	2.98	7	3.13	15	3.47	6
借款利率					3.12	17
人力资源供应	2.68	13	2.90	4	3.26	20
技术人员	2.63	10	2.84	5	3.28	17
管理人员	2.65	16	2.83	14	3.24	20
熟练工人	2.76	16	3.03	6	3.27	26
基础设施条件	3.08	18	3.32	14	3.90	16
电水气供应			3.98	11	3.93	21
铁路公路运输			3.13	12	3.99	14
其他基础设施			2.84	18	3.78	16

续表

	2010年		2012年		2016年	
	分值	排名	分值	排名	分值	排名
市场环境与中介服务	2.97	16	2.90	21	3.31	11
市场需求					3.39	10
过度竞争					2.97	24
中介服务	3.21	14	3.17	21	3.63	10
行业协会	2.74	19	2.66	25	3.25	10
总评	2.95	18	2.97	24	3.54	18

河北的企业经营环境,在2010年、2012年、2016年的全国排名依次为第18位、第24位和第18位,各年得分依次为2.95分、2.97分和3.54分。近年来得分不断提高,显示企业经营环境有明显的改善。2016年比2012年的排名也提升了6位到第18位,但在全国仍处于偏下游的水平。

在企业经营环境的8个方面指数中,至2016年各项评分均超过3.00分的中性评价值且评价相近;"企业经营的法治环境"、"基础设施条件"和"企业的税费负担"等方面指数稍优于其他方面;各项排名多居于20名之后,较落后于其他地区。2016年与2012年相比多数方面排名都有进步,其中较显著的有,"企业的税费负担"方面指数由第25位飞升至第8位,"市场环境与中介服务"方面指数由第21位上升到第11位,表明这两方面改善幅度大,但"人力资源供应"方面指数排名由第4位落至第20位。排名最落后的是"政策公开、公平、公正"方面指数,位列第27位。

政策公开、公平、公正

2012~2016年,河北的"政策公开、公平、公正"方面指数评分从2.78分升至3.48分,排名微升至第27位。该方面指数中"政策规章制度公开透明"项的排名由第29位升至第6位,进步显著,在所有分项指数中排名最靠前,"行政执法公正"项也有较大进步,排名由第28位升至第11位,均从下游水平跻身中上游水平;"对不同企业一视同仁"由第16位小幅落至第19位。2016年新增"地方保护"项,河北评分为2.99分,排名全国第26位。

行政干预与政府廉洁效率

2012~2016年,河北的"行政干预与政府廉洁效率"方面指数的评分从3.00分上升至3.43分,排名由第27位升至第20位,还较落后。分项指数中"官员廉洁守法"的评分和排名均大幅上升,排名由第29位升至第8位,表明近年来企业对官员评价转好。"政府效率(审批手续简便易行)"和"与政府打交道时间比例"排名虽有提升,但仍处于下游的落后水平。"政府干预"还下降了2位,列于第21位。各分项指数评分除"政府效率(审批手续简便易行)"为2.93分未达中性评价值,其他三项均超过3.00分且有所上升。总体来看,河北企业经营环境中政府效率仍有待提高。

企业经营的法治环境

2012~2016年,河北的"企业经营法治环境"方面指数的评分从3.00分上升到3.77分,排名从第29位上升到第25位。该方面指数中,"司法公正和效率"、"合同正常履行"和"知识产权、技术、品牌保护"等分项指数的评分和排名都有上升,但仍居于下游水平,"经营者财产和人身安全"排名仍居第24位。总体来看,企业经营的法治环境处于全国劣势地位。

企业的税费负担

2012~2016年,河北"企业的税费负担"方面指数的评分从2.66分升至3.70分,排名从第25位跃至第8位,其分项指数中"法定税负"评分由2.06分明显上升到3.44分,排名由第21位升至第7位,跻身中上游水平,减税效果显著。"税外收费"也呈类似变化,评分与排名均进步显著。2016年新增分项指数"依法征税"项,评分为3.82分,排名第16位。

金融服务和融资成本

2012~2016年，河北的"金融服务和融资成本"方面指数的评分从3.03分升至3.43分，排名从第17位微升至第14位。由分项指数发现，"银行贷款"和"其他融资"的评分和排名都大幅上升，从下游水平跻身前十名，而2016年新增"贷款利率"和"借款利率"分项指数分别排名第15位和第17位。说明近年来河北企业的借款渠道更加畅通，但借贷款利率方面还需协调。

人力资源供应

2012~2016年，河北"人力资源供应"方面指数的评分从2.90分升至3.26分，但排名从第4位跌至第20位。该方面指数中，"技术人员"、"管理人员"和"熟练工人"均呈相似变化，评分均有所上升，而排名分别由第5位、第14位和第6位大幅下降至第17位、第20位和第26位。说明近年来河北企业的人力资源供应与其他省份相比，由中上游落至下游水平。

基础设施条件

2012~2016年，河北"基础设施条件"方面指数的评分从3.32分升至3.90分，排名从第14位落至第16位。该方面指数中，"电水气供应"项的排名由第11位跌至第21位，下降显著，评分也有小幅下降，"铁路公路运输"和"其他基础设施"的评分上升较大，但排名基本仍处中游水平。

市场环境与中介服务

2012~2016年，河北"市场环境与中介服务"方面指数的评分从2.90分升至3.31分，排名由第21位跃至第11位。该方面指数中，"中介服务"和"行业协会"等分项指数的评分上升明显，且排名分别由第21位、第25位升至第10位。新增分项"市场需求"也排名第10位，而"过度竞争"排名较落后，评分为2.97，未达中性评价值。

山　西

表 5－4　山西企业经营环境各方面指数、各分项指数的排名及分值

	2010 年		2012 年		2016 年	
	分值	排名	分值	排名	分值	排名
政策公开、公平、公正	2.92	17	2.91	18	3.21	31
政策规章制度公开透明	3.12	18	3.12	16	3.43	30
对不同企业一视同仁	2.78	19	2.62	18	3.27	31
行政执法公正	2.85	17	2.98	21	3.25	29
地方保护					2.87	27
行政干预与政府廉洁效率	3.09	20	3.07	25	2.93	31
政府干预	3.53	24	3.26	23	3.34	31
政府效率(审批手续简便易行)	2.73	23	2.78	17	1.62	30
官员廉洁守法	2.71	21	2.76	24	3.39	18
与政府打交道时间比例			3.18	28	3.39	28
企业经营的法治环境	3.08	17	3.17	19	3.72	26
司法公正和效率	2.82	14	2.89	21	3.64	12
合同正常履行	3.44	22	3.49	7	3.48	28
经营者财产和人身安全	3.40	14	3.60	12	3.91	27
知识产权、技术、品牌保护	3.19	20	3.27	26	3.86	12
企业的税费负担			2.66	26	3.69	9
法定税负			2.18	9	3.39	9
依法征税					3.95	5
税外收费			3.14	28	3.73	19
金融服务和融资成本	2.73	21	2.95	26	2.37	30
银行贷款	2.51	25	2.51	26	3.20	26
贷款利率					1.27	30
其他融资	2.92	11	3.02	20	3.23	18
借款利率					1.76	27
人力资源供应	2.78	8	2.83	14	3.50	7
技术人员	2.63	9	2.68	21	3.43	8
管理人员	2.81	9	2.78	15	3.36	15
熟练工人	2.91	6	3.04	5	3.70	3
基础设施条件	3.03	21	3.33	12	4.08	11
电水气供应			3.98	12	4.25	7
铁路公路运输			3.11	16	4.02	13
其他基础设施			2.90	14	3.95	11

续表

	2010年		2012年		2016年	
	分值	排名	分值	排名	分值	排名
市场环境与中介服务	2.98	14	2.72	29	3.13	23
市场需求					2.95	30
过度竞争					3.09	18
中介服务	3.19	15	3.20	18	3.41	20
行业协会	2.83	13	2.60	28	3.05	20
总评	2.96	17	2.94	26	3.33	29

山西的企业经营环境总评在2010年、2012年、2016年的全国排名分别为第17位、第26位和第29位，呈下降趋势，近年来都处于下游位置。各年得分依次为2.96分、2.94分和3.33分，2016年得分超出3.00分的中性评价值。

在企业经营环境的8个方面指数中，"行政干预与政府廉洁效率"以及"金融服务和融资成本"两项评分呈下降趋势并跌破中性评价值，其他几个方面指数评分在2010~2016年均稳定增长至中性评价值3.00分以上，2016年"基础设施条件"方面指数评分4.08分为最高，排名第11位。但从2016年的排名情况来看，山西仅"人力资源供应"和"企业的税费负担"等两项方面指数分别上升到了第7位和第9位的中上游水平，"市场环境与中介服务"项升至23名，其他都位居第26名及之后的下游水平，总体较落后。

政策公开、公平、公正

2012~2016年，山西的"政策公开、公平、公正"方面指数评分从2.91分升至3.21分，排名从第18位跌落至第31位。该方面指数中，"政策规章制度公开透明"、"对不同企业一视同仁"和"行政执法公正"等分项指数的评分都明显上升达中性评价值之上，但排名均由中游水平落至29名之后。2016年新增"地方保护"项评分为2.87分，排名全国第27位。

行政干预与政府廉洁效率

2012~2016年，山西的"行政干预与政府廉洁效率"方面指数评分从3.07分降至2.93分，在中性评价值以下，排名由第25位降至第31位，居全国之末。分项指数中"官员廉洁守法"的评分和排名均有所上升，排名由第24位升至第18位，表明近年来山西政府纪律有所改善。但"政府效率（审批手续简便易行）"评分由2.78分进一步降至1.62分，远低于3.00分的中性评价值，排名由第17位落至第30位。"政府干预"和"与政府打交道时间比例"的评分虽有小幅提升，但排名分别在第31位和第28位。总体上，山西有关行政干预方面的评价在2012~2016年明显退步，处于全国下游水平。

企业经营的法治环境

2012~2016年，山西的"企业经营的法治环境"方面指数的评分从3.17分上升到3.72分，但排名从第19位降到第26位。从分项指数发现，各项评分均稳定或有所上涨，其中"司法公正和效率"和"知识产权、技术、品牌保护"的排名分别由第21位和第26位升至第12位，但"合同正常履行"的排名由第7位陡降至第28位，"经营者财产和人身安全"排名从第12位落至第27位，落至全国下游水平之列，可看出近年来山西企业对经营交易的相关法治评价降低。

企业的税费负担

2012~2016年，山西"企业的税费负担"方面指数的评分从2.66分升至3.69分，排名从第26位跃至第9位，其分项指数中"法定税负"评分由2.18分明显上升到3.39分，但排名没有变化，仍处于中上游水平。"税外收费"评分与排名均有所提升，但仍较落后于许多地区。2016年新增分项指数"依法征税"评分为3.95分，排名第5位。

金融服务和融资成本

2012~2016年，山西的"金融服务和融资成本"方面指数评分从2.95分降至2.37分，排名从第26位降至第30位。由分项指数发现，

"银行贷款"和"其他融资"的排名基本保持在偏下游水平,而2016年新增"贷款利率"和"借款利率"分项指数评分分别为1.27分和1.76分,排名第30位和第27位。说明近年来山西企业的借款渠道改善程度不及大多数地区,且借贷款融资成本过高。

人力资源供应

2012~2016年,山西"人力资源供应"方面的指数的评分从2.83分升至3.50分,排名从第14位升至第7位。该方面指数中,"技术人员"项评价进步显著,排名由第21位升至第8位,"管理人员"项仍居第15位,而"熟练工人"项排名前进两名列于第3位,处于领先水平。各分项指数评分均大幅提升并超过中性评价值。可看出,近年来山西企业的人力资源供应良好,技术人员供应有明显改善。

基础设施条件

2012~2016年,山西"基础设施条件"方面的指数的评分从3.33分升至4.08分,排名微升至第11位。该方面指数中,"电水气供应"和"铁路公路运输"的评价相似,评分均高于4.00分,排名基本稳定在第10位上下的中游水平。但整体上看,"基础设施条件"是山西企业经营环境中较有优势的一项。

市场环境与中介服务

2012~2016年,山西"市场环境与中介服务"方面指数的评分从2.72分升至3.13分,排名由第29位升至第23位,但仍属较落后的水平。该方面指数中,"中介服务"项有小幅改善,但排名微降至第20位,"行业协会"项进步8名也列于第20位。新增分项"过度竞争"排名第18位,而"市场需求"项排在第30近末位,评分为2.95分,未达中性评价值。

内蒙古

表 5-5 内蒙古企业经营环境各方面指数、各分项指数的排名及分值

	2010 年		2012 年		2016 年	
	分值	排名	分值	排名	分值	排名
政策公开、公平、公正	2.86	23	2.78	27	3.50	25
政策规章制度公开透明	3.19	12	3.00	23	3.63	22
对不同企业一视同仁	2.74	22	2.55	23	3.49	26
行政执法公正	2.64	28	2.79	27	3.34	24
地方保护					3.55	20
行政干预与政府廉洁效率	2.89	29	2.99	28	3.11	28
政府干预	3.44	27	3.24	25	3.34	30
政府效率(审批手续简便易行)	2.65	26	2.53	27	2.33	27
官员廉洁守法	2.44	28	2.76	22	3.11	31
与政府打交道时间比例			3.29	27	3.66	12
企业经营的法治环境	3.08	18	3.17	18	3.82	17
司法公正和效率	2.67	25	2.76	24	3.51	23
合同正常履行	3.70	1	3.48	9	3.80	15
经营者财产和人身安全	3.47	7	3.72	3	4.17	13
知识产权、技术、品牌保护	3.33	4	3.55	5	3.80	17
企业的税费负担			2.56	29	3.37	30
法定税负			2.07	19	2.89	31
依法征税					3.91	6
税外收费			3.06	29	3.31	31
金融服务和融资成本	2.68	24	2.97	24	3.54	8
银行贷款	2.50	26	2.23	29	3.17	28
贷款利率					2.99	25
其他融资	2.78	19	3.19	10	3.43	9
借款利率					4.57	3
人力资源供应	2.34	28	2.79	17	3.21	25
技术人员	2.24	29	2.77	15	3.14	25
管理人员	2.27	29	2.77	17	3.11	26
熟练工人	2.50	25	2.84	18	3.37	20
基础设施条件	3.05	20	3.45	6	3.67	26
电水气供应			4.48	1	3.66	30
铁路公路运输			3.07	19	3.66	26
其他基础设施			2.80	21	3.69	19

续表

	2010 年		2012 年		2016 年	
	分值	排名	分值	排名	分值	排名
市场环境与中介服务	3.03	10	3.01	12	2.81	31
市场需求					2.83	31
过度竞争					2.69	31
中介服务	3.17	16	3.23	15	3.20	27
行业协会	3.07	2	2.84	11	2.54	30
总评	2.91	22	3.01	17	3.38	27

内蒙古的企业经营环境指数在2010年、2012年、2016年的全国排名依次为第22位、第17位和第27位，得分依次为2.91分、3.01分和3.38分，得分一直上升而排名有所起伏。2016年，内蒙古的企业经营环境指数的评分较2010年出现了一定幅度的攀升，企业经营环境有所改善，但程度不及大多数地区。总的说来，内蒙古的企业经营环境评价处于全国下游水平。

在企业经营环境的8个方面指数中，除了"企业经营的法治环境"、"基础设施条件"和"市场环境与中介服务"三项的评分在所考察的前2个年份中均高于中性评价值，其他均明显低于中性评价值；至2016年几乎各方面指数评分都升过了3.00分，仅"市场环境与中介服务"方面指数反而跌落至2.81分。2016年，内蒙古与其他地区相比表现较好的方面仅有"金融服务和融资成本"，排在全国第8位。"市场环境与中介服务"是内蒙古的最薄弱环节，排在全国第31位。

2012~2016年，"政策公开、公平、公正"，"行政干预与政府廉洁效率"，"企业的税费负担"三项排名稳定于第28位上下的下游水平，"企业经营的法治环境"升至第17位，"人力资源供应"、"基础设施条件"和"市场环境与中介服务"三项排名均由中上游大幅跌落至下游水平，仅"金融服务和融资成本"由第24位跃升到第8位。

政策公开、公平、公正

2012~2016年，内蒙古的"政策公开、公平、公正"方面指数评分从2.78分升至3.50分,排名从第27位微升至第25位。该方面指数中,"政策规章制度公开透明"、"对不同企业一视同仁"和"行政执法公正"等分项指数的评分虽都有所上升,但排名基本稳定在25位上下。2016年新增"地方保护"评分为3.55分,排名全国第20位。

行政干预与政府廉洁效率

2012~2016年,内蒙古的"行政干预与政府廉洁效率"方面指数评分从2.99分升至3.11分,排名仍居第28位,处在下游水平。分项指数中"与政府打交道时间比例"的评分和排名上升最为显著,由第27位升至第12位,表明政府效率明显提高、且程度优于较多地区,跻身中游,而"政府干预"、"政府效率(审批手续简便易行)"和"官员廉洁守法"等分项指数的排名稳中有降,排名均在30位上下,处于全国末位。

企业经营的法治环境

2012~2016年,内蒙古的"企业经营法治环境"方面指数的评分从3.17分上升到3.82分,排名分别为第18位和第17位。从分项指数发现,各项评分均有所上涨,但除了"司法公正和效率"的排名微升至第23位,"合同正常履行"、"经营者财产和人身安全"和"知识产权、技术、品牌保护"等分项指数的排名均显著下降,分别从第9位、第3位和第5位落至第15位、第13位和第17位,从中上游退到了中下游水平。

企业的税费负担

2012~2016年,内蒙古"企业的税费负担"方面指数的评分从2.56分升至3.37分,排名从第29位落至第30位,其分项指数中"法定税负"评分由2.07分上升到2.89分,但仍低于中性评价值,排名由第19位退至第31位。"税外收费"评分有小幅提升,但排名下降2位至第31位。可看出近年来减负有效果,但还是远落后于其他地区。2016年新增分项指数"依法征税"评分3.91分,排名第6位。

金融服务和融资成本

2012~2016年,内蒙古的"金融服务和融资成本"方面指数的评分从2.97分升至3.54分,排名从第24位跃升为第8位。由分项指数发现,"银行贷款"项的评分从2.23分到3.17分,上升明显,排名微升一名到第28位,可见银行贷款近年来更加便利,但仍远不及大多数地区。"其他融资"的排名微升至第9位,而2016年新增"贷款利率"和"借款利率"指数评分分别为2.99分和4.57分,排名第25位和第3位。说明内蒙古在借款方面较有优势而贷款方面存在一定困难。

人力资源供应

2012~2016年,内蒙古"人力资源供应"方面指数的评分从2.79分升至3.21分,排名从第17位跌至第25位。该方面指数中,"熟练工人"项评价状况相对较好,升至第20位,但仍处中下游水平。"技术人员"项和"管理人员"项排名分别下降了10名和9名,落至第25位和第26位。各分项指数评分均从中性评价值以下提升至3.20分上下。可看出近年来内蒙古企业的人力资源供应相对大多数地区明显缺乏,尤其是技术人员和管理人员。

基础设施条件

2012~2016年,内蒙古"基础设施条件"方面指数的评分从3.45分升至3.67分,排名由第6位跌落至第26位,从领先优势项目转为落后。该方面指数中,"电水气供应"评分由4.48分降至3.66分,排名由全国第1位降至第30位,"铁路公路运输"评分有所上升,但由第19位降至第26位,"其他基础设施"评分跃过中性评价值而排名升至第19位。整体上看,内蒙古基础设施条件有所改善,但近年来发展弱于多数地区,逐渐落后甚至垫底。

市场环境与中介服务

2012~2016年,内蒙古"市场环境与中介服务"方面指数的评分从3.01分落至2.81分,排名由第12位跌至第31位。该方面指数中,"中介服务"项和"行业协会"项的评分和排名都明显降低,至2016年分别以3.20分和2.54分列于第27位和第30位。新增分项"市场需求"和"过度竞争"评分分别为2.83分和2.69分,未达中性评价值且均排在第31位。

辽 宁

表 5-6 辽宁企业经营环境各方面指数、各分项指数的排名及分值

	2010 年		2012 年		2016 年	
	分值	排名	分值	排名	分值	排名
政策公开、公平、公正	2.94	15	2.85	21	3.59	20
政策规章制度公开透明	3.14	16	3.03	22	3.67	19
对不同企业一视同仁	2.88	12	2.71	14	3.49	25
行政执法公正	2.81	20	2.83	26	3.36	23
地方保护					3.86	17
行政干预与政府廉洁效率	3.17	15	3.16	19	2.96	30
政府干预	3.73	11	3.29	22	3.56	23
政府效率(审批手续简便易行)	2.99	12	2.75	20	1.59	31
官员廉洁守法	2.80	14	2.93	18	3.21	27
与政府打交道时间比例			3.62	12	3.49	25
企业经营的法治环境	3.09	16	3.19	17	3.85	14
司法公正和效率	2.77	18	2.99	13	3.62	16
合同正常履行	3.55	13	3.41	17	3.79	16
经营者财产和人身安全	3.42	11	3.44	22	4.18	12
知识产权、技术、品牌保护	3.24	9	3.33	19	3.79	18
企业的税费负担			2.71	21	3.60	18
法定税负			2.02	26	3.21	19
依法征税					3.85	14
税外收费			3.39	18	3.74	17
金融服务和融资成本	2.76	18	3.10	10	3.96	2
银行贷款	2.68	20	2.90	10	3.81	3
贷款利率					4.05	4
其他融资	2.80	16	3.13	13	3.62	3
借款利率					4.36	4
人力资源供应	2.84	7	2.79	18	3.35	16
技术人员	2.73	7	2.66	23	3.26	18
管理人员	2.91	4	2.76	18	3.41	13
熟练工人	2.87	9	2.93	11	3.38	18
基础设施条件	3.20	12	3.46	4	3.91	15
电水气供应			4.13	5	4.05	17
铁路公路运输			3.30	3	3.95	16
其他基础设施			2.94	10	3.74	18

续表

	2010 年		2012 年		2016 年	
	分值	排名	分值	排名	分值	排名
市场环境与中介服务	3.00	13	3.00	13	3.19	19
市场需求					3.28	15
过度竞争					2.95	25
中介服务	3.23	13	3.26	13	3.41	19
行业协会	2.68	23	2.83	12	3.10	16
总评	3.01	12	3.05	13	3.55	17

辽宁的企业经营环境，在2010年、2012年、2016年排名依次为全国第12位、第13位和第17位，近年逐渐落至中下游位置，各年得分依次为3.01分、3.05分和3.55分。这期间辽宁企业经营环境评分提升幅度低于全国平均水平，导致排名有所下降。

在企业经营环境的8个方面指数中，至2016年仅"行政干预与政府廉洁效率"项未达中性评价值，其他各方面指数评分涨幅明显。"企业经营的法治环境"、"基础设施条件"和"市场环境与中介服务"三项的评分在所考察的3个年份均高于中性评价值3.00分。2016年辽宁较全国其他地区优势明显的方面为"金融服务和融资成本"，排名全国第2位。较薄弱的方面为"行政干预与政府廉洁效率"，以第30位处于全国末列。

2012~2016年，各方面指数中，"金融服务和融资成本"进步明显，从第10位跃居第2位领先位置，相反，落后最多的是"行政干预与政府廉洁效率"和"基础设施条件"，分别从第19位和第4位落至第30位和第15位，即从中游和上游退居于最末和中游，其他指数虽排名稳定但都在18名左右，较为落后。

政策公开、公平、公正

2012~2016年，辽宁的"政策公开、公平、公正"方面指数评分从2.85分升至3.59分，排名稳进至第20位。该方面指数中，"对不同企业一视同仁"和"行政执法公正"的评分从2.71分和2.83分升至3.49分和3.36分,明显上升至中性评价值之上,但"对不同企业一视同仁"的排名由第14位降至第25位,"政策规章制度公开透明"和"行政执法公正"排名都处于中下游水平。2016年新增"地方保护"项评分3.86分,排名全国第17位。

行政干预与政府廉洁效率

2012~2016年,辽宁的"行政干预与政府廉洁效率"方面指数的评分从3.16分降至2.96分,处于中性评价值以下,排名由第19位降至第30位,显著落后。分项指数中仅"政府干预"排名较稳定,在第22名、第23名,"政府效率(审批手续简便易行)"评分由2.75分进一步降至1.59分,远低于3.00分的中性评价值,排名由第20位落至第31位;"官员廉洁守法"的评分从2.93分升到了3.21分,但排名降了9名至第27位;"与政府打交道时间比例"的评分和排名都有所下降,排名在第25位。总体上,辽宁的政府环境有关评价在2012~2016退步至不及全国大多数地区。

企业经营的法治环境

2012~2016年,辽宁的"企业经营的法治环境"方面指数的评分从3.19分上升到3.85分,排名从第17位升到第14位。各分项指数中,"经营者财产和人身安全"评分从3.44分升至4.18分,排名从第22位升至第12位,进步明显。"司法公正和效率"评分由2.99分升至3.62分,排名下降3名至第16位。"合同正常履行"和"知识产权、技术、品牌保护"的排名都较稳定处于中游水平。

企业的税费负担

2012~2016年,辽宁"企业的税费负担"方面指数的评分从2.71分升至3.60分,排名从第21位微升至第18位,其分项指数中"法定税负"评分由2.02分明显提升到3.21分,排名由第26位升至第19位,仍处于偏下游水平。"税外收费"评分有所提升,但位居第17位,处于全国中游。2016年新增分项指数"依法征税"评分3.85分,排名第14位。

金融服务和融资成本

2012~2016年，辽宁的"金融服务和融资成本"方面指数的评分从3.10分升至3.96分，排名从第10位升至第2位。由分项指数发现，"银行贷款"和"其他融资"的评分分别由2.90分和3.13分升到3.81分和3.62分，排名从第10位和13位均上升至第3位。2016年新增"贷款利率"和"借款利率"指数评分分别为4.05分和4.36分，排名均为第4位。说明近年来辽宁企业的借款渠道通畅度大幅提升，超越大多数地区，且借贷款利率方面也评价良好。

人力资源供应

2012~2016年，辽宁"人力资源供应"方面指数的评分从2.79分升至3.35分，排名第16位。该方面指数中，"技术人员"和"管理人员"的排名小幅上升至第18和第13位，而"熟练工人"排名从第11位落至第18位。各分项指数评分均大幅提升并超过中性评价值。可看出近年来辽宁企业的人力资源供应状况改善，但熟练工人供应评价弱于多数地区。

基础设施条件

2012~2016年，辽宁"基础设施条件"方面指数的评分从3.46分升至3.91分，排名从第4位退至第15位。该方面指数中，"电水气供应"评分微降，排名从第5位落至第17位；"铁路公路运输"评分升至3.95分，而排名由全国领先降至第16位；"其他基础设施"评分由2.94分升至3.74分，排名降了8名至第18位。辽宁基础设施建设近年来改善不足，不及其他较多地区。

市场环境与中介服务

2012~2016年，辽宁"市场环境与中介服务"方面指数的评分从3.00分升至3.19分，排名由第13位退至第19位，属较落后的水平。该方面指数中，"中介服务"和"行业协会"评分有所提升，但排名由中上游水平降至第19位、第16位。新增分项"过度竞争"以2.95分排名第25位，"市场需求"项以3.28分排在第15位。

吉 林

表 5－7　吉林企业经营环境各方面指数、各分项指数的排名及分值

	2010 年		2012 年		2016 年	
	分值	排名	分值	排名	分值	排名
政策公开、公平、公正	2.84	26	3.06	7	3.49	26
政策规章制度公开透明	3.02	25	3.20	8	3.63	22
对不同企业一视同仁	2.72	23	2.77	10	3.51	22
行政执法公正	2.77	22	3.22	4	3.29	28
地方保护					3.55	21
行政干预与政府廉洁效率	3.11	18	3.34	8	3.38	22
政府干预	3.66	18	3.63	3	3.46	27
政府效率（审批手续简便易行）	2.88	19	2.89	10	3.39	18
官员廉洁守法	2.74	20	3.05	9	3.29	23
与政府打交道时间比例			3.58	16	3.40	27
企业经营的法治环境	3.11	14	3.35	3	3.96	6
司法公正和效率	2.74	21	3.10	7	3.60	18
合同正常履行	3.61	5	3.62	2	3.89	8
经营者财产和人身安全	3.39	16	3.72	4	4.26	9
知识产权、技术、品牌保护	3.40	1	3.48	8	4.09	5
企业的税费负担			2.73	20	3.51	23
法定税负			2.11	14	3.23	17
依法征税					3.66	26
税外收费			3.34	21	3.66	24
金融服务和融资成本	2.61	27	3.16	8	3.52	10
银行贷款	2.74	16	2.93	9	3.53	15
贷款利率					3.80	7
其他融资	2.53	28	3.22	7	3.03	27
借款利率					3.74	9
人力资源供应	2.75	9	2.84	12	3.49	9
技术人员	2.63	11	2.74	16	3.37	10
管理人员	2.74	10	2.85	12	3.46	10
熟练工人	2.88	8	2.94	9	3.63	6
基础设施条件	3.11	16	3.49	2	3.74	23
电水气供应			4.14	4	3.94	19
铁路公路运输			3.26	6	3.69	25
其他基础设施			3.07	5	3.60	23

续表

	2010 年		2012 年		2016 年	
	分值	排名	分值	排名	分值	排名
市场环境与中介服务	3.02	11	2.90	20	3.54	6
市场需求					3.71	1
过度竞争					3.34	7
中介服务	3.33	6	3.16	22	3.86	4
行业协会	2.77	18	2.80	15	3.23	11
总评	2.94	19	3.11	8	3.58	15

吉林的企业经营环境，在2010年、2012年、2016年排名依次为第19位、第8位和第15位，排名浮动较大；得分依次为2.94分、3.11分和3.58分。2010~2016年评分一直提升，幅度较大。

在企业经营环境的8个方面指数中，"行政干预与政府廉洁效率"、"企业经营的法治环境"、"基础设施条件"等的评分在2010~2016年都高于中性评价值3.00分；除了"市场环境与中介服务"项的评分在2012年降到了中性评价值以下，其他各方面指数的评分在2010~2016年均一直上升。

2016年，吉林排名情况较好的方面有"企业经营的法治环境"和"市场环境与中介服务"，均排在全国第6位。"政策公开、公平、公正"、"企业的税费负担"和"基础设施条件"等方面指数相对落后，排名23名之后。2012~2016年，"人力资源供应"的排名从第12位升至第9位，"市场环境与中介服务"的排名从第20位升至第6位，其他各方面都有不同幅度的下降，其中"基础设施条件"的排名从第2位跌至第23位，幅度最大。

政策公开、公平、公正

2012~2016年，吉林的"政策公开、公平、公正"方面指数评分从3.06分升至3.49分，排名从第7位跌至第26位。该方面指数中，"政策规章制度公开透明"项和"对不同企业一视同仁"项的评分虽都有所上升，但排名分别由第8位和第10位降至第22位，"行政执法公正"项评分稳定,而排名由第4位的领先位置陡降至第28位的落后位置。2016年新增"地方保护"项评分为3.55分,排名全国第21位。

行政干预与政府廉洁效率

2012~2016年,吉林的"行政干预与政府廉洁效率"方面指数的评分从3.34分微升至3.38分,排名由第8位降至第22位。分项指数中"政府干预"评分从3.63分降至3.46分,而排名从第3位降到第27位;"政府效率(审批手续简便易行)"项和"官员廉洁守法"项的评分有所上升,但排名分别下降至第18位和第23位,落后于全国大多地区;"与政府打交道时间比例"的评分微降,排名由第16位降至第27位,表明政府效率改善程度不够,不及全国平均水平。

企业经营的法治环境

2012~2016年,吉林的"企业经营法治环境"方面指数的评分从3.35分上升到3.96分,排名由第3位微降至第6位。从分项指数发现,各项评分均有所上涨且超过3.50分,"司法公正和效率"项的排名下降11名至第18位,"合同正常履行"项和"经营者财产和人身安全"项的排名均有所下降,分别从第2位和第4位落至第8位和第9位,失去领先优势;"知识产权、技术、品牌保护"由第8位升至第5位。

企业的税费负担

2012~2016年,吉林"企业的税费负担"方面指数的评分从2.73分升至3.51分,排名从第20位落至第23位,其分项指数中"法定税负"评分由2.11分上升到3.23分,但排名由第14位退至第17位。"税外收费"项的评分有小幅提升,但排名也下降3位至第24位。可看出近年来吉林减负效果较落后于其他地区。2016年新增分项指数"依法征税"评分为3.66分,排名第26位。

金融服务和融资成本

2012~2016年,吉林的"金融服务和融资成本"方面指数的评分从3.16分升至3.52分,排名从第8位微降为第10位。由分项指数发现,

"银行贷款"项的评分从2.93分到3.53分，上升明显，排名从第9位降到第15位；"其他融资"项的评分微降至3.03分，排名由第7位陡降至第27位；2016年新增"贷款利率"和"借款利率"指数评分分别为3.80分和3.74分，排名第7位和第9位。说明吉林借款渠道方面逐渐落到中下游水平，在利率方面较有优势。

人力资源供应

2012~2016年，吉林"人力资源供应"方面指数的评分从2.84分升至3.49分，排名从第12位升至第9位。该方面指数中，"熟练工人"评价状况相对较好，排名由第9位升至第6位。"技术人员"项和"管理人员"项排名均上升至第10位。各分项指数评分均从中性评价值以下提升至3.50分上下。可看出近年来吉林企业的人力资源供应较有优势，排名也较稳定。

基础设施条件

2012~2016年，吉林"基础设施条件"方面指数的评分从3.49分升至3.74分，排名由第2位跌落至第23位，从全国前列转为偏下游水平。该方面指数中，"电水气供应"评分由4.14分降至3.94分，排名由全国第4位降至第19位；"铁路公路运输"和"其他基础设施"评分均升至3.60分以上，但排名分别下降了19位和18位，从上游跌至落后水平。整体上看，吉林基础设施条件的改善程度不及大多数地区，逐渐落后。

市场环境与中介服务

2012~2016年，吉林"市场环境与中介服务"方面指数的评分从2.90分升至3.54分，排名由第20位升至第6位，排全国较前列。该方面指数中，"中介服务"改善显著，以3.86分位居第4位，提升了18名；"行业协会"的评分和排名小幅提升，仍处于中游水平。新增分项"市场需求"和"过度竞争"评分分别为3.71分和3.34分，分列于第1位和第7位。

黑龙江

表5-8 黑龙江企业经营环境各方面指数、各分项指数的排名及分值

	2010年		2012年		2016年	
	分值	排名	分值	排名	分值	排名
政策公开、公平、公正	2.87	22	2.98	13	3.65	17
政策规章制度公开透明	3.05	23	3.15	13	3.85	8
对不同企业一视同仁	2.80	15	2.78	9	3.64	15
行政执法公正	2.75	24	3.02	17	3.45	14
地方保护					3.65	19
行政干预与政府廉洁效率	3.06	23	3.25	12	3.73	11
政府干预	3.54	23	3.52	8	3.58	22
政府效率(审批手续简便易行)	2.94	16	2.89	11	4.38	7
官员廉洁守法	2.70	22	2.98	13	3.39	17
与政府打交道时间比例			3.40	20	3.58	18
企业经营的法治环境	2.96	26	3.30	9	4.10	2
司法公正和效率	2.63	27	2.99	12	3.61	17
合同正常履行	3.41	26	3.60	3	4.06	1
经营者财产和人身安全	3.36	19	3.63	10	4.36	3
知识产权、技术、品牌保护	3.12	26	3.58	3	4.36	1
企业的税费负担			2.87	6	3.59	20
法定税负			2.26	4	3.52	5
依法征税					3.73	23
税外收费			3.47	12	3.52	28
金融服务和融资成本	2.69	23	2.99	23	3.28	19
银行贷款	2.58	22	2.52	25	3.50	18
贷款利率					3.61	13
其他融资	2.71	24	3.00	22	3.44	8
借款利率					2.56	21
人力资源供应	2.87	5	2.89	6	3.43	10
技术人员	2.74	6	2.79	11	3.33	14
管理人员	2.99	3	2.87	9	3.45	11
熟练工人	2.89	7	3.02	7	3.52	10
基础设施条件	2.96	27	3.24	20	3.80	20
电水气供应			4.23	3	4.09	13
铁路公路运输			2.82	25	3.73	23
其他基础设施			2.67	25	3.58	26

续表

	2010 年		2012 年		2016 年	
	分值	排名	分值	排名	分值	排名
市场环境与中介服务	2.92	23	3.15	4	3.27	13
市场需求					3.21	21
过度竞争					2.94	26
中介服务	3.08	24	3.47	4	3.52	15
行业协会	2.91	8	3.04	3	3.39	5
总评	2.93	20	3.11	7	3.60	13

黑龙江的企业经营环境，在2010年、2012年、2016年全国排名依次为第20位、第7位和第13位；得分依次为2.93分、3.11分和3.60分。评分一直上升而排名浮动，至2016年有所退步。

在企业经营环境的8个方面指数中，所有方面指数的评分在2010～2016年均呈一直上升趋势，至2016年都超过了中性评价值3.00分。"行政干预与政府廉洁效率"在所考察的3个年份均高于中性评价值。2016年，黑龙江排名最高的方面指数为"企业经营的法治环境"（第2位），"行政干预与政府廉洁效率"和"人力资源供应"的方面指数评价较可观（两者分别为第11位、第10位）。黑龙江在"企业的税费负担"、"金融服务和融资成本"及"基础设施条件"三个方面最为薄弱，均排名第19位之后。

2012～2016年，"企业经营的法治环境"方面指数排名进步显著，跻身全国前列；"行政干预与政府廉洁效率"、"金融服务和融资成本"方面指数稳中有进，但仍处于中下游水平；"政策公开、公平、公正"和"基础设施条件"等方面指数有小幅退步；"企业的税费负担"、"人力资源供应"和"市场环境与中介服务"等方面指数有排名明显下降。

政策公开、公平、公正

2012～2016年，黑龙江的"政策公开、公平、公正"方面指数评分从2.98分升至3.65分，排名从第13位降至第17位。该方面指数中，"政策规章制度公开透明"和"行政执法公正"的评分有所上升,排名也分别从第13位和第17位进到第8位和第14位。"对不同企业一视同仁"的评分从2.78分升至3.64分,上升明显,达中性评价值之上,但排名由第9位降至第15位。2016年新增"地方保护"评分为3.65分,排名全国第19位。

行政干预与政府廉洁效率

2012~2016年,黑龙江的"行政干预与政府廉洁效率"方面指数评分从3.25分升至3.73分,排名由第12位微升至第11位。分项指数中对"政府干预"的评价提升了0.06分至3.58分,排名从第8位跌落至第22位,可见企业对政府干预的评价偏负面;"政府效率(审批手续简便易行)"评分由2.89分飞升至4.38分,排名由第11位升至第7位,较占优势;"官员廉洁守法"的评分从2.98分升到了3.39分,但排名降了4名至第17位;"与政府打交道时间比例"升至第18位。

企业经营的法治环境

2012~2016年,黑龙江的"企业经营的法治环境"方面指数评分从3.30分上升到4.10分,排名从第9位升到第2位。各分项指数中,"司法公正和效率"项评分由2.99分升至3.61分,排名下降5名至第17位;"经营者财产和人身安全"项评分从3.63分升至4.36分,排名从第10位升至第3位,进步明显;"合同正常履行"和"知识产权、技术、品牌保护"等分项的排名均由第3位进一步升至第1位。总体上,黑龙江企业经营的法治环境居全国领先位置。

企业的税费负担

2012~2016年,黑龙江"企业的税费负担"方面指数评分从2.87分升至3.59分,排名从第6位降至第20位,其分项指数中"法定税负"评分由2.26分明显提升到3.52分,排名由第4位降至第5位,仍处于上游水平,而"税外收费"评分虽有所提升,排名下降了16名至第28位,落后全国多数地区。2016年新增分项指数"依法征税"评分为3.73分,排名第23位。可见近年来黑龙江的税外收费为企业加重不少负担,依法征税方面也有待提高。

金融服务和融资成本

2012~2016年,黑龙江的"金融服务和融资成本"方面指数的评分从2.99分升至3.28分,排名从第23位升至第19位。由分项指数发现,"银行贷款"项和"其他融资"项的评分分别从2.52分和3.00分升到3.50分和3.44分,排名从第25位和第22位提升至第18位和第8位。2016年新增"贷款利率"项和"借款利率"项指数评分分别为3.61分和2.56分,排名分列于第13位和第21位。说明近年来黑龙江企业的各种借款渠道更加通畅,超越较多地区,但借款利率方面评价较落后。

人力资源供应

2012~2016年,黑龙江"人力资源供应"方面指数的评分从2.89分升至3.43分,排名从第6位降至第10位。该方面指数中,"技术人员"、"管理人员"和"熟练工人"等分项指数的评分虽明显提升并超过中性评价值,但排名退步了2~4名至中游水平,其中"技术人员"位列第14位,相对落后。

基础设施条件

2012~2016年,黑龙江"基础设施条件"方面指数的评分从3.24分升至3.80分,排名仍为第20位。该方面指数中,"电水气供应"项评分微降,排名从第3位落至第13位;"铁路公路运输"项和"其他基础设施"项评分分别由2.82分和2.67分升至3.73分和3.58分,但排名基本处于23名及之后的较落后水平。

市场环境与中介服务

2012~2016年,黑龙江"市场环境与中介服务"方面指数的评分从3.15分升至3.27分,排名由第4位退至第13位。该方面指数中,"中介服务"项和"行业协会"项的评分有所提升,但排名分别由第4位、第3位的领先水平降至第15位和第5位。新增分项"市场需求"以3.21分排在第21位,"过度竞争"以2.94分排名第26位。

上 海

表 5-9 上海企业经营环境各方面指数、各分项指数的排名及分值

	2010 年		2012 年		2016 年	
	分值	排名	分值	排名	分值	排名
政策公开、公平、公正	3.19	1	3.24	2	3.84	5
政策规章制度公开透明	3.42	1	3.36	2	4.01	4
对不同企业一视同仁	2.97	5	2.94	2	4.01	2
行政执法公正	3.18	1	3.43	2	3.78	2
地方保护					3.54	22
行政干预与政府廉洁效率	3.52	1	3.52	2	3.75	9
政府干预	4.04	1	3.65	2	4.03	1
政府效率(审批手续简便易行)	3.30	2	3.12	4	2.98	22
官员廉洁守法	3.12	2	3.23	2	3.96	2
与政府打交道时间比例			4.16	1	4.03	1
企业经营的法治环境	3.36	1	3.36	2	4.12	1
司法公正和效率	3.22	1	3.21	2	3.95	1
合同正常履行	3.65	4	3.47	11	3.97	4
经营者财产和人身安全	3.63	1	3.74	2	4.42	1
知识产权、技术、品牌保护	3.22	12	3.33	21	4.15	3
企业的税费负担			2.92	4	4.03	1
法定税负			2.04	22	3.92	2
依法征税					4.22	2
税外收费			3.80	3	3.95	6
金融服务和融资成本	3.04	4	3.21	4	3.53	9
银行贷款	3.01	5	2.95	7	3.74	4
贷款利率					3.55	14
其他融资	2.91	12	3.20	9	3.64	1
借款利率					3.19	16
人力资源供应	2.93	3	2.90	5	3.84	2
技术人员	2.94	2	2.90	3	3.93	2
管理人员	3.07	1	3.04	2	3.90	2
熟练工人	2.79	12	2.76	22	3.67	4
基础设施条件	3.73	1	3.49	3	4.54	1
电水气供应			3.92	16	4.58	1
铁路公路运输			3.35	2	4.58	1
其他基础设施			3.20	1	4.47	2

续表

	2010 年		2012 年		2016 年	
	分值	排名	分值	排名	分值	排名
市场环境与中介服务	3.33	1	3.29	3	3.73	1
市场需求					3.55	5
过度竞争					3.34	8
中介服务	3.50	1	3.59	2	4.14	1
行业协会	2.87	11	2.95	5	3.90	1
总评	3.33	1	3.25	2	3.92	1

上海的企业经营环境在2010年排名全国第1位，2012年排名微降到第2位，至2016年回升至第1位；各年得分依次为3.33分、3.25分和3.92分。

在企业经营环境8个方面指数中，"人力资源供应"方面指数2010~2012年的评分低于3.00分的中性评价值，其他各方面指数的评价在2010~2016年都稳中有升。2016年上海相对薄弱的是"行政干预与政府廉洁效率"以及"金融服务和融资成本"两项，均列于第9位，"政策公开、公平、公正"排名第5位，排名有所下降，其他方面提升了1~3名，均处于全国前两位的领先水平。

政策公开、公平、公正

2012~2016年，上海"政策公开、公平、公正"方面指数评分从3.24分升至3.84分，排名从第2位降至第5位，其中"政策规章制度公开透明"下降了2名至第4位，"对不同企业一视同仁"和"行政执法公正"均稳居第2位，2016年新增的"地方保护"评分为3.54分，排名第22位。

行政干预与政府廉洁效率

2012~2016年，上海的"行政干预与政府廉洁效率"方面指数评分从3.52分上升至3.75分，而排名从第2位下降到第9位。分项指数中"政府效率（审批手续简便易行）"评分由3.12分落至2.98分，未达中性评价值，排名由第4位大幅降至第22位，从领先转为偏下游水平。"官员廉洁守法"和"与政府打交道时间比例"分别稳定在第2位和第1位，"政府干预"也从第2位上升到了第1位。可看出近年来审批手续方面的落后拉低了该方面整体评价水平。

企业经营的法治环境

2012~2016年，上海的"企业经营的法治环境"方面指数评分从3.36分上升到4.12分，排名从第2位升至第1位。该方面指数中，"司法公正和效率"与"经营者财产和人身安全"项评分大幅提升，排名都由第2位回升至第1位；"合同正常履行"项和"知识产权、技术、品牌保护"项的评分升至4.00分上下，排名分别由第11位和第21位上升至第4位和第3位，法治环境改善显著。

企业的税费负担

2012~2016年，上海"企业的税费负担"方面指数的评分从2.92分升至4.03分，排名从第4位跃升为第1位，其分项指数中"法定税负"评分由2.04分明显上升到3.92分，排名也由第22位上升至第2位，相反，"税外收费"评分虽小幅提升，但排名由第3位降至第6位。2016年新增分项指数"依法征税"评分为4.22分，排名第2位。

金融服务和融资成本

2012~2016年，上海的"金融服务和融资成本"项评分从3.21分升至3.53分，排名从第4位落至第9位。该方面指数中，"银行贷款"项和"其他融资"项评分显著上升，排名分别从第7位和第9位升至第4位和第1位，由全国中上游水平跻身到全国领先之列，表明与大多数地区相比，这两种渠道畅通度得到进一步改善，整体实力较强。2016年新增"贷款利率"和"借款利率"指数评分为3.55分和3.19分，分别排名第14位和第16位。

人力资源供应

2012~2016年，上海"人力资源供应"方面指数的评分从2.90分升至3.84分,排名也从第5位升至第2位。该方面指数中,"技术人员"项、"管理人员"项排名基本稳定在第2位,"熟练工人"项从全国第22位跃升至第4位,在三项中虽仍稍显落后,但总体来看,上海人力资源供应状况优于全国绝大多数地区。

基础设施条件

2012~2016年,上海"基础设施条件"方面指数的评分从3.49分升至4.54分,排名从第3位升至第1位。该方面指数中,2016年各项评分都高达4.50分左右,"电水气供应"项排名由第16位至第1位,上升显著,"铁路公路运输"项微升至第1位,"其他基础设施"项虽然评分从3.20分大幅提升至4.47分,但排名却从第1位微降到第2位,不过上海市该方面整体实力明显领先全国。

市场环境与中介服务

2012~2016年,上海"市场环境与中介服务"方面指数的评分从3.29分升至3.73分,排名从第3位升至第1位。该方面指数中,"中介服务"排名升至全国第1位,"行业协会"在2010~2016年排名从第11位不断攀升至第1位。新增分项"市场需求"项与"过度竞争"项分别排名第5位和第8位。

江 苏

表 5-10 江苏企业经营环境各方面指数、各分项指数的排名及分值

	2010 年		2012 年		2016 年	
	分值	排名	分值	排名	分值	排名
政策公开、公平、公正	3.13	5	3.04	8	3.80	7
政策规章制度公开透明	3.25	5	3.19	9	3.76	11
对不同企业一视同仁	3.05	2	2.79	7	3.70	12
行政执法公正	3.08	3	3.14	9	3.44	16
地方保护					4.28	4
行政干预与政府廉洁效率	3.35	4	3.52	3	3.86	2
政府干预	3.90	4	3.61	5	3.80	6
政府效率(审批手续简便易行)	3.32	1	3.24	2	4.40	6
官员廉洁守法	2.96	5	3.12	6	3.67	6
与政府打交道时间比例			4.04	3	3.57	19
企业经营的法治环境	3.27	4	3.32	8	3.84	15
司法公正和效率	3.05	3	3.13	6	3.58	19
合同正常履行	3.65	2	3.46	12	3.85	12
经营者财产和人身安全	3.59	5	3.66	7	4.12	15
知识产权、技术、品牌保护	3.25	8	3.38	15	3.79	19
企业的税费负担			2.68	24	3.66	10
法定税负			2.02	24	3.30	13
依法征税					3.87	11
税外收费			3.34	22	3.81	14
金融服务和融资成本	3.13	2	3.20	5	3.63	7
银行贷款	3.24	2	3.00	5	3.59	10
贷款利率					3.70	9
其他融资	3.16	3	3.27	5	3.35	13
借款利率					3.89	7
人力资源供应	2.69	12	2.81	16	3.24	22
技术人员	2.62	12	2.77	14	3.25	19
管理人员	2.82	8	2.89	8	3.15	24
熟练工人	2.64	24	2.77	21	3.33	21
基础设施条件	3.65	2	3.44	8	4.13	8
电水气供应			3.99	10	4.17	9
铁路公路运输			3.22	8	4.20	6
其他基础设施			3.10	4	4.02	9

续表

	2010年		2012年		2016年	
	分值	排名	分值	排名	分值	排名
市场环境与中介服务	3.23	4	3.04	9	3.12	24
市场需求					3.25	16
过度竞争					2.86	29
中介服务	3.43	3	3.36	6	3.58	12
行业协会	2.84	12	2.69	23	2.78	27
总评	3.23	2	3.14	5	3.66	9

江苏的企业经营环境，在2010年、2012年和2016年排名依次为第2位、第5位和第9位；得分依次为3.23分、3.14分和3.66分。江苏的企业经营环境近年评分有所提升，而排名呈一直下降趋势，已失去领先位置，处于中上游水平。

在企业经营环境的8个方面指数中，除"企业的税费负担"和"人力资源供应"项外，其余各方面指数在2010~2016年评分均高于中性评价值3.00分，各项评分基本不断提升，至2016年全部8个方面指数均超过中性评价值。江苏较占优势的方面为"行政干预与政府廉洁效率"，排名第2位，而"人力资源供应"和"市场环境与中介服务"较为薄弱，分别排名第22位和第24位。

2012~2016年，"政策公开、公平、公正"，"行政干预与政府廉洁效率"，"基础设施条件"、"金融服务和融资成本"等方面指数排名基本稳定于前8位；"企业经营的法治环境"、"人力资源供应"、"市场环境与中介服务"等方面指数的排名都显著下滑至中下游水平，仅"企业的税费负担"的排名提升明显。

政策公开、公平、公正

2012~2016年，江苏的"政策公开、公平、公正"方面指数评分从3.04分升至3.80分，排名从第8位微升至第7位。该方面指数中，各项评分都明显提升，排名都显著滑落。"政策规章制度公开透明"和"对不同企业一视同仁"的排名小幅降至第11位、第12位,"行政执法公正"排名从第9位至第16位,下降明显。2016年新增"地方保护"项评分为4.28分,排名全国第4位。可见这一分项指数的优势对这方面指数排名的提升起主要影响。

行政干预与政府廉洁效率

2012~2016年,江苏的"行政干预与政府廉洁效率"方面指数评分从3.52分升至3.86分,排名由第3位微升至第2位。分项指数中,"政府干预"、"政府效率(审批手续简便易行)"和"官员廉洁守法"的评分均有所提升,而排名微降或稳定在第6位,"与政府打交道时间比例"评分由4.04分降至3.57分,排名显著下降,由第3位落至第19位。总体排名上看,江苏该方面评价仍处于领先位置。

企业经营的法治环境

2012~2016年,江苏的"企业经营法治环境"方面指数的评分从3.32分上升到3.84分,排名从第8位降到第15位。各分项指数中,除"合同正常履行"稳定在第12位外,"司法公正和效率"、"经营者财产和人身安全"和"知识产权、技术、品牌保护"的排名分别由第6位、第7位和第15位落至第19位、第15位和第19位,由中上游水平落到偏下游位置。

企业的税费负担

2012~2016年,江苏"企业的税费负担"方面指数的评分从2.68分升至3.66分,排名从第24位升至第10位,其分项指数中"法定税负"评分由2.02分明显提升到3.30分,排名由第24位升至第13名,提升到了中上游水平,"税外收费"评分也有所提升,排名上升了8名至第14位,2016年新增分项指数"依法征税"项评分为3.87分,排名第11位。可见近年来江苏企业的税负减轻效果明显,整体上升到偏上游水平。

金融服务和融资成本

2012~2016年,江苏的"金融服务和融资成本"方面指数的评分从

3.20分升至3.63分，排名从第5位降至第7位。由分项指数发现，"银行贷款"和"其他融资"的评分分别从3.00分和3.27分升到3.59分和3.35分，但排名从第5位落至第10位和第13位的中游水平。2016年新增"贷款利率"和"借款利率"指数评分分别为3.70分和3.89分，排名分列于第9位和第7位。说明近年来江苏企业借款渠道通畅度失去领先优势，但借款利率方面评价较好。

人力资源供应

2012~2016年，江苏"人力资源供应"方面指数的评分从2.81分升至3.24分，排名从第16位降至第22位。该方面指数中，"技术人员"、"管理人员"和"熟练工人"的评分虽明显提升并超过中性评价值，但排名分别退步至第19位、第24位和第21位，其中"管理人员"排名下降16名，降幅最大。

基础设施条件

2012~2016年，江苏"基础设施条件"方面指数的评分从3.44分升至4.13分，排名稳定至第8位。该方面指数中，"电水气供应"和"铁路公路运输"稳定在前10名，"其他基础设施"排名由第4位降至第9位，但整体来说基础设施条件较好且稳定。

市场环境与中介服务

2012~2016年，江苏"市场环境与中介服务"的评分从3.04分升至3.12分，排名由第9位退至第24位。该方面指数中，"中介服务"由第6位降至第12位，"行业协会"的评分由2.69分升至2.78分，仍不及中性评价值，排名下降4名至第27位，处于落后水平。新增分项"市场需求"以3.25分排在第16位，"过度竞争"以2.86分排名第29位。

浙 江

表 5-11 浙江企业经营环境各方面指数、各分项指数的排名及分值

	2010 年		2012 年		2016 年	
	分值	排名	分值	排名	分值	排名
政策公开、公平、公正	3.13	4	3.14	3	3.89	2
政策规章制度公开透明	3.34	4	3.29	4	3.95	5
对不同企业一视同仁	3.05	1	2.88	3	3.83	6
行政执法公正	3.00	6	3.25	3	3.65	6
地方保护					4.14	11
行政干预与政府廉洁效率	3.36	3	3.50	4	3.85	4
政府干预	3.89	5	3.63	4	3.94	3
政府效率（审批手续简便易行）	3.25	3	3.15	3	3.93	10
官员廉洁守法	2.94	6	3.09	7	3.70	4
与政府打交道时间比例			3.96	4	3.82	6
企业经营的法治环境	3.20	6	3.32	6	4.08	3
司法公正和效率	2.97	7	3.13	5	3.86	3
合同正常履行	3.59	7	3.55	5	3.98	2
经营者财产和人身安全	3.49	6	3.64	8	4.38	2
知识产权、技术、品牌保护	3.21	13	3.33	20	4.09	4
企业的税费负担			2.82	11	3.65	12
法定税负			2.03	23	3.23	15
依法征税					3.89	7
税外收费			3.61	5	3.84	11
金融服务和融资成本	3.33	1	3.32	3	3.76	4
银行贷款	3.42	1	3.23	2	3.87	1
贷款利率					3.75	8
其他融资	3.39	1	3.38	2	3.14	22
借款利率					4.29	5
人力资源供应	2.50	25	2.69	24	3.50	6
技术人员	2.42	25	2.65	24	3.47	7
管理人员	2.61	22	2.72	21	3.61	5
熟练工人	2.48	26	2.71	25	3.43	16
基础设施条件	3.44	4	3.28	18	4.37	3
电水气供应			3.70	26	4.39	2
铁路公路运输			3.15	11	4.40	4
其他基础设施			2.98	9	4.32	3

续表

	2010年		2012年		2016年	
	分值	排名	分值	排名	分值	排名
市场环境与中介服务	3.20	5	3.12	6	3.58	3
市场需求					3.34	12
过度竞争					3.49	2
中介服务	3.33	7	3.27	12	3.91	3
行业协会	2.98	5	2.93	6	3.57	2
总评	3.19	4	3.15	4	3.84	2

浙江的企业经营环境，在2010年、2012年和2016年排名依次为第4位、第4位和第2位，排名稳中有升，处于全国领先水平；历年得分依次为3.19分、3.15分和3.84分。

在企业经营环境的8个方面指数中，除"企业的税费负担"和"人力资源供应"外，其余各方面指数在2010～2016年评分均大于中性评价值3.00分，各项评分基本不断提升，至2016年8个方面指数均超过中性评价值。浙江较有优势的方面为"政策公开、公平、公正"和"企业经营的法治环境"，排名第2位、第3位，"行政干预与政府廉洁效率"、"基础设施条件"和"市场环境与中介服务"排名第4位、第3位和第3位，而"企业的税费负担"较为薄弱，2016年排名第12位。

2012～2016年，"人力资源供应"与"基础设施条件"进步显著，由中下游升至上游水平，"企业税费负担"小幅退步，其他各方面都基本稳定在全国前5位，实力较强。

政策公开、公平、公正

2012～2016年，浙江"政策公开、公平、公正"方面指数评分从3.14分升至3.89分，排名从第3位升至第2位，其中"政策规章制度公开透明"微降了1名至第5位，"对不同企业一视同仁"和"行政执法公正"均从第3位滑落至第6位，2016年新增的"地方保护"评分为4.14分，排名第11位。总体来看，浙江的政策相关情况仍是较好的。

行政干预与政府廉洁效率

2012~2016年,浙江的"行政干预与政府廉洁效率"方面指数的评分从3.50分上升至3.85分,而排名稳定在第4位。分项指数中"政府效率(审批手续简便易行)"评分由3.15分升至3.93分,但排名由第3位显著下降至第10位,失去领先优势;"政府干预"和"官员廉洁守法"的排名均小幅上升至前5位;"与政府打交道时间比例"排名稳在第5位上下。

企业经营的法治环境

2012~2016年,浙江的"企业经营的法治环境"方面指数的评分从3.32分上升到4.08分,排名从第6位升至第3位。该方面指数的评分和排名均显著提升,"司法公正和效率"、"合同正常履行"与"经营者财产和人身安全"排名均进到前3位,"知识产权、技术、品牌保护"排名由第20位上升至第4位,法治环境改善显著。

企业的税费负担

2012~2016年,浙江"企业的税费负担"方面指数的评分从2.82分升至3.65分,排名从第11位降为第12位,其中"法定税负"评分由2.03分明显升至3.23分,排名升至第15位,相反,"税外收费"评分虽小幅提升,排名却由第5位降至第11位。2016年新增分项指数"依法征税"评分为3.89分,排名第7位。

金融服务和融资成本

2012~2016年,浙江的"金融服务和融资成本"方面指数的评分从3.32分升至3.76分,排名从第3位微降至第4位。该方面指数中,"银行贷款"稳居前两位,"其他融资"评分小幅下降,但排名由第2位的领先之位陡降至第22位。2016年新增"贷款利率"和"借款利率"指数评分3.75分和4.29分,分别排名第8位和第5位。

人力资源供应

2012~2016年,浙江"人力资源供应"方面指数的评分从2.69分升至3.50分，排名也从第24位跃升至第6位。该方面指数中，"技术人员"、"管理人员"均进步了15名以上，分别居第7位和第5位。"熟练工人"从第25位升至第16位，在三项中稍显落后。

基础设施条件

2012~2016年，浙江"基础设施条件"方面指数的评分从3.28分升至4.37分，排名从第18位跃升至第3位。该方面指数中，2016年各项评分都高达4.30分以上，"电水气供应"排名升幅最大，由第26位跃升至第2位，"铁路公路运输"项和"其他基础设施"项均进到前5位，可见浙江基础设施条件改善明显，领先全国。

市场环境与中介服务

2012~2016年，浙江"市场环境与中介服务"方面指数的评分从3.12分升至3.58分，排名从第6位升至第3位。其中"中介服务"和"行业协会"稳中有进，排入前5位；新增分项"市场需求"与"过度竞争"分列于第12位和第2位。

安　徽

表 5-12　安徽企业经营环境各方面指数、各分项指数的排名及分值

	2010 年		2012 年		2016 年	
	分值	排名	分值	排名	分值	排名
政策公开、公平、公正	3.14	3	2.95	15	3.76	10
政策规章制度公开透明	3.36	2	3.18	11	3.77	10
对不同企业一视同仁	3.03	4	2.62	17	3.74	8
行政执法公正	3.01	4	3.06	12	3.46	13
地方保护					4.07	13
行政干预与政府廉洁效率	3.34	5	3.37	6	3.86	3
政府干预	3.73	12	3.42	15	3.74	10
政府效率(审批手续简便易行)	3.12	6	2.94	8	4.59	4
官员廉洁守法	3.03	3	3.18	3	3.26	25
与政府打交道时间比例			3.59	15	3.86	5
企业经营的法治环境	3.25	5	3.27	10	3.81	19
司法公正和效率	3.01	6	2.98	14	3.63	14
合同正常履行	3.53	15	3.47	10	3.60	24
经营者财产和人身安全	3.61	2	3.67	6	4.31	6
知识产权、技术、品牌保护	3.35	2	3.56	4	3.69	26
企业的税费负担			2.86	7	3.47	29
法定税负			2.14	12	3.20	21
依法征税					3.66	26
税外收费			3.59	7	3.54	26
金融服务和融资成本	2.94	6	3.04	15	3.84	3
银行贷款	3.00	6	2.84	11	3.59	11
贷款利率					3.69	10
其他融资	2.97	8	3.00	22	3.10	25
借款利率					5.00	2
人力资源供应	2.67	14	2.59	25	3.25	21
技术人员	2.59	17	2.50	26	3.23	20
管理人员	2.65	18	2.54	26	3.20	21
熟练工人	2.78	15	2.72	24	3.31	22
基础设施条件	3.27	8	3.32	13	3.74	23
电水气供应			4.01	9	3.86	26
铁路公路运输			3.10	18	3.74	22
其他基础设施			2.86	16	3.63	22

续表

	2010年		2012年		2016年	
	分值	排名	分值	排名	分值	排名
市场环境与中介服务	3.09	8	2.92	19	3.11	26
市场需求					2.97	29
过度竞争					3.09	19
中介服务	3.26	10	3.15	23	3.31	23
行业协会	2.89	9	2.80	13	3.09	18
总评	3.09	6	3.04	16	3.61	12

安徽的企业经营环境，在2010年、2012年和2016年排名依次为第6位、第16位和第12位，得分依次为3.09分、3.04分和3.61分，均有所浮动，近年来小幅进步。

2016年，安徽最有优势的两个方面指数是"行政干预与政府廉洁效率"及"金融服务和融资成本"，两项均居第3位，"政策公开、公平、公正"方面指数排名第10位，"企业的税费负担"排名第29位，最为薄弱，其他各方面均位于第19位及之后，处于全国偏下游水平。

2012~2016年，各方面评分均不同程度上升，排名升降各半，其中"企业的税费负担"滑落22位，排第29位，至全国末列。

政策公开、公平、公正

2012~2016年，安徽的"政策公开、公平、公正"方面指数评分从2.95分升至3.76分，排名从第15位升至第10位。该方面指数中，"政策规章制度公开透明"和"对不同企业一视同仁"的评分明显上升，排名也分别由第11位和第17位升至第10位和第8位，"行政执法公正"排名稳定在第13名上下。2016年新增"地方保护"项评分为4.07分，排名第13位。

行政干预与政府廉洁效率

2012~2016年，安徽的"行政干预与政府廉洁效率"评分从3.37分升至3.86分，排名由第6位升至第3位。分项指数中除了"官员廉洁守法"由第3位明显退至第25位,"政府干预"项和"政府效率(审批手续简便易行)"项均提升4~5位至中上游水平,"与政府打交道时间比例"由中游水平进至第5位。总体上,政府相关情况评价较好。

企业经营的法治环境

2012~2016年,安徽的"企业经营的法治环境"方面指数的评分从3.27分上升到3.81分,排名由第10位降至第19位。从分项指数发现,各项评分都有所提升,"司法公正和效率"和"经营者财产和人身安全"的排名无变化,分列于第14位和第6位;"合同正常履行"滑落了14名,"知识产权、技术、品牌保护"滑落22名,分别排在第24位和第26位,导致了该方面指数的大幅落后。

企业的税费负担

2012~2016年,安徽"企业的税费负担"方面指数的评分从2.86分升至3.47分,排名从第7位落至第29位,其中"法定税负"和"税外收费"分别滑落至第21位和第26位,处于偏下游水平。2016年新增分项指数"依法征税"评分为3.66分,排名第26位。

金融服务和融资成本

2012~2016年,安徽的"金融服务和融资成本"方面指数的评分从3.04分升至3.84分,排名从第15位显升为第3位。由分项指数发现,"银行贷款"的评分从2.84分到3.59分,上升明显,排名稳定在第11位;"其他融资"的评分微升至3.10分,排名自2010年的第8位直线下降至第25位;2016年新增"贷款利率"和"借款利率"等分项指数分别评分为3.69分和5.00分,排名第10位和第2位,说明民间借款渠道方面评价不佳,借款利率方面较有优势。

人力资源供应

2012~2016年,安徽"人力资源供应"方面指数的评分从2.59分升至3.25分,排名从第25位升至第21位。该方面指数中,"技术人员"和"管理人员"均进步5~6名,"熟练工人"微升至第22名,但三个分项都处在20位之后的较落后水平。

基础设施条件

2012~2016年,安徽"基础设施条件"方面指数的评分从3.32分升至3.74分,排名由第13位跌落至第23位,从中游转为偏下游水平。其中"电水气供应"的评分由4.01分降至3.86分,排名也从第9位滑至第26位;"铁路公路运输"和"其他基础设施"分别退步4名和6名至第22位。

市场环境与中介服务

2012~2016年,安徽"市场环境与中介服务"方面指数的评分从2.92分升至3.11分,排名由第19位落至第26位全国较末位。"中介服务"和"行业协会"的排名落至18名及之后,新增分项"市场需求"和"过度竞争"评分在中性评价值上下,分列于第29位和第19位。

福 建

表5-13 福建企业经营环境各方面指数、各分项指数的排名及分值

	2010年		2012年		2016年	
	分值	排名	分值	排名	分值	排名
政策公开、公平、公正	3.00	9	3.02	9	3.74	12
政策规章制度公开透明	3.10	20	3.19	10	3.52	29
对不同企业一视同仁	2.95	6	2.74	11	3.74	9
行政执法公正	2.95	9	3.12	10	3.43	17
地方保护					4.27	5
行政干预与政府廉洁效率	3.24	11	3.36	7	3.38	23
政府干预	3.73	13	3.44	13	3.69	16
政府效率(审批手续简便易行)	2.96	14	2.96	7	2.79	25
官员廉洁守法	2.94	7	3.13	5	3.14	30
与政府打交道时间比例			3.68	9	3.88	4
企业经营的法治环境	3.15	10	3.26	11	4.02	4
司法公正和效率	2.91	10	3.06	9	3.71	9
合同正常履行	3.52	18	3.44	14	3.67	22
经营者财产和人身安全	3.46	8	3.53	15	4.33	4
知识产权、技术、品牌保护	3.19	17	3.41	11	4.36	2
企业的税费负担			2.81	14	3.47	28
法定税负			2.09	16	2.95	28
依法征税					3.76	20
税外收费			3.53	10	3.69	21
金融服务和融资成本	3.08	3	2.99	22	3.21	21
银行贷款	3.02	4	2.79	12	3.14	29
贷款利率					3.66	11
其他融资	3.17	2	2.96	25	2.68	30
借款利率					3.35	12
人力资源供应	2.44	27	2.57	26	4.15	1
技术人员	2.37	27	2.55	25	4.10	1
管理人员	2.50	26	2.59	25	4.17	1
熟练工人	2.44	27	2.56	28	4.19	1
基础设施条件	3.26	9	3.38	9	4.17	6
电水气供应			4.01	8	4.29	5
铁路公路运输			3.15	10	4.24	5
其他基础设施			2.98	8	3.98	10

续表

	2010年		2012年		2016年	
	分值	排名	分值	排名	分值	排名
市场环境与中介服务	3.13	6	3.05	8	3.54	5
市场需求					3.64	3
过度竞争					3.43	4
中介服务	3.24	12	3.21	17	3.74	7
行业协会	2.98	4	2.99	4	3.33	7
总评	3.05	9	3.06	12	3.71	6

福建的企业经营环境，在2010年、2012年和2016年，全国排名依次为第9位、第12位和第6位，近年排名提升至全国上游水平；得分依次为3.05分、3.06分和3.71分，不断攀升。

在企业经营环境的8个方面指数中，除了"企业的税费负担"、"金融服务和融资成本"及"人力资源供应"，其他各方面评分在2010~2016年均高于中性评价值3.00分；所有方面评分基本稳中有进。2016年福建排名领先的有第1位的"人力资源供应"和第4位的"企业经营法治环境"。"企业的税费负担"最弱，列于第28位。

2012~2016年，退步比较明显的为"行政干预与政府廉洁效率"及"企业的税费负担"项，分别下降16位和14位；进步最大的为"人力资源供应"项，跃升了25名，从福建最弱势项目转而领先全国；其他排名较稳定。

政策公开、公平、公正

2012~2016年，福建"政策公开、公平、公正"方面指数评分从3.02分升至3.74分，排名从第9位落至第12位，其中"政策规章制度公开透明"和"行政执法公正"均从第10位分别滑落至第29位和第17位，"对不同企业一视同仁"进至第9位，2016年新增的"地方保护"评分为4.27分，排名第5位。可发现，福建政策透明度评价落后，而在破除地方保护方面的情况较好。

行政干预与政府廉洁效率

2012~2016年，福建的"行政干预与政府廉洁效率"评分稳定在3.37分左右，而排名降了16位至第23位。仅"与政府打交道时间比例"由第9位升至第4位，"政府干预"小幅退步至第16位，"政府效率（审批手续简便易行）"和"官员廉洁守法"的排名分别由领先的第7位、第5位跌至第25位和第30位，看来在政府行政和纪律方面需要改进。

企业经营的法治环境

2012~2016年，福建的"企业经营的法治环境"方面指数的评分从3.26分上升到4.02分，排名从第11位升至第4位。该方面指数的评分有不同幅度的提升，除了"合同正常履行"降至第22名外，"司法公正和效率"稳居第9位，"经营者财产和人身安全"和"知识产权、技术、品牌保护"分别以4.33分和4.36分排名第4位和第2位，分别提升11名和9名。

企业的税费负担

2012~2016年，福建"企业的税费负担"方面指数的评分从2.81分升至3.47分，排名从第14位降为第28位，其中"法定税负"评分由2.09分升至2.95分，仍低于中性评价值，排名由第16位落至第28位；"税外收费"评分虽小幅提升，但排名降了11名至第21位。2016年新增分项指数"依法征税"评分为3.76分，排名第20位。整体来看，福建企业对税负评价远落后于大多数地区。

金融服务和融资成本

2012~2016年，福建的"金融服务和融资成本"方面指数的评分从2.99分升至3.21分，排名从第22位微升至第21位。其"银行贷款"和"其他融资"以3.14分和2.68分列于第29位和第30位，落后明显。而2016年新增"贷款利率"和"借款利率"指数评分为3.66分和3.35分，分列于第11位和第12位。

人力资源供应

2012~2016年,福建"人力资源供应"方面指数的评分从2.57分飞升至4.15分,排名也从第26位跃居第1位。其"技术人员"、"管理人员"和"熟练工人"的评分均从2.60分以下升至4.15分左右,排名也从第25位及以上全部跃至第1位。说明近年来福建人力资源供应大幅改善,形成企业的一项优势。

基础设施条件

2012~2016年,福建"基础设施条件"方面指数的评分从3.38分升至4.17分,排名从第9位升至第6位。该方面指数中,"电水气供应"评分和排名都较稳定在上游,"铁路公路运输"和"其他基础设施"的评分均有大幅提高,分列于第5位和第10位。

市场环境与中介服务

2012~2016年,福建"市场环境与中介服务"方面指数的评分从3.05分升至3.54分,排名从第8位升至第5位。其中"中介服务"和"行业协会"以3.74分和3.33分都排在第7位;新增分项"市场需求"与"过度竞争"均排入前5名,可见市场环境整体较好。

江 西

表 5–14 江西企业经营环境各方面指数、各分项指数的排名及分值

	2010 年		2012 年		2016 年	
	分值	排名	分值	排名	分值	排名
政策公开、公平、公正	2.95	13	2.83	23	3.71	13
政策规章制度公开透明	3.23	8	2.98	26	3.70	17
对不同企业一视同仁	2.78	19	2.54	24	3.55	20
行政执法公正	2.86	15	2.98	22	3.24	31
地方保护					4.35	3
行政干预与政府廉洁效率	3.11	17	3.11	21	3.82	5
政府干预	3.58	20	3.31	20	3.70	15
政府效率（审批手续简便易行）	3.04	11	2.77	18	4.75	2
官员廉洁守法	2.78	18	2.73	25	3.55	11
与政府打交道时间比例			3.41	19	3.27	30
企业经营的法治环境	3.13	11	3.01	27	3.83	16
司法公正和效率	2.84	13	2.75	25	3.73	6
合同正常履行	3.55	11	3.31	26	3.79	17
经营者财产和人身安全	3.39	15	3.32	27	3.97	26
知识产权、技术、品牌保护	3.28	6	3.20	27	3.85	14
企业的税费负担			2.68	23	3.62	16
法定税负			2.17	10	3.39	8
依法征税					3.88	10
税外收费			3.20	26	3.58	25
金融服务和融资成本	2.80	15	3.07	11	3.46	13
银行贷款	2.77	14	2.52	24	3.36	22
贷款利率					3.36	18
其他融资	2.89	14	3.31	4	3.45	7
借款利率					3.67	10
人力资源供应	2.63	20	2.83	13	3.22	23
技术人员	2.60	14	2.72	17	3.52	5
管理人员	2.63	19	2.90	7	3.06	28
熟练工人	2.66	21	2.88	15	3.09	29
基础设施条件	3.17	14	3.23	22	3.89	18
电水气供应			3.81	21	3.97	18
铁路公路运输			3.01	22	3.79	20
其他基础设施			2.87	15	3.91	14

续表

	2010 年		2012 年		2016 年	
	分值	排名	分值	排名	分值	排名
市场环境与中介服务	2.94	20	2.77	27	3.17	20
市场需求					3.24	18
过度竞争					3.12	17
中介服务	3.11	21	3.00	27	3.33	22
行业协会	2.87	10	2.70	22	3.00	21
总评	2.97	16	2.94	25	3.59	14

江西的企业经营环境,在2010年、2012年和2016年的全国排名依次为第16位、第25位和第14位,排名波动较大,近年由全国下游升至中游水平;得分依次为2.97分、2.94分和3.59分。

在企业经营环境的8个方面指数中,仅"行政干预与政府廉洁效率","企业经营的法治环境"和"基础设施条件"评分在2010~2016年均高于中性评价值3.00分;各方面均呈上升趋势,至2016全部评分超过中性评价值。2016年,江西与全国平均水平相比排名相对较好的方面有:"行政干预与政府廉洁效率",排名第5位。"人力资源供应"排名第23位,在8个方面指数中最为薄弱。

2012~2016年,除了"金融服务和融资成本"、"人力资源供应"的排名下滑,其他各项均呈不同程度的进步,其中以"行政干预与政府廉洁效率"跃升了16名,最为显著。

政策公开、公平、公正

2012~2016年,江西的"政策公开、公平、公正"方面指数评分从2.83分升至3.71分,排名从第23位升至第13位。该方面指数中,"政策规章制度公开透明"和"对不同企业一视同仁"的评分明显上升,排名也分别由第26位和第24位小幅升至第17位和第20位,但仍处于中下游水平,"行政执法公正"的排名滑落了9位至第31位的末位。2016年新增"地方保护"评分为4.35分,排名第3位。可见除去新增项目,政策评价情况还较落后。

行政干预与政府廉洁效率

2012~2016年，江西的"行政干预与政府廉洁效率"方面指数的评分从3.11分升至3.82分，排名由第21位升至第5位。分项指数中除了"与政府打交道时间比例"由第19位滑至第30位，退步明显，"政府干预"和"官员廉洁守法"分别升至第15位和第11位，"政府效率（审批手续简便易行）"评分提升约2分，由第18位跃升至第2位，进步最大。

企业经营的法治环境

2012~2016年，江西的"企业经营法治环境"方面指数的评分从3.01分上升到3.83分，排名由第27位升至第16位。从分项指数发现，各项评分都显著提升，"经营者财产和人身安全"的排名仍居第26位的落后水平；而"司法公正和效率"提升约19名至第6位；"合同正常履行"和"知识产权、技术、品牌保护"分别提升9名和13名，排在第17位和第14位，整体看来法治环境有较大改善。

企业的税费负担

2012~2016年，江西"企业的税费负担"方面指数的评分从2.68分升至3.62分，排名从第23位升至第16位，其中"法定税负"和"税外收费"在该两年的排位较稳定，2016年分列于第8位和第25位。2016年新增分项指数"依法征税"评分为3.88分，排名第10位。

金融服务和融资成本

2012~2016年，江西的"金融服务和融资成本"方面指数的评分从3.07分升至3.46分，排名从第11位降为第13位。由分项指数发现，"银行贷款"的评分从2.52分到3.36分，上升明显，排名略升至第22位；"其他融资"的评分微升，排名由第4位回落至第7位；2016年新增"贷款利率"和"借款利率"分别评分为3.36分和3.67分，排名第18位和第10位。借款渠道通畅度有待提高。

人力资源供应

2012~2016年，江西"人力资源供应"方面指数的评分从2.83分升至3.22分，排名从第13位滑落至第23位。其中"技术人员"的排名进步了12名列于第5位，而"管理人员"和"熟练工人"评分略高于中性评价值，但排名分别由第7位和第15位降至第28位和第29位。可见近年来江西技术人员供应良好，但管理人员和熟练工人缺乏的情况相对比较严重。

基础设施条件

2012~2016年，江西"基础设施条件"方面指数的评分从3.23分升至3.89分，排名由第22位升至第18位。其中"电水气供应"、"铁路公路运输"和"其他基础设施"评分均显著提高至3.80分上下，但排名分别在第18位、第20位和第14位的中下游水平。

市场环境与中介服务

2012~2016年，江西"市场环境与中介服务"方面指数的评分从2.77分升至3.17分，排名由第27位升至第20位。"中介服务"下滑5名至第22位，"行业协会"由第22位微升至第21位，均处偏下游水平；新增分项"市场需求"和"过度竞争"评分略高于中性评价值，分列于第18位和第17位。

山 东

表 5-15 山东企业经营环境各方面指数、各分项指数的排名及分值

	2010 年		2012 年		2016 年	
	分值	排名	分值	排名	分值	排名
政策公开、公平、公正	2.99	10	2.99	12	3.82	6
政策规章制度公开透明	3.22	10	3.23	6	3.82	9
对不同企业一视同仁	2.88	10	2.73	12	3.72	11
行政执法公正	2.87	13	3.01	18	3.61	7
地方保护					4.11	12
行政干预与政府廉洁效率	3.19	14	3.25	11	3.75	10
政府干预	3.75	10	3.41	16	3.71	13
政府效率(审批手续简便易行)	3.10	8	2.98	6	3.97	9
官员廉洁守法	2.85	12	3.00	12	3.55	10
与政府打交道时间比例			3.55	17	3.76	8
企业经营的法治环境	3.12	12	3.20	15	3.86	12
司法公正和效率	2.85	12	2.94	16	3.68	10
合同正常履行	3.55	10	3.39	19	3.77	19
经营者财产和人身安全	3.44	10	3.62	11	4.24	10
知识产权、技术、品牌保护	3.16	24	3.37	16	3.77	21
企业的税费负担			2.69	22	3.62	15
法定税负			2.10	15	3.36	10
依法征税					3.81	18
税外收费			3.29	23	3.69	20
金融服务和融资成本	2.79	16	3.02	19	3.28	18
银行贷款	2.82	12	2.77	17	3.51	17
贷款利率					3.28	21
其他融资	2.89	13	3.08	18	3.42	10
借款利率					2.93	20
人力资源供应	2.64	19	2.87	7	3.35	15
技术人员	2.54	21	2.78	13	3.32	15
管理人员	2.68	15	2.93	6	3.25	18
熟练工人	2.71	18	2.91	12	3.49	13
基础设施条件	3.40	6	3.44	7	4.00	13
电水气供应			4.09	6	4.15	10
铁路公路运输			3.19	9	3.92	17
其他基础设施			3.05	6	3.94	12

续表

	2010年		2012年		2016年	
	分值	排名	分值	排名	分值	排名
市场环境与中介服务	3.07	9	2.99	15	3.35	9
市场需求					3.32	13
过度竞争					3.20	14
中介服务	3.30	8	3.30	9	3.64	9
行业协会	2.69	22	2.61	26	3.26	9
总评	3.05	10	3.07	10	3.63	11

山东的企业经营环境，在2010年、2012年和2016年全国排名依次为第10位、第10位和第11位，较稳定。得分依次为3.05分、3.07分和3.63分。

在企业经营环境的8个方面指数中，"行政干预与政府廉洁效率"，"企业经营的法治环境"和"基础设施条件"的评分在2010~2016年均高于中性评价值3.00分；各方面评分均呈上升趋势。2016年，山东与其他地区相比排名较好的为"政策公开、公平、公正"，列于第6位；其他几个方面指数均处于第9~20位的全国中游水平。

2012~2016年，"政策公开、公平、公正"和"市场环境与中介服务"方面指数明显进步，而"人力资源供应"和"基础设施条件"方面指数由上游显著下降至中游水平，其他各项基本稳定。

政策公开、公平、公正

2012~2016年，山东"政策公开、公平、公正"方面指数评分从2.99分升至3.82分，排名从第12位升至第6位，其中"政策规章制度公开透明"落至第9位，而"行政执法公正"从第18位上升至第7位，进步显著，"对不同企业一视同仁"稳中有进，列于第11位，2016年新增的"地方保护"评分为4.11分，排名第12位。可见山东政策执行力的增强带动了整体实力提升。

行政干预与政府廉洁效率

2012~2016年，山东的"行政干预与政府廉洁效率"方面指数评分由3.25分升至3.75分,排名微升1位至第10位。各项评分都有所提升,排名仅"政府效率(审批手续简便易行)"微落至第9位,"与政府打交道时间比例"由第17位升至第8位,"政府干预"项和"官员廉洁守法"项的排名也提升了2~3名,但仍稍落后,分别为第13位和第10位。

企业经营的法治环境

2012~2016年,山东的"企业经营的法治环境"方面指数的评分从3.20分上升到3.86分,排名从第15位升至第12位。该方面指数的评分有不同幅度的提升,"知识产权、技术、品牌保护"回落至第21位,"司法公正和效率"进到第10位,"合同正常履行"和"经营者财产和人身安全"基本稳定在第19位和第10位。

企业的税费负担

2012~2016年,山东"企业的税费负担"方面指数的评分从2.69分升至3.62分,排名从第22位升为第15位,其中"法定税负"排名小幅升至第10位;"税外收费"评分提升,排名升3名至第20位。2016年新增分项指数"依法征税"评分为3.81分,排名第18位。整体来看,山东企业一定程度上减轻了税负,但仍落后于大多数地区。

金融服务和融资成本

2012~2016年,山东的"金融服务和融资成本"方面指数的评分从3.02分升至3.28分,排名从第19位微升至第18位。其"银行贷款"的排名基本稳定于中游水平,"其他融资"进步8名,以3.42分列于第10位。而2016年新增"贷款利率"和"借款利率"指数评分为3.28分和2.93分,分列于第21位和第20位。可见山东其他正规或民间渠道融资渠道较银行融资更为畅通。

人力资源供应

2012~2016年,山东"人力资源供应"方面指数的评分从2.87分升至3.35分,排名从第7位落至第15位。其各项评分均从不及3.00分升至3.30分上下,但"技术人员"和"熟练工人"排名均下降1~2名至第 15 位和第 13 位,而"管理人员"从第 6 位落至第 18 位,退步显著。说明近年来山东人力资源供应状况不佳,尤其缺乏管理人员。

基础设施条件

2012~2016 年,山东"基础设施条件"方面指数的评分从 3.44 分升至 4.00 分,排名从第 7 位落至第 13 位。该方面指数中,"电水气供应"、"铁路公路运输"和"其他基础设施"的评分均提高至 3.90 分以上,而排名均下降,分列第 10 位、第 17 位和第 12 位。

市场环境与中介服务

2012~2016 年,山东"市场环境与中介服务"方面指数的评分从 2.99 分升至 3.35 分,排名从第 15 位升至第 9 位。其中"中介服务"和"行业协会"分别以 3.64 分和 3.26 分均排在第 9 位,后者提升了 17 名,可见行业协会发展状况较好。新增分项"市场需求"与"过度竞争"排在第 13 位、第 14 位。

河 南

表 5-16 河南企业经营环境各方面指数、各分项指数的排名及分值

	2010 年		2012 年		2016 年	
	分值	排名	分值	排名	分值	排名
政策公开、公平、公正	2.96	12	2.92	16	3.75	11
政策规章制度公开透明	3.12	19	3.11	18	3.73	12
对不同企业一视同仁	2.90	9	2.66	15	3.49	24
行政执法公正	2.86	14	2.99	20	3.51	10
地方保护					4.26	6
行政干预与政府廉洁效率	3.25	9	3.17	18	3.60	14
政府干预	3.86	6	3.43	14	3.70	14
政府效率(审批手续简便易行)	2.96	13	2.72	21	3.52	14
官员廉洁守法	2.78	16	2.88	19	3.67	5
与政府打交道时间比例			3.61	14	3.52	22
企业经营的法治环境	3.08	19	3.14	22	3.70	27
司法公正和效率	2.76	19	2.83	22	3.58	20
合同正常履行	3.57	9	3.42	16	3.59	25
经营者财产和人身安全	3.38	17	3.60	12	3.82	30
知识产权、技术、品牌保护	3.26	7	3.30	25	3.81	16
企业的税费负担			2.76	16	3.48	26
法定税负			2.09	16	3.12	25
依法征税					3.63	28
税外收费			3.43	17	3.69	22
金融服务和融资成本	2.88	9	3.01	20	3.04	23
银行贷款	2.72	19	2.58	23	3.28	24
贷款利率					2.53	28
其他融资	3.05	4	3.13	12	3.28	17
借款利率					3.06	18
人力资源供应	2.94	2	2.99	3	3.29	19
技术人员	2.88	3	2.92	2	3.29	16
管理人员	2.87	6	2.94	5	3.29	16
熟练工人	3.07	1	3.11	3	3.30	24
基础设施条件	3.18	13	3.24	21	3.90	17
电水气供应			3.81	22	3.87	25
铁路公路运输			3.04	20	4.06	12
其他基础设施			2.85	17	3.77	17

续表

	2010 年		2012 年		2016 年	
	分值	排名	分值	排名	分值	排名
市场环境与中介服务	3.01	12	3.05	7	3.14	21
市场需求					3.24	19
过度竞争					2.80	30
中介服务	3.26	11	3.30	8	3.43	16
行业协会	2.78	17	2.93	7	3.11	15
总评	3.06	7	3.05	14	3.49	20

河南的企业经营环境，在2010年、2012年和2016年排名依次为第7位、第14位和第20位，由上游降至偏下游水平，呈成倍滑落趋势；得分依次为3.06分、3.05分和3.49分。

8个方面评分在2010~2016均呈上升趋势，至2016年全部越过3.00分的中性评价值，河南与其他地区相比仅"政策公开、公平、公正"，"行政干预与政府廉洁效率"两项稍靠中上游，分列于第11位和第14位，其他方面处于17~27的中下游水平。

2012~2016年，"政策公开、公平、公正"，"行政干预与政府廉洁效率"两项分别进步5名和4名，其他6项的排名有不同幅度的下降，其中"人力资源供应"、"市场环境与中介服务"从上游落至偏下游水平，退步最显著。

政策公开、公平、公正

2012~2016年，河南的"政策公开、公平、公正"方面指数评分从2.92分升至3.75分，排名从第16位升至第11位。该方面指数中，"政策规章制度公开透明"和"行政执法公正"分别由第18位和第20位升至第12位和第10位，而"对不同企业一视同仁"从2010年的第9位一直降至第24位。2016年新增"地方保护"项评分为4.26分，排名第6位。

行政干预与政府廉洁效率

2012~2016年，河南的"行政干预与政府廉洁效率"方面指数评分从3.17分升至3.60分,排名由第18位升至第14位。分项指数中"政府干预"保持在第14位;"政府效率(审批手续简便易行)"项排名由第21位升至第14位,进步明显;"官员廉洁守法"项排名提升14名进至第5位,较为领先;"与政府打交道时间比例"项评分有所下降,排名下降8位至第22位。

企业经营的法治环境

2012~2016年,河南的"企业经营的法治环境"方面指数的评分从3.14分上升到3.70分,排名由第22位降至第27位。从分项指数发现,各项评分都有所提升,"司法公正和效率"升至第20位,而"合同正常履行"和"经营者财产和人身安全"分别滑落9名和18名至下游水平,"知识产权、技术、品牌保护"进步最多,从下游的第25名上升至第16名的中游水平。

企业的税费负担

2012~2016年,河南"企业的税费负担"方面指数的评分从2.76分升至3.48分,排名从第16位落至第26位,其中"法定税负"项和"税外收费"项分别滑落9名和5名,至于25名上下的偏下游水平。2016年新增分项指数"依法征税"评分为3.63分,排名第28位。整体税负情况较落后。

金融服务和融资成本

2012~2016年,河南的"金融服务和融资成本"方面指数的评分从3.01分微升至3.04分,排名从第20位落至第23位。其"银行贷款"和"其他融资"的评分均有所提升,排名继2012年的退步后再次下降到第24位和第17位;2016年新增"贷款利率"项和"借款利率"项分别评分2.53分和3.06分,排名第28位和第18位。说明借款渠道不足、利率偏高,需要改善。

人力资源供应

2012~2016年,河南"人力资源供应"方面指数的评分从2.99分升至3.29分,排名从第3位跌至第19位。该方面指数中,"技术人员"项和"管理人员"项分别由第2位和第5位均降至第16位,"熟练工人"项排名降至24名,由全国领先降至下游水平,可见河南人力资源供应状况较落后,尤其是熟练工人的供应。

基础设施条件

2012~2016年,河南"基础设施条件"方面指数的评分从3.24分升至3.90分,排名由第21位升至第17位,仍处中游水平。其中"电水气供应"和"其他基础设施"的排名下降至第25名和第17名;"铁路公路运输"从第20位进至第12位。

市场环境与中介服务

2012~2016年,河南"市场环境与中介服务"方面指数的评分从3.05分升至3.14分,排名由第7位落至第21位。"中介服务"和"行业协会"的排名均跌落8名至第16名和第15名,新增分项"市场需求"项和"过度竞争"项分别以3.24分和2.80分排在第19位和第30位。

湖 北

表 5-17 湖北企业经营环境各方面指数、各分项指数的排名及分值

	2010年		2012年		2016年	
	分值	排名	分值	排名	分值	排名
政策公开、公平、公正	2.91	18	2.91	17	3.80	8
政策规章制度公开透明	3.09	21	3.13	15	3.86	7
对不同企业一视同仁	2.78	18	2.56	22	3.73	10
行政执法公正	2.87	12	3.05	14	3.43	17
地方保护					4.17	9
行政干预与政府廉洁效率	3.23	12	3.24	13	3.52	18
政府干预	3.90	3	3.54	7	3.63	19
政府效率（审批手续简便易行）	2.94	15	2.90	9	3.68	13
官员廉洁守法	2.90	8	2.87	20	3.27	24
与政府打交道时间比例			3.50	18	3.52	23
企业经营的法治环境	3.09	15	3.15	21	3.90	9
司法公正和效率	2.81	15	2.89	20	3.48	26
合同正常履行	3.55	12	3.35	24	3.96	5
经营者财产和人身安全	3.37	18	3.51	18	4.21	11
知识产权、技术、品牌保护	3.20	16	3.34	18	3.95	7
企业的税费负担			2.74	17	3.72	6
法定税负			2.13	13	3.29	14
依法征税					3.68	25
税外收费			3.35	20	4.20	3
金融服务和融资成本	2.92	7	3.04	14	3.37	16
银行贷款	3.00	6	2.78	15	3.54	14
贷款利率					3.65	12
其他融资	3.00	5	3.13	14	3.30	16
借款利率					2.98	19
人力资源供应	2.63	21	2.75	21	3.53	5
技术人员	2.52	23	2.71	19	3.34	12
管理人员	2.63	20	2.68	23	3.54	6
熟练工人	2.74	17	2.87	16	3.71	2
基础设施条件	3.22	11	3.29	17	4.27	4
电水气供应			3.90	17	4.21	8
铁路公路运输			3.24	7	4.45	2
其他基础设施			2.73	24	4.14	5

续表

	2010 年		2012 年		2016 年	
	分值	排名	分值	排名	分值	排名
市场环境与中介服务	2.96	18	2.90	22	3.25	15
市场需求					3.43	8
过度竞争					3.23	12
中介服务	3.14	18	3.19	20	3.43	17
行业协会	2.74	20	2.79	18	2.91	24
总评	3.00	14	3.01	19	3.67	8

湖北的企业经营环境,在2010年、2012年和2016年的全国排名依次为第14位、第19位和第8位;得分依次为3.00分、3.01分和3.67分,近年进步显著。

企业经营的8个方面指数中,"行政干预与政府廉洁效率"、"企业经营的法治环境"和"基础设施条件"在所考察的3个年份均高于中性评价值,其他各方面指数评分均基本呈不断上升趋势,至2016年已全部超过3.00分的中性评价值。2016年湖北较为薄弱的方面为"行政干预与政府廉洁效率"、"金融服务和融资成本"及"市场环境与中介服务",分别排在第18位、第16位和第15位。其他各方面分别排在第4~9位的较领先水平。

2012~2016年在各方面指数中,除了"行政干预与政府廉洁效率"、"金融服务和融资成本"的排名下降,其他各方面均明显提升,由中下游升至较前列。

政策公开、公平、公正

2012~2016年,湖北"政策公开、公平、公正"方面指数评分从2.91分升至3.80分,排名从第17位升至第8位,其中"政策规章制度公开透明"和"对不同企业一视同仁"分别从第15位和第22位升至第7位和第10位,"行政执法公正"回落至第17位,2016年新增的"地方保护"项评分为4.17分,排名第9位。可发现,湖北政策情况在不断改善。

行政干预与政府廉洁效率

2012～2016年，湖北的"行政干预与政府廉洁效率"方面指数的评分由3.24分升至3.52分，而排名降了5名至第18位。其"官员廉洁守法"和"与政府打交道时间比例"的排名退步4名和5名至第24位和第23位，"政府干预"退步12名至第19位，最为明显；"政府效率（审批手续简便易行）"评分上升明显，但排名退步4名至第13位。

企业经营的法治环境

2012～2016年，湖北的"企业经营的法治环境"方面指数的评分从3.15分上升到3.90分，排名从第21位升至第9位。该方面指数的评分均提升0.6分左右，除了"司法公正和效率"降至第26位外，"合同正常履行"由第24位进至第5位，"经营者财产和人身安全"和"知识产权、技术、品牌保护"均从第18位分别升至第11位及第7位。整体法治环境有了突破性的改善。

企业的税费负担

2012～2016年，湖北"企业的税费负担"方面指数的评分从2.74分升至3.72分，排名从第17位升为第6位，其中"法定税负"评分由2.13分大幅升至3.29分，但排名由第13位落至第14位；"税外收费"以4.20分从第20位跃至第3位。2016年新增分项指数"依法征税"评分为3.68分，排名第25位。整体来看，湖北税外收费情况的改善显著，增强了税负优势。

金融服务和融资成本

2012～2016年，湖北的"金融服务和融资成本"方面指数评分从3.04分升至3.37分，排名从第14位微降至第16位。其"银行贷款"微升至第14位，"其他融资"自2010年来一直退步，至2016年列于第16位。而2016年新增"贷款利率"和"借款利率"指数评分为3.65分和2.98分，分列于第12位和第19位。

人力资源供应

2012~2016年,湖北"人力资源供应"方面指数的评分从2.75分大幅升至3.53分,排名也从第21位跃居第5位。其"技术人员"升了7名至第12位,进步已很明显,而"管理人员"和"熟练工人"分别进步17名和14名至第6位和第2位,进步更为显著,说明近年来湖北人力资源供应充足,逐渐形成企业经营环境的一项优势。

基础设施条件

2012~2016年,湖北"基础设施条件"方面指数的评分从3.29分升至4.27分,排名从第17位跃升至第4位。该方面指数中,各项评分都升至4.20分上下,"电水气供应"的排名减半升至第8位,"铁路公路运输"和"其他基础设施"分别由第7位和第24位升至第2位和第5位,整体实力较强,处于领先地位。

市场环境与中介服务

2012~2016年,湖北"市场环境与中介服务"方面指数的评分从2.90分升至3.25分,排名从第22位升至第15位。其中"中介服务"排第17位,"行业协会"退步6名,以2.91分排在第24位;新增分项"市场需求"与"过度竞争"处于中上游,提升了该方面指数的水平。

湖 南

表 5-18　湖南企业经营环境各方面指数、各分项指数的排名及分值

	2010 年		2012 年		2016 年	
	分值	排名	分值	排名	分值	排名
政策公开、公平、公正	2.87	21	2.78	25	3.68	15
政策规章制度公开透明	3.14	15	2.97	27	3.63	21
对不同企业一视同仁	2.63	27	2.52	26	3.61	18
行政执法公正	2.84	18	2.87	23	3.32	25
地方保护					4.15	10
行政干预与政府廉洁效率	3.10	19	3.04	26	3.68	12
政府干预	3.62	19	3.31	21	3.65	17
政府效率(审批手续简便易行)	2.91	18	2.52	28	3.90	11
官员廉洁守法	2.79	15	2.82	21	3.56	9
与政府打交道时间比例			3.39	21	3.60	16
企业经营的法治环境	3.06	21	3.07	24	3.79	23
司法公正和效率	2.79	16	2.78	23	3.49	25
合同正常履行	3.43	25	3.38	22	3.74	21
经营者财产和人身安全	3.21	25	3.35	25	4.09	21
知识产权、技术、品牌保护	3.34	3	3.32	22	3.86	13
企业的税费负担			2.77	15	3.54	21
法定税负			2.19	7	3.14	24
依法征税					3.68	24
税外收费			3.35	19	3.81	15
金融服务和融资成本	2.73	20	3.17	7	2.96	26
银行贷款	2.56	23	2.95	8	3.58	12
贷款利率					3.02	24
其他融资	2.94	9	3.23	6	3.36	12
借款利率					1.90	25
人力资源供应	2.70	10	2.87	10	3.42	11
技术人员	2.61	13	2.81	8	3.19	22
管理人员	2.86	7	2.97	4	3.47	9
熟练工人	2.64	22	2.84	17	3.60	8
基础设施条件	2.98	25	3.25	19	4.11	10
电水气供应			3.82	20	4.14	11
铁路公路运输			3.10	17	4.11	11
其他基础设施			2.83	19	4.07	7

续表

	2010 年		2012 年		2016 年	
	分值	排名	分值	排名	分值	排名
市场环境与中介服务	2.97	15	2.95	16	3.40	7
市场需求					3.32	14
过度竞争					3.21	13
中介服务	3.10	22	3.29	10	3.61	11
行业协会	2.93	6	2.77	19	3.47	3
总评	2.91	21	2.98	22	3.57	16

湖南的企业经营环境，在2010年、2012年和2016年排名依次为第21位、第22位和第16位；其得分依次为2.91分、2.98分和3.57分，均有较明显的上升。

企业经营环境的8个方面指数中，"行政干预与政府廉洁效率"的评分一直较高，除了"金融服务和融资成本"项降至3.00分以下，其他各方面评分在2012~2016年都有提升，至2016年均超中性评价值。湖南的"市场环境与中介服务"方面排名情况较好，为全国第7位，而"金融服务和融资成本"出现反转性变化，由2012年的最优项转为最弱项，"企业的税费负担"方面指数排名也退步明显，其他各方面稳中有进，但仍处于中下游水平。

政策公开、公平、公正

2012~2016年，湖南的"政策公开、公平、公正"方面指数评分从2.78分升至3.68分，排名从第25位跃升至第15位。该方面指数中，"政策规章制度公开透明"和"对不同企业一视同仁"分别由第27位、第26位升至第21位、第18位，而"行政执法公正"从2010年的第18位一直降至2016年的第25位。2016年新增"地方保护"评分为4.15分，排名第10位。

行政干预与政府廉洁效率

2012~2016年，湖南的"行政干预与政府廉洁效率"评分从3.04分升至3.68分，排名由第26位大幅升至第12位。分项指数中"政府干预"、"官员廉洁守法"和"与政府打交道时间比例"2012年均居第21位，2016年分别升至第17位、第9位、第16位，可见对官员的评价明显改善；"政府效率（审批手续简便易行）"由第28位至第11位，进步显著；政府整体相关情况发展向好。

企业经营的法治环境

2012~2016年，湖南的"企业经营的法治环境"方面指数评分从3.07分上升到3.79分，排名上升1名至第23位。从分项指数发现，各项评分都有所提升，"司法公正和效率"稍退至第25位；"合同正常履行"和"经营者财产和人身安全"稳中有进，均列于第21位；"知识产权、技术、品牌保护"进步最多，由下游水平升至第13位的中上游水平。整体法治环境还较落后，存在较大进步空间。

企业的税费负担

2012~2016年，湖南"企业的税费负担"方面指数的评分从2.77分升至3.54分，排名从第15位落至第21位，其中"法定税负"由第7位骤滑至第24位；"税外收费"升4名至第15位。2016年新增分项指数"依法征税"评分为3.68分，排名第24位。说明税费减负效果落后于多数地区。

金融服务和融资成本

2012~2016年，湖南的"金融服务和融资成本"方面指数评分从3.17分降至2.96分，排名从第7位直落至第26位。其"银行贷款"和"其他融资"的评分均有所提升，但排名由第8位、第6位均落至第12位，2016年新增"贷款利率"和"借款利率"分别评分3.02分和1.90分，排名第24位和第25位，显示湖南的金融服务还落后于大多数地区。

人力资源供应

2012~2016年，湖南"人力资源供应"方面指数的评分从2.87分升至3.42分，排名从第10位跌至第11位。该方面指数中，"技术人员"和

"管理人员"分别由第 8 位、第 4 位降至第 22 位和第 9 位,而"熟练工人"排名从 2010 年的第 22 位升至 2016 年的第 8 位,可见湖南企业较缺乏技术人员,熟练工人的供应近年来改善明显。

基础设施条件

2012~2016 年,湖南"基础设施条件"方面指数的评分从 3.25 分升至 4.11 分,排名由第 19 位升至第 10 位,步入中上游。其中"电水气供应"和"铁路公路运输"均进至第 11 位,"其他基础设施"进步 12 名,列于第 7 位,基础设施条件明显改善。

市场环境与中介服务

2012~2016 年,湖南"市场环境与中介服务"方面指数的评分从 2.95 分升至 3.40 分,排名由第 16 位升至第 7 位。"中介服务"微落至第 11 位,而"行业协会"上升了 16 名排在第 3 位,具有领先优势。新增分项"市场需求"和"过度竞争"分别以 3.32 分和 3.21 分排在第 14 位、第 13 位。

广　东

表 5-19　广东企业经营环境各方面指数、各分项指数的排名及分值

	2010 年		2012 年		2016 年	
	分值	排名	分值	排名	分值	排名
政策公开、公平、公正	3.02	7	3.09	6	3.87	3
政策规章制度公开透明	3.20	11	3.24	5	3.70	15
对不同企业一视同仁	2.91	8	2.84	5	3.75	7
行政执法公正	2.96	8	3.18	7	3.59	8
地方保护					4.42	2
行政干预与政府廉洁效率	3.29	7	3.42	5	3.77	7
政府干预	3.83	7	3.51	10	3.81	5
政府效率(审批手续简便易行)	3.15	5	3.07	5	3.87	12
官员廉洁守法	2.88	9	2.98	14	3.75	3
与政府打交道时间比例			4.09	2	3.65	14
企业经营的法治环境	3.11	13	3.21	14	3.88	11
司法公正和效率	2.88	11	2.96	15	3.73	5
合同正常履行	3.52	17	3.53	6	3.87	10
经营者财产和人身安全	3.35	20	3.51	17	4.11	16
知识产权、技术、品牌保护	3.16	22	3.31	24	3.79	20
企业的税费负担			2.73	18	3.48	27
法定税负			2.02	25	3.23	16
依法征税					3.81	19
税外收费			3.45	16	3.40	30
金融服务和融资成本	2.84	13	3.02	18	3.02	25
银行贷款	2.86	8	2.76	18	3.52	16
贷款利率					2.54	27
其他融资	2.73	21	3.01	21	3.50	5
借款利率					2.54	22
人力资源供应	2.62	24	2.72	22	3.40	13
技术人员	2.50	24	2.66	22	3.34	13
管理人员	2.72	11	2.83	13	3.44	12
熟练工人	2.64	23	2.66	26	3.41	17
基础设施条件	3.39	7	3.21	23	4.17	6
电水气供应			3.51	29	4.26	6
铁路公路运输			3.12	14	4.15	9
其他基础设施			3.01	7	4.08	6

续表

	2010 年		2012 年		2016 年	
	分值	排名	分值	排名	分值	排名
市场环境与中介服务	3.12	7	3.13	5	3.55	4
市场需求					3.67	2
过度竞争					3.30	10
中介服务	3.33	5	3.34	7	3.86	5
行业协会	2.79	15	2.89	8	3.38	6
总评	3.05	8	3.07	11	3.64	10

广东的企业经营环境，在 2010 年、2012 年和 2016 年的全国排名依次为第 8 位、第 11 位和第 10 位，比较稳定。其得分依次为 3.05 分、3.07 分和 3.64 分。

在企业经营环境的 8 个方面指数中，除了"企业税费负担"、"金融服务和融资成本"及"人力资源供应"，其他方面指数评分在 2010 ~ 2016 年都高于中性评价值 3.00 分。2016 年各方面评分均大幅提升，仅"金融服务和融资成本"方面指数的评分仍稳在 3.02 分。2016 年广东与其他地区相比优势较明显的方面为"政策公开、公平、公正"和"市场环境与中介服务"，分列于第 3 位和第 4 位。"企业的税费负担"、"金融服务和融资成本"等方面指数是相对短板且排名明显下降，2016 年排在第 27 位和第 25 位。"人力资源供应"项和"基础设施条件"项（2012 年最薄弱项目）进步最明显，由下游升至中上游水平。

政策公开、公平、公正

2012 ~ 2016 年，广东"政策公开、公平、公正"方面指数评分从 3.09 分升至 3.87 分，排名从第 6 位升至第 3 位，其中"政策规章制度公开透明"的排名降幅较大，由第 5 位落至第 15 位，"对不同企业一视同仁"微落至第 7 位，"行政执法公正"回落至第 8 位，2016 年新增的"地方保护"评分为 4.42 分，排名第 2 位，领先全国。

行政干预与政府廉洁效率

2012~2016年,广东的"行政干预与政府廉洁效率"评分由3.42分升至3.77分,而排名降了2名至第7位。其"政府干预"与"政府效率(审批手续简便易行)"的排名一升一降几乎对调;"官员廉洁守法"和"与政府打交道时间比例"的排名由第14位、第2位至第3位、第14位,也呈对称变化。

企业经营的法治环境

2012~2016年,广东的"企业经营法治环境"方面指数的评分从3.21分上升到3.88分,排名从第14位升至第11位。该方面指数的评分均显著提升,"司法公正和效率"前进了10名至第5位,"合同正常履行"退至第10位,"经营者财产和人身安全"和"知识产权、技术、品牌保护"分别列第16位、第20位。整体法治环境还有进步空间。

企业的税费负担

2012~2016年,广东"企业的税费负担"方面指数的评分从2.73分升至3.48分,但排名从第18位陡降为第27位,其中"法定税负"评分提升1.21分,排名也由第25位进至第16位;"税外收费"从3.45分降至3.40分,排名也翻倍滑落至第30位的全国末列。2016年新增分项指数"依法征税"评分为3.81分,排名第19位。整体来看,税外收费情况较为严重。该方面逐渐变成广东弱势。

金融服务和融资成本

2012~2016年,广东的"金融服务和融资成本"方面指数的评分稳定在3.02分,排名从第18位降至第25位。其"银行贷款"下滑2名至第16位,"其他融资"由第21位显著进至第5位,而2016年新增"贷款利率"和"借款利率"指数评分均为2.54,分列于第27位和第22位。融资成本高也成为广东的弱项。

人力资源供应

2012~2016年,广东"人力资源供应"方面指数的评分从2.72分升至3.40分，排名也从第22位升至第13位。其"技术人员"的排名从2010年的第24位一直上升至2016年的第13位，"管理人员"排名较稳定，在第12位上下，"熟练工人"由第26位进步至第17位，说明近年来广东人力资源供应不断改善，形势向好。

基础设施条件

2012~2016年，广东"基础设施条件"方面指数的评分从3.21分升至4.17分，排名从第23位跃升至第6位。2016年该方面指数中各项评分都超过4.00分，"电水气供应"的排名提升了23名至第6位，"铁路公路运输"也升至第9位，"其他基础设施"升至第6位，基础条件不断改善，实力较强。

市场环境与中介服务

2012~2016年，广东"市场环境与中介服务"方面指数的评分从3.13分升至3.55分，排名上升1位，居第4位。其中"中介服务"排名进步2位、"行业协会"排名进步2位，分别列第5名、第6名；新增分项"市场需求"与"过度竞争"分列于第2位、第10位。

广　西

表 5-20　广西企业经营环境各方面指数、各分项指数的排名及分值

	2010 年		2012 年		2016 年	
	分值	排名	分值	排名	分值	排名
政策公开、公平、公正	2.84	24	3.01	10	3.85	4
政策规章制度公开透明	3.01	26	3.11	17	3.62	24
对不同企业一视同仁	2.80	15	2.86	4	3.62	17
行政执法公正	2.72	25	3.06	12	3.41	20
地方保护					4.76	1
行政干预与政府廉洁效率	3.02	24	3.33	9	3.79	6
政府干预	3.49	26	3.49	12	3.55	24
政府效率(审批手续简便易行)	2.82	20	2.87	12	4.65	3
官员廉洁守法	2.69	23	3.16	4	3.41	16
与政府打交道时间比例			3.77	7	3.55	20
企业经营的法治环境	2.96	25	3.32	7	3.81	18
司法公正和效率	2.73	23	3.09	8	3.62	15
合同正常履行	3.44	23	3.59	4	3.76	20
经营者财产和人身安全	3.17	26	3.64	9	4.10	17
知识产权、技术、品牌保护	2.99	29	3.42	9	3.76	22
企业的税费负担			2.86	8	3.66	11
法定税负			2.21	6	3.34	12
依法征税					3.76	21
税外收费			3.52	11	3.86	8
金融服务和融资成本	2.66	25	3.20	6	4.08	1
银行贷款	2.72	18	3.01	4	3.72	5
贷款利率					4.39	2
其他融资	2.56	27	3.21	8	3.22	19
借款利率					5.00	1
人力资源供应	2.66	16	2.87	8	3.31	18
技术人员	2.60	15	2.80	9	3.21	21
管理人员	2.44	27	2.78	16	3.28	17
熟练工人	2.94	5	3.04	4	3.45	15
基础设施条件	2.97	26	3.08	26	3.93	14
电水气供应			3.57	28	4.07	14
铁路公路运输			2.91	24	3.83	19
其他基础设施			2.77	22	3.90	15

续表

	2010 年		2012 年		2016 年	
	分值	排名	分值	排名	分值	排名
市场环境与中介服务	2.86	26	3.01	11	3.04	28
市场需求					3.00	27
过度竞争					2.90	27
中介服务	3.06	26	3.19	19	3.41	18
行业协会	2.67	25	2.86	10	2.86	26
总评	2.87	25	3.09	9	3.68	7

广西的企业经营环境，在2010年、2012年和2016年，全国排名依次为第25位、第9位和第7位，排名提升至全国上游水平；得分依次为2.87分、3.09分和3.68分，不断攀升。

在企业经营环境的8个方面指数中，各方面评分持续上升，至2012年仅"企业的税费负担"及"人力资源供应"等项还未达中性评价值3.00分，至2016年除了最薄弱的一项"市场环境与中介服务"评分为3.04分，其他各方面评分都在3.30分以上。2016年广西排名较领先的方面指数有居全国第1位的"金融服务和融资成本"，第4位的"政策公开、公平、公正"和第6位的"行政干预与政府廉洁效率"。最弱的一方面为"市场环境与中介服务"，列第28位。其余几个方面指数处于中游水平。

2012~2016年，退步10名以上的方面指数有"企业经营的法治环境"、"人力资源供应"和"市场环境与中介服务"；"基础设施条件"由下游升至中游水平进步最多；其他排名较稳定。

政策公开、公平、公正

2012~2016年，广西"政策公开、公平、公正"方面指数评分从3.01分升至3.85分，排名从第10位升至第4位，其中"政策规章制度公开透明"和"行政执法公正"分别滑落7名、8名至第24位和第20位，"对不同企业一视同仁"从第4位降至第17位，2016年新增的"地方保护"评分为4.76分,排名第1位。可发现,广西政策公开透明方面较落后,有无地方保护分项指数的领先提升了该方面评分。

行政干预与政府廉洁效率

2012~2016年,广西的"行政干预与政府廉洁效率"方面指数的评分由3.33分升至3.79分,排名由第9位升至第6位。其中"政府效率(审批手续简便易行)"由第12位升至第3位,进步突出;而"政府干预"、"官员廉洁守法"和"与政府打交道时间比例"均退步了10名以上,至第24位、第16位和第20位。整体还有进步空间。

企业经营的法治环境

2012~2016年,广西的"企业经营法治环境"方面指数的评分从3.32分上升到3.81分,排名从第7位滑落至第18位。四个分项指数的评分都有不同幅度的提升,2012年四个分项均排在前10的上游位置,"合同正常履行"居第4位较领先,而2016年跌至第20位;"司法公正和效率"、"经营者财产和人身安全"和"知识产权、技术、品牌保护"分别降至第15位、第17位和第22位,四个分项降至中下游水平。

企业的税费负担

2012~2016年,广西"企业的税费负担"方面指数的评分从2.86分升至3.66分,排名从第8位降为第11位,其中"法定税负"评分由2.21分升至3.34分,排名翻倍落至第12位;"税外收费"评分小幅提升,排名升至第8位。2016年新增分项指数"依法征税"评分为3.76分,排名第21位。

金融服务和融资成本

2012~2016年,广西的"金融服务和融资成本"方面指数的评分从3.20分升至4.08分,排名从第6位升至第1位。其"银行贷款"的排名微落至第5位,"其他融资"项从第8落至第19位,降幅明显。而2016年新增"贷款利率"和"借款利率"指数评分为4.39分和5.00分,分列于第2位和第1位,可见该方面进步源于较低的利率水平。

人力资源供应

2012~2016年,广西"人力资源供应"的评分从2.87分升至3.31分,但排名从第8降至第18位。除了"管理人员"项微降至第17位,"技术人员"项和"熟练工人"项的排名分别从第9位、第4位退至第21位、第15位的中下游水平。

基础设施条件

2012~2016年,广西"基础设施条件"方面指数的评分从3.08分升至3.93分,排名从第26位升至第14位。该方面指数中,"电水气供应"排名由第28位升至第14位,改善显著,"铁路公路运输"和"其他基础设施"有不同程度的进步,分列于第19位和第15位。

市场环境与中介服务

2012~2016年,广西"市场环境与中介服务"方面指数的评分仅升了0.03分至3.04分,排名从第11位陡降至第28位。其中"中介服务"项处于第19位、第18位的中下游水平,"行业协会"项连续两个年份都是2.86分,排名则退了16名,列第26位;新增分项"市场需求"与"过度竞争"均排在第27名。

海 南

表 5-21 海南企业经营环境各方面指数、各分项指数的排名及分值

	2010年		2012年		2016年	
	分值	排名	分值	排名	分值	排名
政策公开、公平、公正	2.88	19	2.86	20	3.47	28
政策规章制度公开透明	2.91	29	3.10	20	3.55	28
对不同企业一视同仁	2.91	7	2.62	19	3.67	14
行政执法公正	2.83	19	2.86	25	3.52	9
地方保护					3.16	24
行政干预与政府廉洁效率	3.09	21	3.17	17	3.51	19
政府干预	3.50	25	2.86	29	3.64	18
政府效率(审批手续简便易行)	2.68	24	2.86	14	3.39	17
官员廉洁守法	2.78	17	2.76	22	3.45	15
与政府打交道时间比例			3.67	10	3.55	21
企业经营的法治环境	3.00	23	3.21	13	3.61	29
司法公正和效率	2.78	17	2.93	17	3.42	28
合同正常履行	3.26	28	3.38	21	3.42	30
经营者财产和人身安全	3.32	21	3.48	19	4.00	25
知识产权、技术、品牌保护	3.09	27	3.62	2	3.58	29
企业的税费负担			3.12	2	3.62	17
法定税负			2.29	2	3.18	22
依法征税					3.76	22
税外收费			3.95	1	3.91	7
金融服务和融资成本	2.54	28	3.04	13	3.72	5
银行贷款	2.25	29	2.71	19	3.58	13
贷款利率					4.19	3
其他融资	2.57	26	2.95	26	3.12	23
借款利率					3.99	6
人力资源供应	2.62	23	2.87	9	3.21	24
技术人员	2.67	8	2.81	7	3.15	24
管理人员	2.52	25	2.86	10	3.03	30
熟练工人	2.68	20	2.95	8	3.45	14
基础设施条件	2.95	28	2.98	28	3.56	30
电水气供应			3.62	27	3.79	28
铁路公路运输			2.95	23	3.52	28
其他基础设施			2.38	28	3.36	30

续表

	2010年		2012年		2016年	
	分值	排名	分值	排名	分值	排名
市场环境与中介服务	2.92	22	3.00	14	3.05	27
市场需求					3.15	25
过度竞争					3.06	20
中介服务	3.09	23	3.29	11	3.03	30
行业协会	2.91	7	2.80	14	2.97	23
总评	2.88	23	3.01	18	3.47	23

海南的企业经营环境，在2010年、2012年和2016年的全国排名依次为第23位、第18位和第23位，排名波动较大，近年由中下游回落至偏下游水平；得分依次为2.88分、3.01分和3.47分。

在企业经营环境的8个方面指数中，"行政干预与政府廉洁效率"、"企业经营的法治环境"和"企业的税费负担"的评分在2010~2016年均高于中性评价值3.00分；各方面评分呈上升趋势，至2016全部评分超过中性评价值。2016年，海南与全国平均水平相比仅"金融服务和融资成本"项排名（第5位）较前列，其他方面排名均大幅退步，"行政干预与政府廉洁效率"、"企业的税费负担"分别排名第19位、第17位的中下游水平（后者2012年排第2位，退步明显），其他各方面均处在24位之后的下游位置。

政策公开、公平、公正

2012~2016年，海南的"政策公开、公平、公正"方面指数评分从2.86分升至3.47分，排名从第20位落至第28位。该方面指数中，"政策规章制度公开透明"与该方面指数位次变化一致，"对不同企业一视同仁"和"行政执法公正"的排名由中下游进至第14位、第9位。2016年新增"地方保护"项评分为3.16分，排名第24位。

行政干预与政府廉洁效率

2012~2016年，海南的"行政干预与政府廉洁效率"评分从3.17分升至3.51分,排名由第17位落至第19位。分项指数中除了"与政府打交道时间比例"由第10位滑至第21位,退步明显,"政府干预"项和"官员廉洁守法"项分别升至第18位和第15位,升幅均较大,"政府效率(审批手续简便易行)"小幅落至第17位。总体上,政策及政府相关情况还较落后。

企业经营的法治环境

2012~2016年,海南的"企业经营法治环境"方面指数的评分从3.21分上升到3.61分,排名由第13位大幅滑落至第29位。各分项排名均大幅退步,"司法公正和效率"、"合同正常履行"均降了10名以上,"经营者财产和人身安全"降了6名,都处于全国末列;"知识产权、技术、品牌保护"从第2位陡降至第29位,由遥遥领先落至末列。

企业的税费负担

2012~2016年,海南"企业的税费负担"方面指数的评分从3.12分升至3.62分,排名却从第2位降至第17位,其中"法定税负"和"税外收费"分别从第2位、第1位降至第22位和第7位。2016年新增分项指数"依法征税"评分为3.76分,排名第22位。法定税负减负效果评价较落后,有较大提升空间。

金融服务和融资成本

2012~2016年,海南的"金融服务和融资成本"评分从3.04分升至3.72分,排名从第13位升为第5位。由分项指数发现,"银行贷款"项和"其他融资"项的评分有所上升,排名也稳中有进,分列于第13位、第23位;2016年新增"贷款利率"项和"借款利率"项以4.19分和3.99分排名第3位和第6位,提升了该方面的评价。

人力资源供应

2012~2016年,海南"人力资源供应"方面指数的评分从2.87分升至3.21分,排名从第9位落至第24位。其中"技术人员"和"管理人员"分别退了17名和20名,至第24位和第30位;"熟练工人"由第8位降至第14位。可见近年来海南人力资源供应状况较落后,技术和管理人员缺乏情况严重。

基础设施条件

2012~2016年,海南"基础设施条件"方面指数的评分从2.98分升至3.56分,但排名由第28位降至第30位。三个分项指数"电水气供应"、"铁路公路运输"和"其他基础设施"都在下游水平,且名次持续下降。该方面一直是海南的相对弱项。

市场环境与中介服务

2012~2016年,海南"市场环境与中介服务"方面指数的评分从3.00分微升至3.05分,排名由第14位降至第27位。"中介服务"从中上游的第11位陡落至第30位,"行业协会"从中游的第14位退至下游的第23位;新增分项"市场需求"和"过度竞争"评分略高于中性评价值,分列于第25位和第20位。

重 庆

表 5-22 重庆企业经营环境各方面指数、各分项指数的排名及分值

	2010 年		2012 年		2016 年	
	分值	排名	分值	排名	分值	排名
政策公开、公平、公正	2.95	14	3.11	4	3.93	1
政策规章制度公开透明	3.14	14	3.33	3	4.18	2
对不同企业一视同仁	2.69	25	2.79	8	4.02	1
行政执法公正	3.01	5	3.22	5	3.71	4
地方保护					3.79	18
行政干预与政府廉洁效率	3.25	8	3.22	15	3.54	17
政府干预	3.70	15	3.49	11	3.71	12
政府效率(审批手续简便易行)	2.93	17	2.85	15	3.39	16
官员廉洁守法	2.87	10	2.96	15	3.65	7
与政府打交道时间比例			3.61	13	3.41	26
企业经营的法治环境	3.27	3	3.33	4	3.94	7
司法公正和效率	3.17	2	3.16	3	3.63	13
合同正常履行	3.43	24	3.48	8	3.98	3
经营者财产和人身安全	3.45	9	3.53	16	4.29	7
知识产权、技术、品牌保护	3.23	10	3.51	6	3.88	11
企业的税费负担			2.82	12	3.63	14
法定税负			2.08	18	3.35	11
依法征税					3.82	17
税外收费			3.55	9	3.73	18
金融服务和融资成本	2.88	8	3.12	9	3.40	15
银行贷款	2.83	10	2.97	6	3.67	7
贷款利率					3.35	19
其他融资	2.92	10	3.17	11	3.31	15
借款利率					3.26	15
人力资源供应	2.66	17	3.01	2	3.63	3
技术人员	2.56	19	2.89	4	3.51	6
管理人员	2.71	13	3.01	3	3.73	3
熟练工人	2.70	19	3.12	2	3.65	5
基础设施条件	3.16	15	3.35	11	4.44	2
电水气供应			3.86	19	4.35	3
铁路公路运输			3.26	5	4.41	3
其他基础设施			2.93	11	4.57	1

续表

	2010 年		2012 年		2016 年	
	分值	排名	分值	排名	分值	排名
市场环境与中介服务	2.96	19	3.02	10	3.39	8
市场需求					3.45	6
过度竞争					3.31	9
中介服务	3.12	19	3.39	5	3.65	8
行业协会	2.83	14	2.80	16	3.16	14
总评	3.03	11	3.12	6	3.74	3

重庆的企业经营环境，在2010年、2012年和2016年的全国排名依次为第11位、第6位和第3位；其得分依次为3.03分、3.12分和3.74分，均呈上升趋势。

在企业经营环境的8个方面指数中，"行政干预与政府廉洁效率"的评分略有浮动，排名一直下降，至2016年为重庆最薄弱项，其他各方面评分持续提高，2016年8个方面指数都高于中性评价值3.00分。重庆与其他地区相比优势较明显的方面为"政策公开、公平、公正"和"基础设施条件"，分列于第1位和第2位。"企业税费负担"、"金融服务和融资成本"等方面指数较为薄弱，排名第14位和第15位，"行政干预与政府廉洁效率"项降至17位，其他方面指数分别列于第3~8位，排名变动幅度不大，处于上游水平。

政策公开、公平、公正

2012~2016年，重庆"政策公开、公平、公正"方面指数评分从3.11分升至3.93分，排名从第4位升至第1位，其中"政策规章制度公开透明"和"行政执法公正"均进步1位，分列于第2位和第4位，"对不同企业一视同仁"由第8位升至第1位，2016年新增的"地方保护"项评分为3.79分，排名第18位。这一方面整体上领先全国。

行政干预与政府廉洁效率

2012~2016年，重庆的"行政干预与政府廉洁效率"方面指数的评分由

3.22分升至3.54分,而排名降了2名至第17位。其"政府干预"与"政府效率(审批手续简便易行)"排名都微降1名,分别为第12位、第16位;"官员廉洁守法"由第15位进至第7位,"与政府打交道时间比例"的排名由第13位滑落至第26位。

企业经营的法治环境

2012~2016年,重庆的"企业经营法治环境"评分从3.33分上升到3.94分,排名从第4位降至第7位。各指数的评分均有提升,但名次有升有降。"司法公正和效率"从第3位降至第13位,"知识产权、技术、品牌保护"由第6位降至第11位,"合同正常履行"和"经营者财产和人身安全"分别进步5名和9名,至第3位和第7位。整体法治环境较好,还有进步空间。

企业的税费负担

2012~2016年,重庆"企业的税费负担"方面指数的评分从2.82分升至3.63分,排名从第12位降为第14位,其中"法定税负"评分提升1.27分,排名由第18位进至第11位;而"税外收费"从第9位跌落至第18位。2016年新增分项指数"依法征税"评分为3.82分,排名第17位。

金融服务和融资成本

2012~2016年,重庆的"金融服务和融资成本"方面指数的评分从3.12分升至3.40分,排名从第9位降至第15位。其"银行贷款"较稳定在上游,"其他融资"由第11位降至第15位,而2016年新增"贷款利率"和"借款利率"指数评分在3.30分上下,分列于第19位和第15位。总的看该方面处在中游水平。

人力资源供应

2012~2016年,重庆"人力资源供应"方面指数的评分从3.01分升至3.63分,排名从第2位降至第3位。其"技术人员"项和"熟练工人"项的评分有较大提高,但名次分别下滑2名和3名,分列第6位、第

5位;"管理人员"评分提高,名次则维持在第3位。

基础设施条件

2012~2016年,重庆"基础设施条件"方面指数的评分从3.35分升至4.44分,排名从第11位升至第2位。该方面指数中,各项评分都大幅提升,"电水气供应"的排名提升幅度最大,从第19位跃升至第3位,"铁路公路运输"提升2名至第3位,"其他基础设施"从第11位跃居至第1位。总体上,重庆基础条件实力较强,不断提高。

市场环境与中介服务

2012~2016年,重庆"市场环境与中介服务"方面指数的评分从3.02分升至3.39分,排名从第10位微升至第8位。其中"中介服务"降至第8位,而"行业协会"稳在15位上下;新增分项"市场需求"与"过度竞争"分列于第6位、第9位。

四 川

表 5-23 四川企业经营环境各方面指数、各分项指数的排名及分值

	2010 年		2012 年		2016 年	
	分值	排名	分值	排名	分值	排名
政策公开、公平、公正	2.94	16	2.87	19	3.62	19
政策规章制度公开透明	3.13	17	3.04	21	3.56	27
对不同企业一视同仁	2.76	21	2.53	25	3.51	23
行政执法公正	2.94	10	3.02	16	3.38	21
地方保护					4.05	15
行政干预与政府廉洁效率	3.23	13	3.22	14	3.37	24
政府干预	3.68	16	3.33	18	3.51	26
政府效率（审批手续简便易行）	3.05	9	2.76	19	3.01	21
官员廉洁守法	2.81	13	2.96	16	3.48	14
与政府打交道时间比例			3.66	11	3.50	24
企业经营的法治环境	3.16	9	3.23	12	3.81	20
司法公正和效率	2.95	8	3.03	10	3.65	11
合同正常履行	3.47	21	3.44	15	3.61	23
经营者财产和人身安全	3.41	13	3.45	21	4.05	22
知识产权、技术、品牌保护	3.22	11	3.41	13	3.91	9
企业的税费负担			2.81	13	3.64	13
法定税负			2.07	20	3.21	18
依法征税					3.86	12
税外收费			3.56	8	3.85	9
金融服务和融资成本	2.83	14	3.06	12	2.29	31
银行贷款	2.78	13	2.78	14	3.23	25
贷款利率					1.15	31
其他融资	2.84	15	3.10	16	3.12	24
借款利率					1.67	28
人力资源供应	2.70	11	2.77	19	3.50	7
技术人员	2.59	16	2.70	20	3.40	9
管理人员	2.70	14	2.72	22	3.48	8
熟练工人	2.83	11	2.90	13	3.63	7
基础设施条件	3.25	10	3.31	15	4.04	12
电水气供应			3.89	18	4.06	15
铁路公路运输			3.11	15	4.14	10
其他基础设施			2.92	13	3.91	13

续表

	2010 年		2012 年		2016 年	
	分值	排名	分值	排名	分值	排名
市场环境与中介服务	2.90	24	2.92	17	3.23	16
市场需求					3.20	23
过度竞争					3.01	23
中介服务	3.07	25	3.23	16	3.55	14
行业协会	2.71	21	2.75	21	3.18	13
总评	3.00	13	3.05	15	3.44	24

四川的企业经营环境,在 2010 年、2012 年和 2016 年的排名依次为第 13 位、第 15 位和第 24 位,不断下滑;得分依次为 3.00 分、3.05 分和 3.44 分。

在企业经营环境的 8 个方面指数中,"金融服务和融资成本"的评分至 2016 年降至中性评价值以下,排名跌至全国末位;其他方面评分呈上升趋势;2016 年在全国排名相对较好的是"人力资源供应"方面指数,排名全国第 7 位。2012~2016 年,"企业经营的法治环境"方面指数从第 12 位跌至第 20 位,"金融服务和融资成本"从第 12 位跌至第 31 位;其他方面排名较稳定。

政策公开、公平、公正

2012~2016 年,四川的"政策公开、公平、公正"方面指数评分从 2.87 分升至 3.62 分,两个年份排名都是第 19 位。该方面指数中,"政策规章制度公开透明"项和"行政执法公正"项分别由第 21 位、第 16 位降至第 27 位、第 21 位,这两项自 2010 年以来排名持续退步;而"对不同企业一视同仁"排名变动幅度不大,处于第 21 位及第 21 位之后的偏下游水平。2016 年新增"地方保护"评分为 4.05 分,排名第 15 位。

行政干预与政府廉洁效率

2012~2016 年,四川的"行政干预与政府廉洁效率"方面指数的评分从 3.22 分升至 3.37 分,排名却由第 14 位降至第 24 位。分项指数中

"政府干预"、"政府效率（审批手续简便易行）"和"与政府打交道时间比例"的排名自2010年来一直下降，2016年分列于第26位、第21位和第24位。"官员廉洁守法"排在14位上下，较其他分项靠前。

企业经营的法治环境

2012~2016年，四川的"企业经营的法治环境"方面指数的评分从3.23分上升到3.81分，排名由第12位降至第20位。从分项指数发现，各项评分都有所提升，"司法公正和效率"项基本稳定在上游，"经营者财产和人身安全"项基本处于下游；"合同正常履行"退步8名至第23位；仅"知识产权、技术、品牌保护"有进步，提升4名至第9位。

企业的税费负担

2012~2016年，四川"企业的税费负担"方面指数的评分从2.81分升至3.64分，排名仍居第13位，其中"法定税负"和"税外收费"项的排名变化不大，前者从第20位升至第18位，后者从第8位降至第9位。2016年新增分项指数"依法征税"评分为3.86分，排名第12位。这方面排名处于中上游，是四川相对较好的一个方面。

金融服务和融资成本

2012~2016年，四川的"金融服务和融资成本"方面指数的评分从3.06分降至2.29分，排名从第12位滑落至第31位。其"银行贷款"项和"其他融资"项的排名从2010年一直退步，2016年分列第25位和第24位；2016年新增"贷款利率"项和"借款利率"项分别评分为1.15分和1.67分，排名第31位和第28位。说明借款渠道和利率情况给企业极大阻力，处于全国末位，问题突出。

人力资源供应

2012~2016年，四川"人力资源供应"方面指数的评分从2.77分升至3.50分，排名从第19位升至第7位。该方面指数中，"技术人员"和"管理人员"的排名均上升超过10名，列于第9位、第8位，"熟练工人"排名升至第7位，可见四川人力资源供应状况改善良多，尤其是管理人员的供应。

基础设施条件

2012~2016年，四川"基础设施条件"方面指数的评分从3.31分升至4.04分，排名由第15位升至第12位，仍处中游水平。其中"电水气供应"和"铁路公路运输"的排名上升3名和5名至第15位、第10位；"其他基础设施"仍居第13位。

市场环境与中介服务

2012~2016年，四川"市场环境与中介服务"方面指数的评分从2.92分升至3.23分，排名由第17位升至第16位。"中介服务"和"行业协会"的排名稳中有进，从中下游升至第14位、第13位，新增分项"市场需求"和"过度竞争"分别以3.20分和3.01分排在第23位。

贵 州

表 5-24 贵州企业经营环境各方面指数、各分项指数的排名及分值

	2010 年		2012 年		2016 年	
	分值	排名	分值	排名	分值	排名
政策公开、公平、公正	2.78	28	2.96	14	3.67	16
政策规章制度公开透明	2.96	28	3.15	12	3.70	16
对不同企业一视同仁	2.62	28	2.58	21	3.33	30
行政执法公正	2.78	21	3.15	8	3.45	15
地方保护					4.22	7
行政干预与政府廉洁效率	2.94	27	3.18	16	3.75	8
政府干预	3.44	28	3.58	6	3.55	25
政府效率(审批手续简便易行)	2.57	28	2.70	22	4.46	5
官员廉洁守法	2.51	27	3.03	11	3.33	20
与政府打交道时间比例			3.31	26	3.68	11
企业经营的法治环境	2.90	29	3.16	20	3.78	24
司法公正和效率	2.67	24	2.92	18	3.48	27
合同正常履行	3.24	29	3.39	20	3.55	26
经营者财产和人身安全	3.06	29	3.39	23	4.10	18
知识产权、技术、品牌保护	3.08	28	3.39	14	3.98	6
企业的税费负担			2.95	3	3.59	19
法定税负			2.18	8	3.10	26
依法征税					3.85	13
税外收费			3.71	4	3.83	13
金融服务和融资成本	2.74	19	3.00	21	3.26	20
银行贷款	2.61	21	2.61	21	3.18	27
贷款利率					3.37	17
其他融资	2.77	20	3.10	17	3.18	20
借款利率					3.33	13
人力资源供应	2.66	15	2.76	20	3.10	30
技术人员	2.58	18	2.79	12	2.95	29
管理人员	2.55	23	2.73	20	3.05	29
熟练工人	2.86	10	2.76	23	3.30	25
基础设施条件	3.00	24	3.11	25	3.77	21
电水气供应			3.77	23	3.93	23

续表

	2010 年		2012 年		2016 年	
	分值	排名	分值	排名	分值	排名
铁路公路运输			3.03	21	3.73	24
其他基础设施			2.53	27	3.65	20
市场环境与中介服务	2.72	29	2.81	23	2.96	30
市场需求					3.25	17
过度竞争					2.88	28
中介服务	2.94	29	3.12	26	3.23	25
行业协会	2.57	28	2.61	27	2.50	31
总　评	2.83	28	2.99	21	3.49	21

贵州的企业经营环境，在2010年、2012年和2016年的全国排名依次为第28位、第21位和第21位，近年比较稳定；得分依次为2.83分、2.99分和3.49分。

在企业经营环境的8个方面指数中，仅"基础设施条件"方面指数的评分在2010~2016年均高于中性评价值3.00分；各方面均呈上升趋势，2016年除"市场环境与中介服务"外，其他7个方面指数评分都超过中性评价值。2016年，贵州排名相对较好的方面为"行政干预与政府廉洁效率"，排名第8位；"政策公开、公平、公正"（排第16位）尚处中游水平；其他6个方面均在第19位之后，"人力资源供应"和"市场环境与中介服务"都排名第30位，最为薄弱。

2012~2016年，除了"行政干预与政府廉洁效率"方面指数的排名明显提升，"基础设施条件"项表现较稳定，其他各项均呈不同程度的退步，其中"企业的税费负担"项由领先滑至中下游。

政策公开、公平、公正

2012~2016年，贵州的"政策公开、公平、公正"方面指数评分从2.96分升至3.67分，排名从第14位落至第16位。该方面指数中，"政策规章制度公开透明"、"行政执法公正"和"对不同企业一视同仁"的排名分别下降了4名、7名、9名至中下游，后者降幅最大，至第30位。

2016年新增"地方保护"项评分为4.22分,排名第7位。

行政干预与政府廉洁效率

2012~2016年,贵州的"行政干预与政府廉洁效率"方面指数的评分从3.18分升至3.75分,排名由第16位进至第8位。分项指数中"政府效率(审批手续简便易行)"和"与政府打交道时间比例"由第22位、第26位进至第5位、第11位;相反,"政府干预"和"官员廉洁守法"分别下降19名和9名至第25位和第20位。总体上,政府相关情况有所转好,但仍有很大改进空间。

企业经营的法治环境

2012~2016年,贵州的"企业经营的法治环境"方面指数的评分从3.16分上升到3.78分,排名由第20位落至第24位。各分项评分均有所上升,"司法公正和效率"后退9名至第27位,"合同正常履行"退了6名至第26位,均落至下游水平;相反,"经营者财产和人身安全"和"知识产权、技术、品牌保护"从第23位、第14位升至第18位和第6位。总体上,自2010年来该方面一直处于较弱地位。

企业的税费负担

2012~2016年,贵州"企业的税费负担"方面指数的评分从2.95分升至3.59分,排名从第3位大幅降至第19位,其中"法定税负"和"税外收费"分别从第8位、第4位降至第26位和第13位。2016年新增分项指数"依法征税"评分为3.85分,排名第13位。企业的税负评价失去领先地位,较落后,有较大提升空间。

金融服务和融资成本

2012~2016年,贵州的"金融服务和融资成本"方面指数的评分从3.00分升至3.26分,排名微升1名至第20位。其"银行贷款"项和"其他融资"项的排名分别退步6位和3位,分列于第27位、第20位;2016年新增"贷款利率"项和"借款利率"项以3.37分和3.33分排在第17位和第13位。

人力资源供应

2012~2016年,贵州"人力资源供应"方面指数的评分从2.76分升至3.10分,排名从第20位落至第30位。三个分项的评分都有所提高,但排名均后退,"技术人员"项和"管理人员"项分别退了17名和9名至第29位的末列,"熟练工人"项由第23位微降至第25位。可见近年来贵州人力资源供应状况较落后,技术和管理人员缺乏情况严重。总体看,人力资源供应是贵州的弱项。

基础设施条件

2012~2016年,贵州"基础设施条件"方面指数的评分从3.11分升至3.77分,排名由第25位升至第21位。其中"电水气供应"、"铁路公路运输"和"其他基础设施"的评分都有提高,排名则有稳、有进、有退。"电水气供应"稳在23位,"铁路公路运输"由第21位退至第24位,"其他基础设施"上升了7名至第20位。

市场环境与中介服务

2012~2016年,贵州"市场环境与中介服务"方面指数的评分从2.81分升至2.96分,仍不及中性评价值,排名由第23位降至第30位。"中介服务"评分微升,排名上升1位至第25位;而"行业协会"评分下降,排名更是退至31位(末位);新增分项"市场需求"项和"过度竞争"项评分为3.25分和2.88分,分列于第17位和第28位。从评分和排名看,市场环境与中介服务是贵州企业经营环境的最弱项之一。

云　南

表5-25　云南企业经营环境各方面指数、各分项指数的排名及分值

	2010年		2012年		2016年	
	分值	排名	分值	排名	分值	排名
政策公开、公平、公正	2.99	11	2.81	24	3.70	14
政策规章制度公开透明	3.24	7	2.98	25	3.70	14
对不同企业一视同仁	2.79	17	2.42	28	3.52	21
行政执法公正	2.93	11	3.03	15	3.36	22
地方保护					4.20	8
行政干预与政府廉洁效率	3.24	10	3.11	22	3.65	13
政府干预	3.71	14	3.35	17	3.39	28
政府效率(审批手续简便易行)	3.12	7	2.63	24	4.76	1
官员廉洁守法	2.97	4	3.05	9	3.30	22
与政府打交道时间比例			3.34	24	3.16	31
企业经营的法治环境	3.20	7	3.09	23	3.52	31
司法公正和效率	3.04	4	2.92	19	3.32	29
合同正常履行	3.58	8	3.33	25	3.48	28
经营者财产和人身安全	3.29	22	3.29	29	3.77	31
知识产权、技术、品牌保护	3.18	21	3.14	28	3.52	30
企业的税费负担			2.58	28	3.35	31
法定税负			1.97	28	3.20	20
依法征税					3.32	31
税外收费			3.18	27	3.52	27
金融服务和融资成本	2.63	26	2.92	27	2.89	27
银行贷款	2.49	27	2.32	28	3.05	30
贷款利率					3.40	16
其他融资	2.59	25	3.06	19	3.16	21
借款利率					1.95	24
人力资源供应	2.85	6	2.71	23	3.31	17
技术人员	2.78	5	2.72	18	3.18	23
管理人员	2.72	12	2.59	24	3.25	19
熟练工人	3.04	2	2.81	20	3.50	12
基础设施条件	3.09	17	2.86	29	3.62	27
电水气供应			3.70	24	3.82	27

续表

	2010年		2012年		2016年	
	分值	排名	分值	排名	分值	排名
铁路公路运输			2.53	29	3.55	27
其他基础设施			2.34	29	3.50	28
市场环境与中介服务	2.97	17	2.80	24	2.98	29
市场需求					2.98	28
过度竞争					3.02	22
中介服务	3.06	27	2.92	29	3.14	28
行业协会	2.79	16	2.77	20	2.77	28
总评	2.98	15	2.86	27	3.38	28

云南的企业经营环境，在2010年、2012年和2016年的排名依次为第15位、第27位和第28位，目前位于全国下游水平；其得分近年来虽有提高，但改善幅度不及大多数地区，依次为2.98分、2.86分和3.38分。

在企业经营环境的8个方面指数中，除了"金融服务和融资成本"、"市场环境与中介服务"两个方面评分2016年仍然未达到3.00分，其他各方面指数均已超过3.00分的中性评价值。其中，"政策公开、公平、公正"，"行政干预与政府廉洁效率"，以及"人力资源供应"三个方面指数近年来显著提升至中游水平（前两项排第14位、第13位，相对较好），但其他方面排名仍然落后。相对于全国的情况，进展仍相对较慢，总体排名居全国下游水平。

政策公开、公平、公正

2012~2016年，云南的"政策公开、公平、公正"方面指数评分从2.81分升至3.70分，排名从第24位升至第14位。该方面指数中，"政策规章制度公开透明"和"对不同企业一视同仁"的排名升至第14位和第21位，升幅明显，而"行政执法公正"却下降了7名至第22位。2016年新增"地方保护"项评分为4.20分，排名第8位。

行政干预与政府廉洁效率

2012~2016年，云南的"行政干预与政府廉洁效率"评分从3.11分升至3.65分，排名由第22位进至第13位。其中"政府效率（审批手续简便易行）"升幅巨大，由第24位跃升至全国第1位，带动了这个方面指数的提升，但"政府干预"和"官员廉洁守法"排名一直下降，降幅超过了10名，处在下游。"与政府打交道时间比例"更降至第31位的末位。总体上，政府相关情况还有较大进步空间。

企业经营的法治环境

2012~2016年，云南的"企业经营的法治环境"方面指数的评分从3.09分上升到3.52分，但排名由第23位落至第31位。各分项评分虽都有上升，但排名自2010年以来呈下降趋势，其中"司法公正和效率"降了10名，尤为显著。各分项都在28位之后。说明云南企业经营的法治环境仍急需改善。

企业的税费负担

2012~2016年，云南"企业的税费负担"方面指数的评分从2.58分升至3.35分，排名却从第28位降至第31位，其中"法定税负"评分由1.97分大幅升至3.20分，排名提升8名至第20位；"税外收费"评分虽有所上涨，但排名维持在第27位；2016年新增分项指数"依法征税"评分为3.32分，排名第31位。近年来云南在减轻税负方面有改善，但企业对税负的总体评价仍排在全国最后。

金融服务和融资成本

2012~2016年，云南的"金融服务和融资成本"方面指数的评分从2.92分降至2.89分，排名维持在第27位。其"银行贷款"和"其他融资"各降2名，列于第30位、第21位；2016年新增"贷款利率"和"借款利率"项以3.40分和1.95分分列在第16位和第24位。

人力资源供应

2012~2016年，云南"人力资源供应"方面指数的评分从2.71分升至3.31分，排名从第23位升至第17位。其中"技术人员"项从2010年的第5位直线下降至2016年的第23位；"管理人员"项名次小幅回升，处于第 19 位;"熟练工人"项排名回升 8 位至第 12 位。近年来云南人力资源供应状况有所改善,但技术人员缺乏的情况相对比较突出。

基础设施条件

2012~2016 年,云南"基础设施条件"方面指数的评分从 2.86 分升至 3.62 分,排名上升 2 名至第 27 位。其中"电水气供应"评分略有提高,但排名下降 3 名至第 27 位,"铁路公路运输"分别提升了 2 名和 1 名,排在第 27 位、第 28 位。

市场环境与中介服务

2012~2016 年,云南"市场环境与中介服务"方面指数的评分从 2.80 分升至 2.98 分,仍不及中性评价值,排名由第 24 位降至第 29 位。2010 年以来,"中介服务"的评分和排名都略有波动,2016 年处于第 28 位的下游水平;"行业协会"项从中游的第 16 位、第 20 位降至第 28 位;新增分项"市场需求"和"过度竞争"评分为 2.98 分和 3.02 分,分列于第 28 位和第 22 位。

陕 西

表5-26 陕西企业经营环境各方面指数、各分项指数的排名及分值

	2010年		2012年		2016年	
	分值	排名	分值	排名	分值	排名
政策公开、公平、公正	2.84	25	2.99	11	3.63	18
政策规章制度公开透明	3.09	22	3.14	14	3.69	18
对不同企业一视同仁	2.66	26	2.72	13	3.69	13
行政执法公正	2.77	23	3.12	11	3.25	29
地方保护					3.87	16
行政干预与政府廉洁效率	3.02	25	3.14	20	3.37	25
政府干预	3.58	21	3.24	26	3.83	4
政府效率(审批手续简便易行)	2.65	27	2.69	23	2.64	26
官员廉洁守法	2.65	24	2.95	17	3.22	26
与政府打交道时间比例			3.35	23	3.78	7
企业经营的法治环境	3.03	22	3.20	16	3.90	8
司法公正和效率	2.75	20	2.99	11	3.72	7
合同正常履行	3.51	19	3.41	18	3.83	13
经营者财产和人身安全	3.22	24	3.45	20	4.33	4
知识产权、技术、品牌保护	3.19	19	3.35	17	3.72	24
企业的税费负担			2.84	10	3.53	22
法定税负			2.22	5	2.92	30
依法征税					3.83	15
税外收费			3.46	14	3.83	12
金融服务和融资成本	2.71	22	3.03	16	3.47	12
银行贷款	2.54	24	2.79	13	3.46	20
贷款利率					3.25	22
其他融资	2.73	23	2.99	24	3.39	11
借款利率					3.77	8
人力资源供应	2.65	18	2.83	15	3.19	27
技术人员	2.52	22	2.79	10	3.06	28
管理人员	2.65	17	2.76	19	3.19	22
熟练工人	2.79	14	2.93	10	3.31	23
基础设施条件	3.01	23	3.29	16	3.89	18
电水气供应			3.93	15	4.06	16

续表

	2010 年		2012 年		2016 年	
	分值	排名	分值	排名	分值	排名
铁路公路运输			3.12	13	3.97	15
其他基础设施			2.81	20	3.64	21
市场环境与中介服务	2.85	27	2.92	18	3.26	14
市场需求					3.11	26
过度竞争					3.14	16
中介服务	3.12	20	3.25	14	3.58	13
行业协会	2.67	25	2.79	17	3.22	12
总评	2.86	27	3.01	20	3.53	19

陕西的企业经营环境，在 2010 年、2012 年、2016 年排名依次为第 27 位、第 20 位和第 19 位；其得分依次为 2.86 分、3.01 分和 3.53 分。

在企业经营环境的 8 个方面指数中，各方面基本上呈上升趋势，至 2016 年全部评分超过中性评价值。2016 年，陕西排名相对较好的方面（也是近年增幅最大的）为"企业经营的法治环境"项，排名第 8 位；"金融服务和融资成本"、"市场环境与中介服务"都升了 4 名至第 12 位、第 14 位，尚处中游水平；其他方面近年来均退步至第 18 位及之后，尤其是人力资源供应，排在第 27 位，最为薄弱。

政策公开、公平、公正

2012～2016 年，陕西的"政策公开、公平、公正"方面指数评分从 2.99 分升至 3.63 分，排名则从第 11 位落至第 18 位。该方面指数中，"政策规章制度公开透明"评分虽有上升，但排名降了 4 名至第 18 位，"行政执法公正"的评分略升，而排名却大幅滑落了 18 名，至第 29 位；"对不同企业一视同仁"稳在第 13 位。2016 年新增"地方保护"项评分为 3.87 分，排名第 16 位。

行政干预与政府廉洁效率

2012～2016 年，陕西的"行政干预与政府廉洁效率"方面指数评分从 3.14 分升至 3.37 分，排名则由第 20 位落至第 25 位。分项指数中"政府干预"和"与政府打交道时间比例"的排名提升显著,分别由第26位、第23位跃进至第4位、第7位;相反,"政府效率(审批手续简便易行)"和"官员廉洁守法"分别下降3名和9名,均列第26位。总体上,政府相关情况还有较大改进空间。

企业经营的法治环境

2012~2016年,陕西的"企业经营的法治环境"方面**指数**的评分从3.20分上升到3.90分,排名由第16位升至第8位。各分项**评分**均有所上升,"司法公正和效率"和"合同正常履行"均呈不同幅度**进步至上游**和中游,"经营者财产和人身安全"大幅进步了16名,列于第4位;而"知识产权、技术、品牌保护"评分虽有提升,名次却从第17位退至第24位,拉低了该方面指数的水平。总体上,自2010年以来该方面有明显改善。

企业的税费负担

2012~2016年,陕西"企业的税费负担"方面指数的评分从2.84分升至3.53分,排名却从第10位降至第22位。其中"法定税负"评分有所上升,但仍低于中性评价值,从第5位骤降至第30位;"税外收费"项从第14位微升至第12位;2016年新增分项指数"依法征税"评分为3.83分,排名第15位。总体看,企业税负评价不佳,逐渐成为企业经营环境的弱项。

金融服务和融资成本

2012~2016年,陕西的"金融服务和融资成本"方面指数的评分从3.03分升至3.47分,排名自2010年来稳步前进至第12位。其"银行贷款"项从第13位落至第20位;而"其他融资"的排名则从第24位跃升至第11位;2016年新增"贷款利率"项和"借款利率"项以3.25分和3.77分排在第22位和第8位。可见陕西近年来拓宽借款渠道,借款利率评价也较好。

人力资源供应

2012~2016年,陕西"人力资源供应"方面指数的评分从2.83分升至3.19分，排名从第15位落至第27位。其中"技术人员"项陡降18名至第28位，"管理人员"项自2010年连续小幅退步至第22位；"熟练工人"项的排名也由第10位降至第23位。可见近年来陕西人力资源供应整体状况仍然不佳，尤其技术人员缺乏情况比较严重。

基础设施条件

2012~2016年，陕西"基础设施条件"方面指数的评分从3.29分升至3.89分，排名由第16位落至第18位。三个分项指数"电水气供应"、"铁路公路运输"和"其他基础设施"的评分均有上涨，但排名分别下降了1~2名，列第16名、15名和21名。

市场环境与中介服务

2012~2016年，陕西"市场环境与中介服务"方面指数的评分从2.92分升至3.26分，排名由第18位升至第14位。"中介服务"和"行业协会"的排名均有提升，分别由第14位、第17位升至第13位和第12位的中上游；新增分项"市场需求"项和"过度竞争"项评分为3.11分和3.14分，分列于第26位和第16位。

甘 肃

表 5-27 甘肃企业经营环境各方面指数、各分项指数的排名及分值

	2010 年		2012 年		2016 年	
	分值	排名	分值	排名	分值	排名
政策公开、公平、公正	3.02	6	2.84	22	3.51	24
政策规章制度公开透明	3.36	3	2.94	28	3.61	25
对不同企业一视同仁	2.86	13	2.59	20	3.63	16
行政执法公正	2.85	16	3.00	19	3.41	19
地方保护					3.39	23
行政干预与政府廉洁效率	3.12	16	3.07	24	3.23	27
政府干预	3.68	17	3.24	24	3.76	9
政府效率(审批手续简便易行)	2.77	22	2.58	26	1.98	28
官员廉洁守法	2.77	19	2.71	26	3.51	13
与政府打交道时间比例			3.79	6	3.68	10
企业经营的法治环境	3.06	20	3.02	25	3.85	13
司法公正和效率	2.73	22	2.73	27	3.76	4
合同正常履行	3.53	16	3.09	28	3.88	9
经营者财产和人身安全	3.42	12	3.35	26	4.10	19
知识产权、技术、品牌保护	3.21	14	3.50	7	3.66	27
企业的税费负担			2.86	9	3.88	3
法定税负			2.26	3	3.90	3
依法征税					3.98	4
税外收费			3.45	15	3.76	16
金融服务和融资成本	2.78	17	2.79	29	2.72	28
银行贷款	2.75	15	2.39	27	3.37	21
贷款利率					3.05	23
其他融资	2.73	22	2.78	28	2.93	28
借款利率					1.54	29
人力资源供应	2.48	26	2.42	28	3.11	29
技术人员	2.39	26	2.33	28	3.12	26
管理人员	2.62	21	2.26	29	3.15	25
熟练工人	2.43	28	2.65	27	3.07	31
基础设施条件	2.85	29	3.12	24	3.69	25
电水气供应			4.09	7	3.78	29

续表

	2010 年		2012 年		2016 年	
	分值	排名	分值	排名	分值	排名
铁路公路运输			2.71	27	3.83	18
其他基础设施			2.57	26	3.46	29
市场环境与中介服务	2.92	21	2.74	28	3.13	22
市场需求					3.22	20
过度竞争					3.17	15
中介服务	3.30	9	3.15	24	3.22	26
行业协会	2.68	24	2.68	24	2.90	25
总评	2.88	24	2.84	28	3.39	26

甘肃的企业经营环境，在2010年、2012年和2016年的全国排名依次为第24位、第28位和第26位，存在波动，处于全国下游水平；各年得分依次为2.88分、2.84分和3.39分。

在企业经营环境的8个方面指数中，除了"金融服务和融资成本"评分在2010~2016年一直未达中性评价值3.00分之外，其他大多数方面指数都经历了先下降后上升的U形变化，至2016年均超过中性评价值。较有优势的方面是"企业的税费负担"，升至第3位的领先位置，"企业经营的法治环境"项也进步较大，提升了12名，排第13位，但其他方面相对于其他省份进步不显著或有相对退步，2012~2016年分布在22~29位的下游水平，其中"金融服务和融资成本"、"人力资源供应"方面指数一直是甘肃的弱项。

政策公开、公平、公正

2012~2016年，甘肃的"政策公开、公平、公正"方面指数评分从2.84分升至3.51分，排名从第22位落至第24位。该方面指数中，"政策规章制度公开透明"和"对不同企业一视同仁"的评分均有明显上升，排名分别升至第25位、第16位；"行政执法公正"的排名两个年份都列在第19位。2016年新增"地方保护"项评分为3.39分，排名第23位。

行政干预与政府廉洁效率

2012~2016年,甘肃的"行政干预与政府廉洁效率"评分从3.07分升至3.23分,排名由第24位落至第27位。分项指数中"政府干预"和"官员廉洁守法"分别升至9位和13位,分别进步了15名和13名;2016年"政府效率(审批手续简便易行)"以1.98分的低分落至第28位,拉低了该方面指数的水平;"与政府打交道时间比例"评分略降,排名从第6位落至第10位。

企业经营的法治环境

2012~2016年,甘肃的"企业经营的法治环境"方面指数的评分从3.02分上升到3.85分,排名由第25位跃升至第13位。"司法公正和效率"和"合同正常履行"从第27位、第28位的下游水平升至第4位和第9位的上游水平;"经营者财产和人身安全"升了7名至第19位;而"知识产权、技术、品牌保护"评分虽微升,排名却从第7位陡降至第27位。总体看,法治环境有明显改善,也仍有较大改进空间。

企业的税费负担

2012~2016年,甘肃"企业的税费负担"方面指数的评分从2.86分升至3.88分,排名从第9位升至第3位,处于领先位置。其中"法定税负"项稳定在第3名,"税外收费"项评分微升,排名微降,从第15位降至第16位。2016年新增分项指数"依法征税"评分3.98分,排名第4位,也处在领先位置。

金融服务和融资成本

2012~2016年,甘肃的"金融服务和融资成本"方面指数的评分从2.79分降至2.72分,排名从第29位微升至28位。分项指数中,"银行贷款"评分明显上升,排名提升6名至第21位,"其他融资"评分略升,而排名保持在第28位的落后水平;2016年新增"贷款利率"项和"借款利率"项以3.05分和1.54分排在第23位和第29位,后者拉低了该方面指数的评分和排名,使其仍为甘肃的弱项。

人力资源供应

2012~2016年,甘肃"人力资源供应"方面指数的评分从2.42分升至3.11分,排名则从第28位落至第29位。三个分项指数的评分虽都有上升,并均在中性值以上,但排名都仍居下游水平,"技术人员"项和"管理人员"项分别为第26位和第25位,"熟练工人"降至最末位第31位。可见近年来甘肃人力资源供应状况仍然较差,有较大改善空间。

基础设施条件

2012~2016年,甘肃"基础设施条件"方面指数的评分从3.12分升至3.69分,排名由第24位降至第25位。其中"电水气供应"的评分下降,排名由第7位大幅降至第29位;"铁路公路运输"升至第18位;"其他基础设施"评分上升,但由第26位进一步退至第29位。

市场环境与中介服务

2012~2016年,甘肃"市场环境与中介服务"方面指数的评分从2.74分升至3.13分,排名由第28位升至第22位。2012年"中介服务"和"行业协会"均排第24位,2016年分别退至第26位、第25位。新增分项"市场需求"项和"过度竞争"项评分为3.22分和3.17分,分列于第20位和第15位,相对提升了该方面水平。

宁　夏

表 5-28　宁夏企业经营环境各方面指数、各分项指数的排名及分值

	2010 年		2012 年		2016 年	
	分值	排名	分值	排名	分值	排名
政策公开、公平、公正	2.72	29	2.78	26	3.58	22
政策规章制度公开透明	3.04	24	3.00	23	3.59	26
对不同企业一视同仁	2.50	29	2.48	27	3.37	29
行政执法公正	2.63	29	2.86	24	3.30	27
地方保护					4.06	14
行政干预与政府廉洁效率	2.98	26	3.10	23	3.41	21
政府干预	3.57	22	3.21	27	3.74	11
政府效率(审批手续简便易行)	2.67	25	2.79	16	2.87	24
官员廉洁守法	2.39	29	2.62	28	3.15	29
与政府打交道时间比例			3.36	22	3.89	3
企业经营的法治环境	2.90	28	3.02	26	3.80	22
司法公正和效率	2.52	29	2.66	29	3.52	22
合同正常履行	3.54	14	3.24	27	3.52	27
经营者财产和人身安全	3.17	27	3.55	14	4.26	8
知识产权、技术、品牌保护	3.14	25	3.32	23	3.89	10
企业的税费负担			2.73	19	3.73	5
法定税负			2.00	27	3.00	27
依法征税					3.89	8
税外收费			3.46	13	4.30	1
金融服务和融资成本	3.02	5	3.45	1	3.33	17
银行贷款	3.13	3	3.03	3	3.33	23
贷款利率					3.82	5
其他融资	3.00	5	3.67	1	2.89	29
借款利率					3.28	14
人力资源供应	2.63	22	2.54	27	3.14	28
技术人员	2.54	20	2.41	27	3.07	27
管理人员	2.54	24	2.38	28	3.11	27
熟练工人	2.79	13	2.83	19	3.22	27
基础设施条件	3.08	19	3.35	10	3.60	29
电水气供应			4.38	2	3.93	22

续表

	2010年		2012年		2016年	
	分值	排名	分值	排名	分值	排名
铁路公路运输			2.75	26	3.33	29
其他基础设施			2.93	12	3.56	27
市场环境与中介服务	2.76	28	2.79	25	3.29	12
市场需求					3.37	11
过度竞争					3.52	1
中介服务	3.00	28	3.14	25	3.26	24
行业协会	2.38	29	2.59	29	3.00	21
总评	2.86	26	2.98	23	3.48	22

宁夏的企业经营环境，在2010年和2012年的排名依次为第26位和第23位，2016年为第22位，有所改善，仍位于下游水平。各年得分依次为2.86分、2.98分和3.48分。

在企业经营环境的8个方面指数中，除了"金融服务和融资成本"、"人力资源供应"的评分有所波动之外，其他各方面2010~2016年的评分均呈稳步上升趋势；至2016年8个方面指数均在中性评价值3.00分之上。2016年宁夏较有优势的方面为"企业的税费负担"（也是进步最大的），排名第5位；"市场环境与中介服务"、"金融服务和融资成本"排名第12位、第17位，处于中游水平，前者有明显进步，而后者排名有大幅下降；其他方面均在21名之后的下游水平，其中"人力资源供应"和"基础设施条件"虽评分有明显上升，但排名居第28位、第29位，是宁夏的相对弱项。

政策公开、公平、公正

2012~2016年，宁夏的"政策公开、公平、公正"方面指数评分从2.78分升至3.58分，排名从第26位升至第22位。该方面指数中，"政策规章制度公开透明"、"对不同企业一视同仁"和"行政执法公正"的排名分别退步3名、2名和3名，分列第26位、第29位和第27位，比较落后。2016年新增"地方保护"项评分为4.06分，排名第14位，拉升了该方面指数的水平。

行政干预与政府廉洁效率

2012~2016年,宁夏的"行政干预与政府廉洁效率"方面指数的评分从3.10分升至3.41分,排名由第23位微升至第21位。其"政府干预"的排名由第27位跃升至第11位,"与政府打交道时间比例"项从2012年的第22位大幅跃升至第3位,处于全国领先水平;"官员廉洁守法"项退了1名,以3.15分排在第29位,而"政府效率(审批手续简便易行)"从第16位滑落至第24位。

企业经营的法治环境

2012~2016年,宁夏的"企业经营的法治环境"方面指数的评分从3.02分上升到3.80分,排名由第26位升至第22位。"司法公正和效率"评分上升幅度不小,但排名下降7名至第22位,"合同正常履行"评分微涨,排名不变,为第27位,这两个分项都较落后;"经营者财产和人身安全"和"知识产权、技术、品牌保护"分别从第14位、第23位升至第8位和第10位,进入上游水平。整体上有所改善,还有较大提升空间。

企业的税费负担

2012~2016年,宁夏"企业的税费负担"方面指数的评分从2.73分升至3.73分,排名从第19位升至第5位,其中"法定税负"提升了1分达到3.00分,排名仍为第27位;"税外收费"进步12位表现突出,以4.30分排在第1的领先地位,拉升了整体水平。2016年新增分项指数"依法征税"评分为3.89分,排名第8位。

金融服务和融资成本

2012~2016年,宁夏的"金融服务和融资成本"方面指数的评分从3.45分降至3.33分,排名从第1位陡降为第17位。分项指数中,"银行贷款"和"其他融资"的排名分别由第3位、第1位的领先水平退至第23位、第29位的落后水平,后者评分落至2.89分;2016年新增"贷款利率"和"借款利率"以3.82分和3.28分排名第5位和第14位。总体上,该方面降幅突出,借款渠道处于较弱势地位。

人力资源供应

2012~2016年,宁夏"人力资源供应"方面指数的评分从2.54分升至3.14分,排名从第27位落至第28位。三个分项的评分均略高于中性评价值,但排名落后,其中"技术人员"、"管理人员"等分项的排名自2010年以来基本呈退步趋势,2016年这两项都在第27位,"熟练工人"项从第19位大幅落至第27位,降了8名。可见近年来宁夏人力资源较全国更缺乏。

基础设施条件

2012~2016年,宁夏"基础设施条件"方面指数的评分从3.35分升至3.60分,但排名由第10位大幅降至第29位。其中"电水气供应"由第2位骤降至第22位,评分也有所下降;"铁路公路运输"降了3名至第29位;"其他基础设施"从第12位滑落至第27位。总体上位居全国倒数,成为宁夏弱项。

市场环境与中介服务

2012~2016年,宁夏"市场环境与中介服务"方面指数的评分从2.79分升至3.29分,排名由第25位升至第12位。"中介服务"评分微涨,排名微升1名至第24位,"行业协会"评分上涨至3.00分,排名从第29位升至第21位,升幅较大;新增分项"市场需求"和"过度竞争"评分为3.37分和3.52分,分列于第11位和第1位,这两个新增分项相对提升了该方面排名。

新 疆

表 5-29 新疆企业经营环境各方面指数、各分项指数的排名及分值

	2010 年		2012 年		2016 年	
	分值	排名	分值	排名	分值	排名
政策公开、公平、公正	2.78	27	2.74	29	3.22	30
政策规章制度公开透明	2.97	27	3.10	19	3.31	31
对不同企业一视同仁	2.72	24	2.38	29	3.44	28
行政执法公正	2.67	27	2.72	29	3.31	26
地方保护					2.81	28
行政干预与政府廉洁效率	2.90	28	2.86	29	3.05	29
政府干预	3.21	29	3.18	28	3.38	29
政府效率(审批手续简便易行)	2.52	29	2.34	29	1.85	29
官员廉洁守法	2.52	26	2.66	27	3.34	19
与政府打交道时间比例			3.03	29	3.63	15
企业经营的法治环境	2.92	27	3.00	28	3.53	30
司法公正和效率	2.62	28	2.74	26	3.28	31
合同正常履行	3.31	27	3.07	29	3.31	31
经营者财产和人身安全	3.15	28	3.30	28	3.91	28
知识产权、技术、品牌保护	3.20	15	3.41	12	3.63	28
企业的税费负担			2.61	27	3.49	24
法定税负			1.97	29	2.94	29
依法征税					3.53	29
税外收费			3.25	25	4.00	4
金融服务和融资成本	2.48	29	2.84	28	3.03	24
银行贷款	2.47	28	2.62	20	3.69	6
贷款利率					3.33	20
其他融资	2.42	29	2.72	29	3.32	14
借款利率					1.80	26
人力资源供应	2.29	29	2.33	29	3.36	14
技术人员	2.34	28	2.27	29	3.63	3
管理人员	2.27	28	2.47	27	3.38	14
熟练工人	2.25	29	2.27	29	3.09	28
基础设施条件	3.03	22	3.03	27	3.61	28
电水气供应			3.70	25	3.94	20

续表

	2010 年		2012 年		2016 年	
	分值	排名	分值	排名	分值	排名
铁路公路运输			2.63	28	3.31	30
其他基础设施			2.76	23	3.59	24
市场环境与中介服务	2.89	25	2.78	26	3.23	16
市场需求					3.19	24
过度竞争					3.25	11
中介服务	3.16	17	3.00	27	3.41	21
行业协会	2.61	27	2.86	9	3.09	17
总评	2.76	29	2.80	29	3.32	31

新疆的企业经营环境，在2010年、2012年的排名均为第29位，2016年落至第31位；各年得分依次为2.76分、2.80分和3.32分，虽不断上升但改善慢于其他地区。

企业经营环境的8个方面指数，近年来均有改善且2016年的评分都超过了中性平均值3.00分，其中"人力资源供应"进步突出，排名第14位，"市场环境与中介服务"方面指数的排名也明显升至第16位的中游水平，"企业的税费负担"、"金融服务和融资成本"由第27位、第28位升至第24位。而"政策公开公平公正"、"行政干预与政府廉洁效率"、"企业经营的法治环境"等方面指数的排名均停留在全国第29~30位，是新疆的弱项。

政策公开、公平、公正

2012~2016年，新疆的"政策公开、公平、公正"方面指数评分从2.74分升至3.22分，排名从第29位落至第30位。该方面指数中，"政策规章制度公开透明"项的排名降了12名至第31位，"对不同企业一视同仁"项上升1名、排在第28位，"行政执法公正"项从第29位回升至第26位。2016年新增"地方保护"项评分为2.81分，排名第28位。

行政干预与政府廉洁效率

2012~2016年，新疆的"行政干预与政府廉洁效率"方面指数的评分从2.86分升至3.05分,排名均在第29位。其中"政府干预"和"政府效率(审批手续简便易行)"同为29位,而"官员廉洁守法"和"与政府打交道时间比例"都有幅度不小的进步,排名由第27位、第29位升至第19位、第15位,改善明显。总体上,政府相关情况还有较大改进空间。

企业经营的法治环境

2012~2016年,新疆的"企业经营的法治环境"方面指数的评分从3.00分上升到3.53分,排名却由第28位落至第30位。各分项评分虽有所上升,但排名仍处在较末位和最末位,其中"知识产权、技术、品牌保护"降了16名,至第28位,最为显著。可见新疆这方面的进步不及其他省份,急需改进。

企业的税费负担

2012~2016年,新疆"企业的税费负担"方面指数的评分从2.61分升至3.49分,排名从第27位升至第24位。其中"法定税负"评分虽上涨了近1分,但仍低于中性评价值,两个年份均排在第29位;"税外收费"项进步突出,由第25位跃升至第4位,改善明显。2016年新增分项指数"依法征税"评分为3.53分,排在第29位的较末位。说明近年来税外收费减负效果显著,但企业对税负的总体评价仍较落后。

金融服务和融资成本

2012~2016年,新疆的"金融服务和融资成本"方面指数的评分从2.84分升至3.03分,排名进步4名升至第24位。其"银行贷款"项和"其他融资"项改善显著,上升了14名、15名,列于第6位、第14位,渠道较畅通;2016年新增"贷款利率"项和"借款利率"项以3.33分和1.80分排在第20位和第26位,拉低了进步幅度。

人力资源供应

2012~2016年,新疆"人力资源供应"方面指数的评分从2.33分升至3.36分,排名从第29位显著升至第14位。其中"技术人员"项升幅突出,从下游的第29位跃升至第3位的领先位置,"管理人员"项从第

27位的下游水平升至第14位的中游水平,"熟练工人"项微升1名至第28位。近年来新疆人力资源供应状况改善明显,但熟练工人缺乏情况较突出。

基础设施条件

2012~2016年,新疆"基础设施条件"方面指数的评分从3.03分升至3.61分,排名退至第28位。其中"电水气供应"从第25位升至20位,而"铁路公路运输"和"其他基础设施"降了2名和1名,排在第30和第24位。该方面一直是新疆的较弱项。

市场环境与中介服务

2012~2016年,新疆"市场环境与中介服务"方面指数的评分从2.78分升至3.23分,排名由第26位升至第16位。"中介服务"从第27位升至第21位,而"行业协会"从上游的第9位大幅退至第17位;新增分项"市场需求"和"过度竞争"评分为3.19分和3.25分,分列于第24位和第11位。

六
企业经营环境指数的构造和计算方法

企业经营环境指数是由8个方面指数组成的,每个方面指数反映企业经营环境某一特定方面。每个方面指数由三个到四个分项指数组成。在本报告中我们对部分方面指数和分项指数进行了调整,原来的"政府行政管理"方面指数分解为"政策公开、公平、公正"及"行政干预与政府廉洁、效率"两个方面指数;"企业经营的法制环境"方面指数更名为"企业经营的法治环境"方面指数;"金融服务"方面指数扩展为"金融服务与融资成本"方面指数;"中介组织和技术及营销服务"方面指数扩展为"市场环境与中介服务"方面指数;因数据原因取消了"企业经营的社会环境"方面指数。

在企业经营环境指数的结构上,取消了原来一级分项指数和二级分项指数的区分,将三级指数体系变为两级指数体系,使指数体系的构造更加清晰简洁。

在分项指数的调整上,我们在"政策公开、公平、公正"方面指数下面恢复了"有无地方保护"分项指数,取消了原来"政府行政管理"方面指数下的"市场准入限制是否过多"和"企业用于政府和监管部门人员的'非正式支付'"两个二级分项指数;将"企业经营的法治环境"方面指数下原来的"公检法机关执法效率情况"和"公检法机关公正执法情况"两个二级分项指数合并为"司法公正和效率"分项指数;在"企业的税费负担"方面指数下面增设了"法定税负是否合理"分项指数；在"金融服务和融资成本"方面指数下面取消了"企业从银行贷款的额外费用"二级分项指数，增设了"银行贷款利率"和"其他渠道融资借款利率"两个分项指数；在"市场环境与中介服务"方面指数下面增加了"所在行业市场需求是否旺盛"和"企业是否面临过度竞争的压力"两个分项指数；将"当地律师、会计师等市场服务条件"和"当地技术服务和产品出口服务条件"两个二级分项指数合并为"当地律师、会计师、技术服务、物流服务等条件"分项指数。在本报告中，企业经营环境指数总共包括29个分项指数（或称基础指数）。

企业经营环境指数的基础数据全部来自对全国各地各类企业的问卷调查。本次调查的有效样本企业总数为2122户，调查在2015年和2016年进行（在报告中统称为2016年数据）。样本企业的分布已经在前言中说明。本报告每一项基础指数来自一个问题，由样本企业经营者（企业董事长、总经理或CEO）对当地某一特定领域企业经营环境的评价或提供的信息形成。各项评价由5个分值组成，由被调查者进行选择；在大部分指标中，5代表"很好"，4代表"较好"，3代表"一般"，2代表"较差"，1代表"很差"。

上述选项根据某些问题的设置而有所改变。例如，"地方政府对企业是否干预过多？"这一问题，选项更换为"很少"、"较少"、"一般"、"较多"、"很多"。这里5代表"很少"，而1代表"很多"。再如"在当地找到需要的技术人员的难易程度"这一问题，选项更替为"不难"、"不太难"、"有难度"、"较难"、"很难"；5代表"不难"，而1代表"很难"。

按照上述评分方法，中值3.00分是中性评价值，评分在3分以上到5分的区间是比较正面的评价；反之，评分在1~3以下的是比较负面的评价。

有个别分项指数采用了客观数量指标。其中"税外收费及集资摊派占企业销售额比例",是用税外收费等占企业销售额的估计比例划分为5个区间,并以5~1的分值进行赋值。其中0%为5分,0.1%以内为4分,0.1%~1%为3分,1%~5%为2分,5%以上为1分。赋值规则的设定考虑了税外收费比例与以往调查中被调查者对该问题主观评价的换算关系。"企业经营者与政府及官员打交道占工作时间比例"按估计的时间比例赋值为:10%以下为5分,25%及以上为1分,其余按相应比例在10%~25%内的分布赋值。关于融资成本,银行贷款利率的评分按平均6%以下为5分,10%及以上为1分,其余按相应比例在6%~10%内的分布赋值;其他渠道融资、借款利率的评分按10%以下为5分,20%及以上为1分,其余按相应比例在10%~20%内的分布赋值。

在计算各省份的分项指数评分时,我们以每个省份样本企业对该问题有效样本评分的平均值作为该省该分项指数的评分。有效样本是指剔除了该项信息缺失或评分异常的样本后的评分。

关于方面指数和总指数评分的计算方法,我们都采用下一级指数的分省份算术平均值形成上一级指数。即:某省某一方面指数的评分,是组成该方面指数的各分项指数评分的算术平均值;某省总指数的评分是其8个方面指数评分的算术平均值。全国(或分地区)总指数或某一方面指数的评分,是全国(或该地区)各省份该项指数评分的算术平均值。

由于各省份的人口规模和经济规模不同,企业数量也不同,使用分省的算术平均得分来反映全国的企业经营环境可能有欠准确的地方。但无论是根据人口规模、经济规模、企业数量或其他因素进行加权,也都有顾此失彼、不尽合理的地方。使用算术平均法计算是一个相对比较合理的方法。

表6-1列出了企业经营环境指数体系的具体构成,包括所使用的全部方面指数和分项指数(2016年)。为了便于有兴趣的研究者了解指数体系的调整,表6-2列出了2012年企业经营环境指数的构成以供比较。

表6-1 企业经营环境指数构成（2016年）

指数名称	指数类别
企业经营环境指数	总指数
1. 政策公开、公平、公正	方面指数
1.1 政策和规章制度公开透明	分项指数
1.2 政策执行和行政执法公正	分项指数
1.3 对不同企业的公平国民待遇	分项指数
1.4 有无地方保护	分项指数
2. 行政干预与政府廉洁效率	方面指数
2.1 政府有无过度干预	分项指数
2.2 与政府打交道占工作时间比例	分项指数
2.3 政府效率（审批手续简便易行）	分项指数
2.4 官员廉洁守法	分项指数
3. 企业经营的法治环境	方面指数
3.1 司法公正和效率	分项指数
3.2 企业合同正常履行	分项指数
3.2 经营者财产人身安全保障	分项指数
3.4 知识产权、技术、品牌保护	分项指数
4. 企业的税费负担	方面指数
4.1 法定税负是否合理	分项指数
4.2 税务机关依法征税	分项指数
4.3 税外收费及集资摊派占企业销售额比例	分项指数
5. 金融服务和融资成本	方面指数
5.1 企业能否通过正常渠道得到银行贷款	分项指数
5.2 银行贷款利率	分项指数
5.3 企业能否从其他正规或民间渠道得到融资	分项指数
5.4 其他渠道融资借款利率	分项指数
6. 人力资源供应	方面指数
6.1 在当地找到需要的技术人员是否容易	分项指数
6.2 在当地找到需要的管理人员是否容易	分项指数
6.3 在当地找到需要的熟练工人是否容易	分项指数
7. 基础设施条件	方面指数
7.1 电、水、气供应条件	分项指数
7.2 铁路公路运输条件	分项指数
7.3 其他基础设施条件	分项指数

续表

指数名称	指数类别
8. 市场环境与中介服务	方面指数
8.1 所在行业市场需求是否旺盛	分项指数
8.2 企业是否面临过度竞争的压力	分项指数
8.3 当地律师、会计师、技术服务、物流服务等条件	分项指数
8.4 当地行业协会的发展对企业有无帮助	分项指数

表6-2 企业经营环境指数构成（2012年）

指数名称	指数类别
企业经营环境指数	总指数
1. 政府行政管理	方面指数
1.1 公开、公正、公平	分项指数
1.1.1 政策和规章制度公开透明情况	基础指数
1.1.2 行政执法机关（工商、税务、质检等）公正执法情况	基础指数
1.1.3 各类企业享受公平国民待遇情况	基础指数
1.2 政府效率	分项指数
1.2.1 行政审批手续方便简洁情况	基础指数
1.3 减少不必要的干预	分项指数
1.3.1 地方政府对企业是否干预过多	基础指数
1.3.2 企业经营者与政府工作人员打交道的时间比例	基础指数
1.3.3 市场准入限制是否过多	基础指数
1.4 政府廉洁	分项指数
1.4.1 政府官员廉洁守法情况	基础指数
1.4.2 企业用于政府和监管部门人员的"非正式支付"	基础指数
2. 企业经营的法制环境	方面指数
2.1 司法公正与效率	分项指数
2.1.1 公检法机关执法效率情况	基础指数
2.1.2 公检法机关公正执法情况	基础指数
2.2 经营者合法权益的保障	分项指数
2.2.1 企业合同正常执行情况	基础指数
2.2.2 经营者人身和财产安全保障情况	基础指数
2.2.3 知识产权（商标、专有技术等）保护情况	基础指数

续表

指数名称	指数类别
3. 企业的税费负担	方面指数
3.1 企业的税收负担	分项指数
3.1.1 企业的税收负担	基础指数
3.2 企业交纳国家规定以外的收费、集资、摊派	分项指数
3.1.2 企业交纳国家规定以外收费、集资、摊派占销售额比例	基础指数
4. 金融服务	方面指数
4.1 正规金融服务	分项指数
4.1.1 企业从银行贷款的难易程度	基础指数
4.1.2 企业从银行贷款的额外费用	基础指数
4.2 民间融资	分项指数
4.2.1 企业从民间渠道筹资的难易程度	基础指数
5. 人力资源供应	方面指数
5.1 技术人员	分项指数
5.1.1 在当地找到需要的技术人员的难易程度	基础指数
5.2 管理人员	分项指数
5.2.1 在当地找到需要的管理人员的难易程度	基础指数
5.3 熟练工人	分项指数
5.3.1 在当地找到需要的熟练工人的难易程度	基础指数
6. 基础设施条件	方面指数
6.1 电力供应	分项指数
6.1.1 电力供应	基础指数
6.2 铁路运输	分项指数
6.2.1 铁路运输	基础指数
6.3 其他基础设施条件	分项指数
6.3.2 其他基础设施条件	基础指数
7. 中介组织和技术及营销服务	方面指数
7.1 中介组织	分项指数
7.1.1 当地律师、会计师等市场服务条件如何	基础指数
7.1.2 当地行业协会的发展如何,对企业是否有帮助	基础指数
7.2 技术与营销服务	分项指数
7.2.1 当地技术服务和产品出口服务条件如何	基础指数
8. 企业经营的社会环境	方面指数
8.1 当地适合企业经营的诚信社会环境情况	分项指数
8.1.1 当地适合企业经营的诚信社会环境情况	基础指数

图书在版编目(CIP)数据

中国分省企业经营环境指数 2017 年报告 / 王小鲁，樊纲，马光荣著 . --北京：社会科学文献出版社，2017.12
（国民经济研究所系列丛书）
ISBN 978 - 7 - 5201 - 1859 - 0

Ⅰ.①中… Ⅱ.①王… ②樊… ③马… Ⅲ.①企业管理 - 研究报告 - 中国 - 2017 Ⅳ.①F279.23

中国版本图书馆 CIP 数据核字（2017）第 289605 号

国民经济研究所系列丛书
中国分省企业经营环境指数 2017 年报告

著　　者 / 王小鲁　樊　纲　马光荣

出 版 人 / 谢寿光
项目统筹 / 恽　薇　王婧怡
责任编辑 / 王婧怡　刘宇轩

出　　版 / 社会科学文献出版社·经济与管理分社（010）59367226
　　　　　　地址：北京市北三环中路甲29号院华龙大厦　邮编：100029
　　　　　　网址：www.ssap.com.cn

发　　行 / 市场营销中心（010）59367081　59367018

印　　装 / 三河市尚艺印装有限公司

规　　格 / 开　本：787mm × 1092mm　1/16
　　　　　　印　张：15.25　字　数：216千字

版　　次 / 2017年12月第1版　2017年12月第1次印刷

书　　号 / ISBN 978 - 7 - 5201 - 1859 - 0

定　　价 / 69.00元

本书如有印装质量问题，请与读者服务中心（010 - 59367028）联系

版权所有 翻印必究